多機関協働の時代

高齢者の医療・介護ニーズ、分野横断的ニーズへの支援

副田あけみ

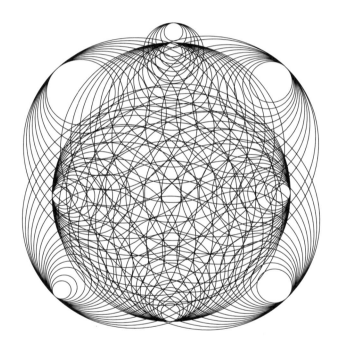

関東学院大学出版会

は じ め に

　老いが進むにつれ、人は、医療や家事・生活マネジメントの手助け、話し相手、見守り、介護等、さまざまな支援のニーズをもつようになる。また、経済的問題や住居の問題、地域での孤立、隣人や同居家族との深刻なトラブル、同居家族の経済的依存など、自分では解決ができず、社会的な支援を必要とする問題を抱える高齢者も多くなる。

　高齢者やその家族を対象に、地域を基盤に働くソーシャルワーカーやケアマネジャーらは、こうしたさまざまなニーズや問題を抱える高齢者を、これまでも他機関と連携しながら支援してきた。今後は、多機関協働、つまり、複数の異なる機関と一緒に支援していく機会がさらに増えていくだろう。種々の医療サービスや介護サービスを継続的に、あるいは、同時並行的に必要とする、医療・介護ニーズをもつ高齢者が急増すること、また、さまざまな問題を複合的に抱え、分野の異なる多様なサービス・支援の必要、すなわち、分野横断的ニーズをもつ高齢者も少なからず増えていくからである。国の政策も、この多機関協働を推進する形で進んできている。

　本書では、①国の政策によって規定される多機関協働のありよう、すなわち、その基本的な考え方や方法、実態や課題、②多機関協働の実際の形である多職種チーム・多機関チームのチームワーキングを促進する要因、③多機関協働における利用者参画、の３つのテーマについて論じる。

　現在、国は、2025年までに「地域包括ケアシステムの構築」を各自治体に求め、その推進に力を入れている。この政策の重要な柱が、医療・介護サービスの一体的提供の推進と、地域住民等による介護予防・生活支援サービスの開発・提供である。前者は、医療や介護の専門サービス提供機関間の協働を、後者は、地域住民や地域団体等のインフォーマル組織を含む形での、多様な機関間の協働を促す。

　「新福祉ビジョン」に基づく「地域共生社会の実現」も、地域住民による

個別相談と相談を通した地域課題への取り組みを支援していくために、地域住民や地域団体と専門相談機関との協働を、また、地域住民や地域の相談機関で対応困難な事例を支援していくための多機関ネットワークによる協働を求めていくことになる。

これらの多機関協働を促す政策は、専門サービスのコスト抑制や、自助・互助の強化という狙いをもっている。だが、こうした政策主体の狙いに批判的なソーシャルワーカーやケアマネジャーであっても、実際に医療・介護ニーズや分野横断的ニーズをもつ高齢者がいれば、多機関協働の実践を行っていく。多様な機関との協働は、機関間、職種間の相互理解を初めとして、機関単独で支援する場合よりも手間暇や負担がかかる場合も少なくない。そうであるならば、多機関協働が、高齢者やその家族にとって、また、支援者側にとって、少しでも効果的な実践になるよう、その方法を探索することには意味がある。

本書が取り上げるのは、専門機関間の協働である。地域住民や地域団体等のインフォーマル組織と専門機関との協働は、今日、「個から地域へ」というキャッチフレーズを用いているジェネラリスト・ソーシャルワーク論においても、また、個別支援と地域における資源開発・住民活動の育成とのリンクを強調するコミュニティソーシャルワーク論においても、注目すべきテーマであろう。だが本書では、地域で高齢者の生活を支援するソーシャルワーカーやケアマネジャーにとって優先度が高いのは、利用者・家族を専門機関の協力によって支援する多機関協働の理解と実践であると考え、こちらに焦点を当てている。

多機関協働における利用者参画については、具体的なアプローチや課題についても述べている。分野横断的ニーズをもつ事例への多機関協働による支援としては、複合問題事例の1つの典型例である高齢者虐待事例を取り上げ、当事者の多機関チーム参加を促すまでのアプローチや、当事者参加のケースカンファレンスのあり方を提示している。このアプローチは、「支援困難事例」と呼ばれることの多い複合問題事例のうちでも、とくに支援者との関係が作りにくい事例に、また、シートを活用したケースカンファレンス

の方法は、多様な複合問題事例に応用可能である。

　本書が、日々、高齢者とその家族の支援にあたっているソーシャルワーカーやケアマネジャーのみなさんの多機関協働に関する理解と実践に多少なりとも役立つならば望外の幸せである。

2018年8月

副田　あけみ

目　　次

はじめに …………………………………………………………………… i

序　章　多機関協働の時代 ……………………………………………… 1

1．多機関協働の背景 ……………………………………………… 1
（1）医療・介護ニーズへの対応 ……………………………… 1
（2）分野横断的ニーズへの対応 ……………………………… 3
（3）本書の目的 ………………………………………………… 5
2．多機関協働の定義と枠組み ………………………………… 6
（1）協働とは何か ……………………………………………… 6
（2）多機関協働の枠組み ……………………………………… 10
3．本書の構成 ……………………………………………………… 18

第Ⅰ部　サービス・デリバリーと多機関協働

第1章　介護政策と多機関協働 ………………………………………… 23

1．長期ケアサービスのデリバリーシステム ………………… 23
2．在宅介護支援センターの多機関協働 ……………………… 24
（1）ゴールドプランと在宅介護支援センター事業 ………… 24
（2）在宅介護支援センターによるケースマネジメント ………… 27
（3）高齢者サービス調整チームと多機関協働 ……………… 30
3．介護保険における多機関協働 ……………………………… 34
（1）介護保険のデリバリーシステム ………………………… 34
（2）ケアマネジメントの補完 ………………………………… 36
4．地域包括支援センターと多機関協働 ……………………… 39
（1）地域包括ケアシステムの提唱 …………………………… 39
（2）地域包括支援センターのサービス・デリバリー ………… 41
（3）包括的・継続的ケアマネジメント支援 ………………… 43

vi　目　次

第2章　地域包括ケアシステムと多機関協働 ……………………………… 47

1．地域包括ケアシステム …………………………………………… 47
（1）「医療と介護の一体化」………………………………………… 47
（2）地域包括ケアシステムにおけるデリバリーシステム ………… 51

2．多機関協働のモデル ……………………………………………… 57
（1）一体型、提携型 ……………………………………………… 57
（2）多職種チーム型、ICT活用型、多機関チーム型……………… 60
（3）相談機関型 …………………………………………………… 62

3．地域共生社会と多機関協働 ……………………………………… 64
（1）「全世代・全対象型地域包括支援」…………………………… 64
（2）全世代・全対象型相談支援機関 …………………………… 65
（3）多機関協働の問題点 ………………………………………… 67

第Ⅱ部　多職種チーム・多機関チーム

第3章　多職種・多機関チームのチームワーキング ……………… 77

1．ネットワーク型チーム …………………………………………… 77
（1）チームの分類 ………………………………………………… 77
（2）ネットワーク型チームの研究 ……………………………… 82

2．イギリスの多機関協働推進政策 ………………………………… 87
（1）インターエージェンシー・ワーキング …………………… 87
（2）保健医療とソーシャルケアの統合的提供 ………………… 88
（3）パートナーシップ政策………………………………………… 90

3．統合ケアと多職種チーム ………………………………………… 92
（1）統合ケア ……………………………………………………… 92
（2）チームワーキング …………………………………………… 95
（3）チームワーキングに影響を与える個人レベルの要因 ……… 99
（4）チームワーキングに影響を与えるチーム・組織
　　　レベルの要因 ……………………………………………… 102
（5）促進要因・阻害要因 ………………………………………… 105

（6）　役割曖昧化とバウンダリースパナー………………………………… 110

4．分野横断的ニーズと多機関チーム……………………………………… 113

（1）　多機関ワーキングのタイプとインパクト ……………………… 113

（2）　多機関ワーキングの促進要因・阻害要因 …………………… 117

第4章　多職種チームと多機関チームの実際 ………………………… 133

1．地域包括ケアと多職種チーム ………………………………………… 133

（1）　多職種チームの3タイプ …………………………………………… 133

（2）　退院支援チームにおけるチームワーキング ………………… 136

（3）　サービス担当者会議におけるチームマネジメント ………… 141

2．複合問題事例と多機関チーム………………………………………… 149

（1）　高齢者虐待対応チーム …………………………………………… 149

（2）　行政と地域包括の協働関係 …………………………………… 151

（3）　高齢者虐待対応における協働スキル………………………… 153

第Ⅲ部　利 用 者 参 画

第5章　多職種チームへの利用者参画 ……………………………… 167

1．ケアプラン作成過程への利用者参画 ……………………………… 167

（1）　消費者主義・エンパワメント・パートナーシップ ………… 167

（2）　介護保険下のケアマネジメントにおける利用者参画 ……… 171

2．多職種チームにおける利用者参画…………………………………… 175

（1）　利用者・家族にとっての負担 ………………………………… 175

（2）　傾聴とエンパワメント…………………………………………… 179

（3）　利用者の代弁 …………………………………………………… 181

（4）　利用者・家族間の意見調整 …………………………………… 182

第6章　多機関チームと利用者参画……………………………………… 187

1．インボランタリークライエントの参画 ……………………………… 187

（1）　インボランタリークライエント研究………………………… 187

（2）　関係基盤実践論：ワーカー・クライエント関係への

再注目 ………………………………………………………… 191

viii　目　次

　　（3）　関係基盤実践論：関係形成の方法 ……………………………… 193
　　（4）　解決志向アプローチ実践論：協同関係の形成 ……………… 196
　　（5）　肯定的感情の構築と共感 ……………………………………… 198
　　（6）　解決志向アプローチに基づくプログラム ………………… 202
　2．安心づくり安全探しアプローチ …………………………………… 203
　　（1）　虐待する家族との関係づくりのむずかしさ ……………… 203
　　（2）　複眼的視点による情報収集 ………………………………… 206
　　（3）　有 用 性 評 価 ………………………………………………… 214

第7章　多機関ケースカンファレンスへの利用者参画 ……… 225

　1．多機関ケースカンファレンス ……………………………………… 225
　　（1）　多機関チームとケースカンファレンス ……………………… 225
　　（2）　ＡＡＡのケースカンファレンス ……………………………… 227
　2．クライエント参加のケースカンファレンス ……………………… 232
　　（1）　多機関協働としての「未来語りのダイアローグ」 ………… 232
　　（2）　クライエント参加の「未来語りのダイアローグ」 ………… 234
　　（3）　ＡＡＡ多機関ケースカンファレンス・シートと
　　　　　利用者参画 ……………………………………………………… 238

引用・参考文献 ………………………………………………………… 245
索　　　引 ……………………………………………………………… 263
あ と が き ……………………………………………………………… 267

序　章　多機関協働の時代

1．多機関協働の背景

（1）　医療・介護ニーズへの対応

　地域を基盤に働くソーシャルワーカーやケアマネジャーたちは、これまでも多様な機関、多様な職種とともに、高齢者や家族の生活を支援してきた。だが、今後、地域にある多機関な機関の多様な職種と協働することはますます求められるようになってくる。その理由は少なくとも２つある。

　１つ目は、言うまでもなく、多様な種類の医療サービスと介護サービスとを合わせて一体的に利用することが必要となる高齢者、つまり、医療・介護ニーズをもつ高齢者が地域に増えてきていることである。2025年以降、大都市やその周辺地域を中心に、その急増が予測されている。

　複数の医療サービスを必要とする高齢者が増加することは、人口の超高齢化に伴う「疾病転換」によって説明ができる。長谷川によれば、平均寿命が50歳を超えると、早期退行性病変と呼ばれる慢性の疾病群（急性心筋梗塞、脳出血等）が増加し、複数疾患を抱える人々が増える。また、人口の超高齢化に伴い、晩期退行性病変と呼ばれる認知症、パーキンソン、寝たきりなどが増加する。このような感染症から早期、晩期の退行性病変への「疾病転換」は、「単一疾患や単一エピソードから複数エピソードへの転換」をもたらすため、老年期の疾病は継続し、発症を繰り返して死を迎えるという過程が一般的なものとなる。高齢者のケアは、「ケアサイクル」、すなわち、「慢性期ケア」から「急性期ケア」、「回復期ケア」、「長期ケア」、「末期ケア」という、疾病の「自然史」に応じた異なった種類の医療サービスを必要とするようになる。また、「長期ケア」においても合併症を引き起こしたりすると、この一連のケアが繰り返される（長谷川　2013. 2-6）。

2　序　章　多機関協働の時代

　疾病が継続し、発症を繰り返して死を迎えるといった過程では、当然、日常生活においてさまざまな世話や介護を同居や別居の家族に頼らざるを得なくなる。しかし今日、その家族の構造や機能は大きく変化してしまった。高齢者のいる世帯のうち、「三世代世帯」は1980年には50.1％であったが、その割合は徐々に低下し、2015年には12.2％となった。反対に、「単身世帯」と「夫婦世帯」を合わせた割合は、1980年の26.9％から57.8％に増加した。この2つの世帯類型の割合は、団塊の世代がみな75歳以上になる2025年は66.6％に達すると予測されている。

　しかも、団塊世代の累積出生時数（実際値）は、35歳時でも2.2を下回っており、かつての高齢者のように子どもが4人も5人もいるという状況ではない。子ども夫婦の両方の両親がともに身体・精神面で弱ってくれば、2人で4人のケアを担当することになる。それは実際にはかなり困難なことであるから、別居の子どもにケアを求めない／求められない、「単身世帯」や「夫婦世帯」の高齢者が多く出現することになる[1]。子どもにケアを求めることができた幸運な高齢者にあっても、介護の長期化で子どもも老い、老老介護となるおそれがある。「未婚の子どもとの同居世帯」も増加するが、子ども自身の老後生活のために介護離職を避け、サービスに頼るしかない。つまり、外部の種々の介護サービスに全面的に、あるいは、相当ていど依存せざるを得ない高齢者が、大都市とその周辺地域で増加し続ける。

　地域を基盤に働くソーシャルワーカーやケアマネジャーは、利用者や家族、そして、医療関係者と「疾病や障害の特徴を踏まえて長期の展望を共有」する（長谷川　2013. 10）。その上で、利用者の意向に沿って、種々の医療サービスと介護サービスが切れ目なく、一体的に提供されるよう、多機関の多職種との協働を図っていくことがますます求められるようになっている。

　1）　団塊の世代のあとの1960-64年コーホートでは、出生時数が2.0を切っているおり、さらにそのあとのコーホートではいっそう低くなる傾向が見られる。

（2）　分野横断的ニーズへの対応

　2つ目の理由は、医療・介護ニーズに加え、高齢者やその世話・介護をする家族、また、家族全体が、住居、経済的支援、就労支援、生活支援、相談援助、家族調整、心理的サポート等に関するニーズ、つまり分野横断的ニーズ（cross-cutting needs）をもつ事例が地域に遍在するようになってきたことである[2]。こうした分野横断的ニーズをもつ事例の中には、援助職が対応に苦慮して「支援困難事例」と呼ぶ事例や、虐待・介護殺人・孤立死・ゴミ屋敷などの「社会的関心の高い問題事例（high-profiling problematic cases）」などが含まれる[3]。こうした事例は、「厄介な課題（wicked issues）」と呼ばれる複雑な問題を抱える傾向も強い。

　「厄介な課題（wicked issues）」というのは、虐待やドメスティックバイオレンス、薬物依存、子どもの貧困など、ベストの対応方法は誰もわからないが、1つの機関によるアプローチでは解決できないとわかっている、複雑で分野横断的な対応を要する問題を指して、Glasbyらが用いたものである（Glasby　2007. 72）。オリジナルは、デザイン科学を研究するRittelの「厄介な問題（wicked problems）」という用語である。

　Rittelは、政府が政策を計画しなければならない、都市開発、教育問題、環境問題、犯罪防止、貧困対策などの公的課題はすべてこれにあてはまり、つぎのような特徴をもつと言っている。

①　決定的な公式の定義がない。つまり、問題理解は問題解決を試みる多様なステイクホルダー（利害関係者）によって解釈される。どのような解決も問題の新しい側面を明らかにするため、さらなる解決が必要とな

　2）　分野横断的ニーズというと、多方面の既存の制度やフォーマルなサービスに対するサービス・ニーズを指していると理解されがちであるが、本書では、生活における困難・課題を解決するための必要として、既存のサービスでは充足できず、新たに開発が求められるような支援の必要もニーズととらえている。

　3）　「社会的関心の高い問題事例（high-profiling problematic cases）」というのは、Pollandがクランビィエ事例など、社会的に強い注目を浴びた児童虐待事例を指して用いている（Polland, K.　2010. 3）。

4　序　章　多機関協働の時代

る。

②　解決はよいか悪いかで決定する。つまり、「これが正しい」と決定するための公式ルール設定の権限を誰ももたない。ステイクホルダーの関心や価値観、イデオロギー的志向などによって、その判断の幅が広くなる可能性がある。

③　すべての問題は別の問題の兆候である。すなわち、1つの解決の成功がより高度のレベルの問題対応を困難にし、状況を悪化させるおそれをもつ。

④　すべての解決は「1回限りのオペレーション」である。試行錯誤による学習機会はなく、1回の試みが人々に不可逆的な影響を与える。

⑤　問題は本質的にユニークである。すべての状況は唯一無二である可能性が高く、他の問題と共通性より違いのほうがはるかに大きい[4]。

　公共政策学者の Ferlie らによれば、こうした特徴をもつ「厄介な問題」には、明らかな解決策がないだけでなく、関与する多くのステイクホルダー間に意見の不一致がある、また、問題状況は一機関が扱える範囲を超えており、他機関と提携せずに一機関による介入を行うとかえって面倒な副作用をもたらす。よって、こうした問題状況への対応は、広い全体的な反応、つまり、ステイクホルダーたちによる政策の共同形成、政策の共同実施、すなわち、「インターエージェンシー協働（inter-agency collaboration）」が必至となる（Ferlie, *et al.*　2011）。

　「厄介な課題（wicked issues）」を抱え、分野横断的ニーズをもつ事例は、家族の構造および機能の縮小化、親族や地域の相互扶助機能の衰退、貧困や経済的格差の拡大、サービス不足とサービスの分断化のまま展開される

　4）　Rittel は、これ以外の特徴として、「これで終わりというルールがない」「解決したがどうかが即時わかるテスト、究極のテストはなし」「数えられる可能性のある解決セットもなし」「矛盾は多数の方法で説明可能」「計画者は間違うことができない」をあげている（Rittel　1973）。なお、引用文献が論文である場合、引用頁を記載しない。以下、同様。

地域ケア政策などの社会的要因によって、今後も増え続けるおそれがある。

　分野横断的ニーズをもつ事例に対しては、異なる分野の多様なサービスの提供機関が支援目標を共有した上で、提供するサービスの組合せや提供方法を共同で検討し、多面的、包括的に支援していくという、多機関による協働が必要となる。また、児童虐待事例に見られるように、複合的な問題がもたらす分野横断的ニーズをもつ事例では、外部からの支援に消極的であったり拒否的であったりする事例も少なくない。ソーシャルワーカーら支援者は、こうした事例の当事者とも協働し、彼らが多様なサービスをうまく活用して問題状況の改善、ニーズ充足を図っていくよう支援していくことが求められている。

（3）　本書の目的

　今後一層求められることになる、医療・介護ニーズへの多機関協働による一体的提供や、分野横断的ニーズへの多機関協働による多面的、包括的な支援のありようは、国の政策によって規定される側面が強い。

　そこで、本書では、まず、国の政策が、高齢者のニーズ対応における多機関協働をどのように推し進めてきたのか、今後はどのように推進しようとしているのか、そこにおける課題は何か、といった点を明らかにする。

　その上で、多機関協働を実際に行っていくために、ソーシャルワーカーやケアマネジャーら支援者が、メンバーとして、あるいは、チームマネジャーとして参加する多職種チーム・多機関チームについて論じる。とくに、そのチームワーキングを効果的に推進するための要因やスキルを整理する。

　多機関協働は、利用者のニーズに対する支援として行われるが、ニーズの当事者である利用者、あるいはまた、そのインフォーマルな支援者である家族等がその支援内容について希望や意見を言うこと、一緒に考え決定していくことは、当事者としての権利である。そこで、専門機関、専門職が多機関協働として多職種チームや多機関チームで動いていくとき、当事者にどのようにチームに参加し、自身のケアプラン／支援計画の決定や、その後の実施過程に関与してもらうのがよいのか、その方法を検討し、具体案を提示する。

以上の①政策によって規定される多機関協働のありよう、②多職種チーム・多機関チームのチームワーキング促進要因、③多機関協働における利用者参画、の3つのテーマを論じることが、本書の目的である。

本論に入る前に、ソーシャルワークにおける協働という用語の定義の検討を通して、多機関協働の定義を行うとともに、多機関協働を考えていく際の枠組みについて述べておく。

2. 多機関協働の定義と枠組み

（1） 協働とは何か

多機関協働は、異なる多様な機関の間で行われる協働のことである。多職種協働は、1つの機関、あるいは、職場の中の多様な職種の間で行われる協働のことを指す場合と、異なる機関に所属する多様な職種間で行われる協働を指す場合とがある。本書では、もっぱら後者の場合の意味で多職種協働の用語を使う。

ここで、ソーシャルワーク研究を中心に、協働（collaboration）の概念がどのような意味で用いられてきたかについて確認しておく。

Graham らによると、ソーシャルワーク界においては、すでに第二次世界大戦前から医療ソーシャルワーク分野で Cannon が、大戦後には公的扶助ソーシャルワークの分野で Towle が、多職種協働（inter-professional collaboration）を「実践スキル」として推奨し、教育してきた。1970年代から90年代までに刊行されたソーシャルワーク教育のテキストでは、協働概念は、学際的な仕事における、また、多様な社会サービス提供組織との、さらにはソーシャルワーカー・クライエント間での、協調的な仕事における手段として記述されてきた（Graham and Barter 1999）。つまり、ソーシャルワークにおいて協働という用語は、対人間（ソーシャルワーカー・クライエント間）の、また、職種間（学際的）の、さらには機関間（多機関）の協調的な共同作業を意味するものとして、古くから使われてきた。

図表 序−1 は、ソーシャルワーク研究や関連領域の研究で記述されていた、協働の定義と協働に関する表現を整理したものである。

　①の Hornby や②の Beresford らの協働概念は、上記の対人間、職種間、機関間という 3 つのレベルの共同作業を含むものとして定義づけられている。つまり、協働とは、複数の個人あるいは集団、組織が、それぞれの利害や関心に基づきながら、共通目標の合意と達成にむけて共に作業すること、また、そうした共同作業を行う個人、集団、組織の間の関係ととらえられている。

　③の Graham らのものは、教育学やマネジメント研究、心理学、社会学、ソーシャルワーク研究で使われている協働概念を幅広く調べ、それらを統合する形で定義されたものである。抽象的でややわかりにくいものになっているが、協働のとらえ方は①や②のそれとさほど変わらない。

　④の Lacey のものは、ヒューマンサービス全般における協働を前提としたものである。協働は、リエゾンから始まって、協力、調整と続く最後のステージ、つまり、参加者間の関係性がより深まり相互信頼のもとで共同作業を行うこととしてとらえられている。あるべき姿としての協働の定義になっている。

　⑤の Meads らのものと⑥の福山のものは、主に保健医療と介護の複合ニーズをもつ利用者を対象にした協働を念頭に置いたものである。Meads らは、機関間の協働や職種間の協働を推進させる協働政策にも関心を寄せ、協働には、戦略（政策）、執行、運用、技術の 4 つのレベルがあるとしている。それゆえ、表に示した文章はどのレベルの協働にも当てはまる表現となっている。ただし、異なる存在としての参加者が一定の目標を共有し、その達成のために意識的な相互作用を行うという、参加者間の関係性として協働を押さえている点は、①〜④のものと共通している。

　⑥の福山の定義は、Meads らの言う運用、技術レベル、言い換えるとメゾ、ミクロの実践レベルの協働を想定した定義となっている[5]。この定義で

　5）　もっとも、福山は、利用者・家族との協働や専門職スタッフレベルだけを協働の

8　序　章　多機関協働の時代

図表 序-1　協働の定義

① Hornby, S.（1993）	② Beresford, P. & Trevillion, S.（1995）	③ Graham, J. & Barter, K.（1999）	④ Lacey, P.（2001）
共通目標を定義し、その達成のために一緒に作業する2人以上の個人や2つ以上の集団、組織の間の関係	異なる個人あるいは集団、組織が、相互の利害と関心に基づきながらそれぞれの資源を効果的、平等に運用することによって、共通目標の合意と達成にむけて一緒に作業すること	単独では達成できない目標のために、2つ以上のステイクホルダーが資源をともにプールする関係システム	リエゾン、協力（cooperation）、調整（coordination）に続く連続体の最後のステージで、種々のスキルを共有し、相互信頼のもとでサービスプランをうまく作成していく過程。複合的なニーズを充足するため、専門職の境界は自然な形で超えていく。（リエゾン：機関や専門職がコンタクトをとるための最小限のコミュニケーション。協力：2つ以上の機関や専門職が互いの仕事に影響を及ぼさない範囲で最小限の共同作業を実施。調整：クライエントがサービスのパッケージを受けられるよう組織や個人がサービス利用計画作成のため共同作業）

⑤ Meads, G. & Ashcroft, J.（2005）	⑥福山和女（2009）	⑦ Aarons, G. *et al.*（2014）	⑧ Cooper, M. *et al.*（2016）
もっとも単純に言えば、一緒に作業すること。完全な統合や統一とは言えない異質性と、なんらかの目標や活動を共有するという同質性の両方を含む。共通の目標達成のために参加者間で意識的な相互作用を行うことから、協働は一緒に行う活動以上であり関係性とも言えるものである。	協働体制とは、施設・機関の内外で、部門・専門職・機関間の複数の専門職がチームを形成し、利用者本人や家族と共に、援助・支援という特定の目的に向かい、方針を計画する作業に参画し、それぞれの責任、役割、機能を果たし、設定したそれぞれの目標を達成するためのチームとしてのアウトカムを生むプロセスである。	協働は、個人や組織のステイクホルダーたちがそれぞれの関心事や優先事項、相互作用のスタイルの違いを確認しあい、その違いについて話合いながら意思決定を行っていくという過程である。協働は協調、直面化、交渉、妥協、譲歩、調停、中間点を見つける、ギブアンドテイクなどを含む複雑で、緊張を孕む過程である。	「協働」は、肯定的な方法でともに作業することへの特別な要望を含む傾向があり、その点で、「作業」や「活動」とは異なる。インターエージェンシー協働は、異なるサービス提供機関の専門職が一緒に作業をし、利用者へのケアに肯定的なインパクトを与えようとする過程を指す。

も、異なる立場や所属、職種の人々がともに特定の目的に向かい、方針を計画する作業に参画してそれぞれの責任、役割、機能を果たすことを協働としてとらえているが、協働は一定の期間続く過程であると明示している。また、他の定義に比べて特徴的であるのは、利用者・家族が協働実践への参加者であることを明記している点である。今日、利用者や利用者の生活をよく知る家族等のインフォーマルな支援者が、利用者の生活を支えるためのサービス・資源利用プランやそれらの提供方法に関する意思決定過程に参画するのは、「あるべき」理想の姿ではなく、「当然の権利」として理解されるようになっている。

　⑦の Aarons らのものは、児童虐待やネグレクトといった早期発見・早期介入が必要な分野横断的ニーズへの対応を、⑧の Cooper らのものは、メンタルヘルス上の困難を抱える子どもや青少年といった多様な分野横断的ニーズへの対応を前提とした協働の定義である。しかし、⑧の Cooper らのものは、④の Lacey のように、あるべき姿としての協働の定義になっている。⑦の Aarons らのものは、それとは反対に、児童虐待事例への協働が緊張や困難を伴う複雑な過程であるという事実に基づいた表現になっている。こうした事例では、対象とする問題・ニーズの状況が複雑で、不確実性が高く、関与する機関や専門職も多い。また、利用者や家族が複数の機関との協働に参画する以前に、専門機関や専門職との関係を嫌う場合も少なくない。こうしたなかで行われる協働では、参加者間での交渉や妥協、調停といった緊張する場面を多く含むことになり、協働は容易に、また、スピーディに終了することはないというのが一般的であろう。

　何を協働の対象、目的、主体として想定しているかによって、表現に違いはあるものの、④〜⑧もまた、協働を個人や機関、専門職など多様な行為主体がそれぞれの関心や視点に従って話し合いを行い、共有した一定の目標の

次元としてとらえておらず、組織レベル、職能集団レベル、専門領域レベルの協働もあるとしている。ただし、職能集団レベルの協働は互いの職能集団の発展を目指すことを、専門領域レベルの協働は専門領域の新たな理論開発を目指すこととしており、協働に関する政策レベルについては触れていない（福山　2009）。

10　序　章　多機関協働の時代

ために共同で作業を行っていくこと、また、その過程としてとらえている点で共通している。

　以上のような協働のとらえ方を参考に、本書のテーマである多機関協働をつぎのように定義する。「多様な問題の改善、ニーズ充足支援のために、異なる諸機関が合意できる目標を設定し、その共通目標達成のために責任をもってともに作業していくこと」その作業レベルは、ミクロ（対人間）、メゾ（チーム）、マクロ（ネットワーク）の３つがある。ミクロおよびメゾレベルの協働の場合、利用者や家族等のインフォーマルな支援者は、その作業に参画する。

　なお、参画という用語は、集まりに加わるという参加の意味ではなく、計画過程に加わる、一緒に計画を作成していく、という能動的行為を指す。本書でも、その意味で参画の用語を用いる。ただし、日常的ではあまり使用されない用語であるので、文脈によっては、「参画」の意味で「参加」を用いることもあることを断っておく。

（2）　多機関協働の枠組み

　本書で論じていく多機関協働について、その考察の枠組み、すなわち、多機関協働の対象、目的、主体、方法、アプローチ・手法、利用者の位置づけを、図表 序-2 に示す。

　多機関協働の対象は、今後ますます大きくなる医療・介護ニーズと、分野横断的ニーズである。前者は、多様な種類の医療サービス、介護サービスの一体的な利用の必要を指す。後者は、社会福祉、保健、介護、医療、権利擁護、警察、消防、心理カウンセリング、ソーシャルワーク・サービス（実用的サービスの調整・マネジメント、ソーシャルサポート・ネットワークの構築、社会資源の開発・動員、心理的支援、ニーズへの気づきの促進、サービス利用の動機づけ等）、その他未開発のサービス、種々のインフォーマルなサポート・サービスなど、異なる制度・サービス・資源の包括的利用の必要を指す。本書では、分野横断的ニーズの中でも、「厄介な課題」、たとえば、

序　章　多機関協働の時代　11

図表 序-2　多機関協働の枠組み

	対　象	医療・介護ニーズ		分野横断的ニーズ	
	目　的	医療・介護の切れ目のない一体的サービスの提供		分野横断的サービスの包括的な提供、複合問題の改善・解消	
ミクロレベル	行為主体	支援者、利用者・家族等		支援者、利用者・家族等	
	方　法	利用者からの自発的な相談 支援の主担当者からの提案による面接		利用者からの自発的な相談 支援の主担当者によるアウトリーチ、関係構築、相談面接	
	アプローチ・手法	ケアマネジメント		ケースマネジメント、関係基盤アプローチ・解決志向アプローチ等によるソーシャルワーク	
	利用者の位置づけ	パートナー		パートナー	
メゾレベル	行為主体	多職種チーム		多機関チーム	
	方　法	チームワーキング		チームワーキング	
	アプローチ・手法	話し合い、ミーティング、ケアカンファレンス等		話し合い、ミーティング、ケースカンファレンス等	
	利用者の位置づけ	チームメンバー		チームメンバー	
マクロレベル	行為主体	多機関ネットワーク		多機関ネットワーク	
	活動内容	ミクロ・メゾレベルの協働のインフラストラクチャー整備	地域資源開発、政策提言等	ミクロ・メゾレベルの協働のインフラストラクチャー整備	地域資源開発、政策提言等
	方　法	合同会議、委員会、ワーキンググループ、ワークショップ等	合同会議、委員会、ワーキンググループ、対話集会、ワークショップ、ソーシャルアクション等	合同会議、委員会、ワーキンググループ、ワークショップ等	合同会議、委員会、ワーキンググループ、対話集会、ワークショップ、ソーシャルアクション等

　貧困、社会的排除、孤立、虐待など、種々の要因によって生じる複合的問題がもたらす分野横断的ニーズ、言い換えると、支援者たちが「支援困難事例」と呼びがちな人々のニーズに焦点を当てている。

　だが、「支援困難事例」とか「困難事例」という用語は、当事者を「困っ

12　序　章　多機関協働の時代

た人々」とラベリングしてしまうおそれをもっている。そこで本書では、これを「複合問題事例」と呼ぶ。ただし、文脈によっては「支援困難事例」「困難事例」の用語を用いる場合もある。

　これらの対象に対する協働の目的は、医療・介護の複合ニーズに対しては、切れ目のない医療・介護の一体的サービスの提供であり、それによる利用者の QOL の改善・維持・向上である。分野横断的ニーズに対しては、多分野にまたがる包括的なサービス・支援の提供であり、それによる複合問題の改善・解消である。

　多機関による一体的なサービスの提供や包括的なサービスの提供を効果的、効率的に行っていくためには、ミクロ、メゾ、マクロレベルでの協働の作業が必要である。

　ミクロレベルでの協働というのは、対人間での協働である。どちらのニーズの場合も、ソーシャルワーカーやケアマネジャーら支援の主担当者（キーワーカー）と、利用者やその家族など利用者のインフォーマルな支援者との間で行われる協働のことである。

　利用者・家族が支援機関に相談し、担当者による面接、両者の話し合いを通して、多様なニーズやサービスの利用意向が確認される。こうした形でミクロレベルの協働は始まることが多い。だが、医療・介護ニーズの場合は主に医療機関で、分野横断的ニーズの場合は地域包括支援センターや高齢者支援課などで、その多様なニーズが「発見」され、それぞれの機関の主担当者が、家族や利用者にそのニーズに関する認識を共有してもらうための面接を行うところから、協働が始まることも少なくない。支援に消極的であったり拒否的であったりする複合問題事例の場合、アウトリーチをし、関係構築から始めなければならない。利用者等との協働は、ケアマネジメントやケースマネジメント、あるいはまた、関係形成を重視するソーシャルワークのアプローチなどに基づいて行う。

　いずれにせよ、多様なニーズに対して多機関から提供される諸サービスをうまく利用してニーズ充足をしていくのは利用者・家族であるから、支援の主担当者は、利用者・家族を多機関協働のパートナーとして位置付け、彼ら

と多様なニーズについての認識を共有し、サービス提供の目標や提供の方法等について話し合っていく必要がある。

　メゾレベルの協働は、職種間の協働である。協働実践を行うのは、いずれのニーズの場合も、多機関の専門職等から構成されるチームである。医療・介護ニーズの場合であっても、分野横断的ニーズの場合であっても、異なる種類の多様なニーズの確認や、それを充足していくための異なる制度下のサービス・資源の調整、その提供方法等の検討は、主担当者だけでは困難で、利用者・家族にすでに関わっている機関や、これから関わることが予想される機関の専門職等が一緒に検討していくことが効果的、効率的である。

　どちらの場合も、多機関の多様な職種によって構成されるチームと言いながら、図表 序-2 では、医療・介護ニーズの場合は多職種チーム、分野横断的ニーズの場合は多機関チームとしている。これには理由があるが、それを述べる前に、多職種チーム、多機関チームという用語の意味を説明しておく。

　多職種チームは、multi-disciplinary team ではなく、inter-professional team の訳である。inter（間）は、multi（多）という用語とは違い、数の多さを示すのではなく、何かと何かの間の関わりあいや、やりとり、相互作用を指す。Couturier らによれば、inter-professional や interdisciplinary における inter は、異なる知識や世界観、認識論、文化等をもつものが出会い、関与し合うことを通して、多様な視点や理論の理解を深化させる、また、それらのメタ理論を創造する可能性を示す接頭語である[6]。つまり、inter-professional とは、複数の異なる種類の専門職が、それぞれの視点や知識、理論等をもとに話し合いを行うことで、それぞれが単独で関わっていてはできなかった利用者のニーズ把握や利用者の全体的理解が、また、それに基づくプランをつくっていくことができるという可能性を示す用語である。こうした inter の「間」や「関係性」の意味を強調するのであれば、こうした職種

　6）　Couturier, Y. らのこの表現は、interdisciplinarity について言及したものであるが、彼らは、interdisciplinarity と interprofessionality とは同じ基盤をもつとしているので、同義と考えてよい（Couturier, *et al.* 2008）。

14 　序　章　多機関協働の時代

間の共同作業を指す inter-professional collaboration を職種間協働、その作業チームを指す inter-professional team を職種間チームと呼ぶべきである。だが、あまり聞きなれない用語であることと、医療職と介護職の連携・協働に関する文献では、多職種チームの用語が多く用いられているので、本書でも多職種協働、多職種チームの用語を用いることにする。

　inter-agency collaboration は、複数の異なる機関が、それぞれのもつサービスを調整して適切に提供し合うことで、それぞれの機関が単独ではなし得なかった利用者のニーズを効果的に充足していくことができるという意味で用いられる用語である。これも同じ理由から、機関間協働ではなく多機関協働と訳し、同様に、inter-agency team を多機関チームと訳している[7]。

　その多職種チーム、多機関チームの用語の使い方であるが、前者は、チームに参加する専門職の専門性の違いがあるからこそ、より適切な利用者のニーズ理解やプラン作成、プラン実施が可能になるという点を強調して使用される傾向がある。後者は、どの機関も単独では対応が困難な問題やニーズに対して、いくつかの異なる機関がそれぞれのサービスや支援を組み合わせ、つないでいくことが重要という点を強調して使用される傾向がみられる[8]。こうした使い方に沿って、医療・介護ニーズの充足のためのチームを多職種チーム、分野横断的ニーズ充足のためのチームを多機関チームとした。

　多職種チームや多機関チームが、協働の目的を達成していくために、メンバー間で意識的に行う相互作用がチームワーキングである。そこで使われる方法には、ICT の活用、ケアカンファレンス／ケースカンファレンス、カ

　7）　Glasby はインターエージェンシーセッティングの下にあっては、異なるタイプのチームがあり、用語も混乱しているとして、multiprofessional team, multidisciplinary team，multiagency team とともに、inter-professional team, inter-disciplinary team，inter-agency team をあげている。ただし、multi と inter の違いはとくに記述していない（Glasby and Dickinson　2014a. 169）。

　8）　Cooper らは inter-profession は、人同士、つまり専門職間（同じ機関内の専門職同士の場合もありうる）の協働作業を、inter-agency は、サービス間、つまり異なる機関間の協働作業を指す、としている（Cooper, et al.　2016）。

ンファレンスに先立って、また、その後に行われる個々のメンバー間の話し合い、一部メンバーによるミーティングなどがある。カンファレンスの休憩時間や開始前、終了後に行われるメンバー間の立ち話も、日常的な接触の機会が少ない他機関の専門職と、限られた時間の中で顔を見合わせて行うことのできる重要なコミュニケーション手法である。

　利用者・家族は、自分たちの生活やニーズに関する専門家であり、どちらのチームにおいても、チームメンバーとして位置づけられる。利用者・家族は、支援担当者との協働を経て、あるいはまた、並行して、チームに参画する。

　マクロレベルの協働の行為主体は、どちらのニーズの場合も、多機関ネットワークである。機関や機関に所属する専門職等が、多職種チームや多機関チームのメンバーとして活動することが、当該機関にとって益となると判断した場合、あるいは、それが制度上求められている場合、また、それが社会的に望ましいと判断した場合などに、機関は多機関ネットワークを形成したり、多機関ネットワークに参加する。

　その多機関ネットワークをマネジメントする機関が中心となって、支援の主担当者と利用者・家族との協働や、多職種チーム、多機関チームのチームワーキングを支援する。たとえば、チームで使う共通のアセスメント様式の作成、ICT 活用による情報共有システムの構築、ケア／ケースカンファレンスの開催・運営手順等のプロトコルの作成、チームワーキングにおける課題や必要事項についての協議、関係職種に対する合同研修など、ミクロやメゾレベルの協働のためのインフラストラクチャー整備等である。それらは、合同会議やワークショップなどの方法を用いて行われる。

　また、医療・介護ニーズ、分野横断的ニーズ充足のために不足しているサービス・資源の整備についての政策提言や、地域での資源開発、孤立死やゴミ屋敷等の問題に対する住民参加の予防プログラム開発などを行うことで、主担当者や利用者・家族、多職種チームや多機関チームを間接的に支援する。これらの活動の方法には、代表者会議、対話集会、ワークショップ、ソーシャルアクションなどがある。

16　序　章　多機関協働の時代

　「はじめに」で述べたように、本書では、ミクロ、メゾレベルの協働に焦点を当てる。マクロレベルの多機関ネットワークの活動については、ミクロ、メゾレベルの協働のインフラストラクチャー整備に言及するが、地域の資源開発や政策提言といった活動については触れない。

　協働に類似した概念として、調整（coordination）や協同／連携（cooperation）、パートナーシップ、連結（link）といった用語がある。これらの用語の意味や使い方は、論者によって微妙に異なる。Graham らは、いくつかの文献で使われるこれらの用語を整理し、つぎのようにそれらの意味の違いを指摘している（Graham and Barter 1999. 7）。

　協同／連携：個別のステイクホルダーがもつ特定の目標を達成できるよう
　　　　支援を行うこと

　パートナーシップ：共有した、あるいは一致する目標に向けて協調的に働
　　　　くことを合意した 2 人以上の関係者の組合せ。協働に近いが、共同
　　　　の意思決定や当事者意識の共有といったものを必然とするものでは
　　　　ない。

　調整：個々のステイクホルダーがそれぞれの目標や期待、責任をもったま
　　　　ま共同活動を行うこと

　協働：すべてのステイクホルダーが関与できる価値基盤に基づいて、相互
　　　　に合意した目標を追求すること。調整とは異なり、参加者の行為を
　　　　導く共同目標の創出が求められている。

　他方、Lawson は、協働を広義にとらえ、協働に参加する主体間の相互依存の程度、相互作用の複雑さの程度の低いほうから、コミュニケーション、コンサルテーション、調整、協働、という 4 つの協働実践のモデルを提示し、それぞれの特徴や意義を以下のように指摘している（Lawson 2008）。

　コミュニケーション：もっとも単純な協働実践の形。利用者や他のサービ
　　　　ス提供者との効果的なコミュニケーションが協働実践の要である。
　　　　情報共有を通した合意形成がなされて初めて共同作業が可能とな

る。

コンサルテーション：より入り組んだコミュニケーションから成り、洗練された協働実践に向かうために重要。他者（利用者、利用者をよく知る人、他の専門家等）が貴重な専門性を発揮しうるという理解を前提に、他者の問題に対する見方、勧める介入法を引き出す必要があるときに使う。

調整：多様なニーズや問題等に遭遇したとき、多様な人々の努力を調和させなければならないときに行われる。参加者のそれぞれのアセスメント、介入、評価を調整し統合する。多職種チーム、家族中心実践、連合（coalition）を含むコミュニティワークなどがその例で、参加者は自律性を保ったまま、ニーズ充足や問題解決等のために貢献する。

協働：上記の３つを包含し、もっとも複雑な形式の協働実践。より多くの時間、資源、特別のリーダーシップを必要とする。「厄介な問題（wicked problems）」など、複雑性・新規性・不確実性をもった問題状況・ニーズ等への正当な対応として行われる。この協働実践には、相互依存関係に関する自覚の共有、共通目標の発展、効果的な集合行為につながる役割や社会関係を創造することが必要である。参加者間の信頼と相補性の規範は、参加者が相互に信頼できるとみなすときに発達し、適正な参加者が集められ、集合行為がうまく組織化されたときに最大化する。

　もっとも相互依存度が高く、相互作用の複雑度が高い協働とそのつぎに高い調整が示す内容は、上記の Graham らの整理した協働と調整の内容とほぼ同じであるが、Lawson は、コミュニケーションから協働まで、協働概念の意味を広くとらえている。本書でも、この広義の協働概念のとらえ方に従う。つまり、Lawson の言うコミュニケーションやコンサルテーションに該当する連結や協同／連携、そして、調整も協働実践の中で行われるものとして理解し、「連携・協働」というように、用語のニュアンスにとらわれずに

18　序　章　多機関協働の時代

これらの用語を使っていく。

3．本書の構成

　本書は、既述したように、政策によって規定される多機関協働のありよう、多職種チーム・多機関チームのチームワーキング促進要因、多機関協働における利用者参画の促進方法、の3つのテーマについて論じることを目的とする。

　第Ⅰ部では、政策によって規定される多機関協働のありようについて、1990年以降、高齢者介護サービスを中心としたサービス・デリバリー戦略が、多機関協働をどのように進めてきたのか、進めていくのか、また、そこでの課題は何かを論じる。

　第1章「介護政策と多機関協働」では、高齢者保健福祉推進10か年戦略（ゴールドプラン）によって創出された在宅介護支援センター、介護保険によって創出された居宅介護支援事業所（のケアマネジャー）、2006年の介護保険法改正によって創出された地域包括支援センターが、多様なニーズに対してそれぞれどのようにサービス提供していくことを求められたのか、また、その実態はどうであったのか、それを押さえていくことで、1990年から2010年前半までの地域における多機関協働の様相を確認する。

　第2章「地域包括ケアシステムと多機関協働」では、医療介護総合確保推進法を受けて介護保険法が改正された後の、地域包括ケアシステム構想における多機関協働によるサービス・デリバリーのモデルとその課題を論じる。そして、「新福祉ビジョン」で示された全世代・全対象型の相談支援機関が想定する多機関協働の課題についても論じる。

　第Ⅱ部は、多職種チームと多機関チームのチームワーキングやチームマネジメントに関する研究を整理し、調査研究の結果を紹介する。

　第3章「多職種・多機関チームのチームワーキング」では、チームワーキングに影響を与える要因の関連図を作成した上で、チームワーキング研究が進んでいるイギリスの多職種チーム、多機関チーム研究を検討し、それぞれ

のチームワーキングの促進要因、阻害要因を整理する。

第4章「多職種チームと多機関チームの実際」では、多職種チームとして3つのタイプのチームを取り上げ、調査結果をもとにそのチームワーキングの方法やチームマネジメントのスキルを提示する。また、複合問題事例に対する多機関チームの協働スキルとして、高齢者虐待対応の協働スキル調査の結果を紹介する。

第Ⅲ部は、多職種チームと多機関チームへの利用者参画の方法や、アプローチ、課題について論じる。

第5章「多職種チームへの利用者参画」では、イギリスのソーシャルケア政策や日本の介護政策が、利用者参画をどのように制度上位置づけてきたのか概観した上で、多職種チームにおける利用者参画の課題と対処法を論じる。

第6章「多機関チームと利用者参画」では、複合問題事例を支援する多機関チームにおける利用者参加を取り上げる。複合問題事例に多い支援に消極的あるいは拒否的であるインボランタリークライエントと支援の主担当者がどのように関係を形成し、パートナーシップを作っていけばよいのか、そのアプローチを検討する。そして、有用性が高いと考えられた解決志向アプローチを援用し、インボランタリークライエント事例の1つである高齢者虐待事例対応のアプローチとして私たちが開発した安心づくり安全探しアプローチ（AAA）を紹介する。
スリーエー

第7章「多機関ケースカンファレンスへの利用者参画」では、多機関チームにおけるケースカンファレンスの方法として、AAAの視点を活かして作成したAAA多機関ケースカンファレンス・シートとその活用法を紹介する。そして、「未来語りのダイアローグ」を参考に、本シートを活用したケースカンファレンスを、利用者参画で実施していく場合の留意点を提示する。

第Ⅰ部　サービス・デリバリーと多機関協働

第1章　介護政策と多機関協働

1.　長期ケアサービスのデリバリーシステム

　高齢者のケアニーズに対するサービスが、入院や施設入所サービス中心から在宅サービス中心に移行する、つまり、コミュニティケアが進展するということは、高齢者の地域での生活支援のためのケアサービスのメニューもサービス提供機関の種類も増える、ということである。それらのサービスを、必要とする高齢者に効果的、効率的に提供していくためには、高齢者のニーズを的確にアセスメントし、多様な機関から提供される諸サービスを調整し、高齢者にとって適切なサービスが確実に届くような仕組みが必要となる。この仕組みを高齢者ケアのサービス・デリバリーシステムと呼ぶことができる。

　このデリバリーシステムの構成要素は、a. 利用者のニーズ：高齢者のサービス・ニーズ、b. サービス機関：種々のケアサービスを提供する機関、c. サービス・マネジメント機関：多様なサービス機関との連絡調整を行い、諸機関からのサービスが利用者に的確に提供されるようマネジメントを行う機関、d. サービス・マネジメント方法：サービス・マネジメントの際に用いられる方法や手法、e. システム管理責任主体：システムの形成・維持管理・発展の責任主体、である。

　国は、1989年に発表した「高齢者保健福祉推進10か年戦略（ゴールドプラン）」によって1990年代からの高齢者ケアサービスのデリバリーシステム像を提示し、1997年の介護保険法制定で2000年度からの介護保険サービスを中心とする新たなデリバリーシステムの構築を図った。そして、2005年の介護保険改正で、地域包括ケアを推進すべくそのデリバリーシステムを修正。2014年の医療介護総合確保促進法と[1]、2015年の介護保険法改正による地域包括ケアシステム構築推進策により、さらにデリバリーシステムの修正を図

24　第Ⅰ部　サービス・デリバリーと多機関協働

ることになった。

　こうした政策が進められていくなかで、医療・介護ニーズや分野横断的
ニーズを充足するためのサービス・デリバリーはどのように行われてきただ
ろうか。

　図表1－1は、1990年代から2010年代前半までの長期ケアサービスのデリ
バリーシステムの構成要素を、利用者のニーズ別に示したものである。2010
年代後半については、第2章で扱う。e. システム管理責任主体は、どの年
代においても市町村であるので、図表には記載していない。また、b. サー
ビス提供機関、c. サービス・マネジメント機関、d. サービス・マネジメン
ト方法の欄に記載したものは例である。d. サービス・マネジメントの方法
は、c. サービス・マネジメント機関が中心となって行う方法・手法で、いず
れも利用者だけでなく、複数のサービス機関間の専門職等との相互作用、す
なわち、連絡調整、交渉、カンファレンスにおける情報共有や共同の意思決
定といった多機関協働を伴う。つまり、d. は多機関協働実践の方法ならび
に手法と言ってよい。

　以下、1990年代から2010年代前半までのサービス・デリバリーの仕組みと
実態を通して、この間の多機関協働の様相を確認する。

2．在宅介護支援センターの多機関協働

（1）　ゴールドプランと在宅介護支援センター事業

　1980年代前半には、わが国でも、コミュニティケアの理念は強調されるよ
うになっていたが、実際の在宅サービスは極めて限定的で、ショートステイ
の延べ利用人数は1988年まで5万人足らずで、89年にようやく10万人を超え
たのみであった。また、デイサービスセンターも、88年でも全国で600を多
少超えた数しかなく、89年にようやく1,000か所を超えたにすぎなかった。

　1）　法律の正式名称は、地域における医療及び介護の総合的な確保を推進するための
関係法律の整備等に関する法律である。

第1章　介護政策と多機関協働　　25

図表 1-1　長期ケアサービスのデリバリーシステム
―1990年代から2010年代前半まで―

	制度・政策	a. 利用者のニーズ	b. サービス提供機関	c. サービス・マネジメント機関	d. サービス・マネジメント方法
1990年代	「高齢者保健福祉推進10か年戦略」	介護ニーズ	HH、DS、SS、介護機器、住宅改修等の居宅介護サービス提供機関、医療機関、公的機関（高齢者支援課等）	在宅介護支援センター	ケースマネジメント
		分野横断的ニーズ（複合問題事例）	居宅サービス提供機関、医療機関、公的機関（高齢者支援課、生活保護担当課、保健所、警察、消防等）、障害者施設、民生委員、自治会等	在宅介護支援センター	ケースマネジメント、高齢者サービス調整チーム、地域ケア会議
2000年代前半	介護保険法	介護予防ニーズ（要支援者）介護ニーズ（要介護者）	居宅サービス提供機関、介護保険施設、医療機関、公的機関（高齢者支援課等）	居宅介護支援事業所	ケアマネジメント、サービス担当者会議
		分野横断的ニーズ（複合問題事例）	居宅サービス提供機関、医療機関、公的機関（高齢者支援課、生活保護担当課、保健所、警察、消防等）、障害者施設、民生委員、自治会等	居宅介護支援事業所在宅介護支援センター	ケースマネジメント、ケースワーク、地域ケア会議
2000年代後半〜2010年代前半	介護保険法改正	介護予防ニーズ（要支援者）	介護予防 HH・DS・SS・訪問看護・入浴・リハ等の介護予防サービス提供機関等	地域包括支援センター（居宅介護支援事業所）	介護予防ケアマネジメント
		介護予防ニーズ（特定高齢者）	介護予防教室等のプログラム提供機関	地域包括支援センター	介護予防ケアマネジメント
		介護ニーズ（軽度要介護者）	居宅サービス提供機関、診療所	居宅介護支援事業所	ケアマネジメント、サービス担当者会議

医療・介護ニーズ（中重度要介護高齢者）	病院、診療所、居宅サービス提供機関	居宅介護支援事業所	ケアマネジメント、包括的継続的ケアマネジメント支援、地域ケア会議
分野横断的ニーズ（認定済みの複合問題事例）	居宅サービス提供機関、介護予防サービス提供機関、医療機関、公的機関（高齢者支援課、生活保護担当課、保健所、警察、消防等）、障害者施設、民生委員、自治会等	地域包括支援センター	
分野横断的ニーズ（未認定の複合問題事例）	公的機関（高齢者支援課、生活保護担当課、保健所、警察、消防等）、障害者施設、民生委員、自治会等	地域包括支援センター	ソーシャルワーク、地域ケア会議

注1：副田（2015）の表1をもとに作成。
注2：HH：ホームヘルプサービス、DS：デイサービス、SS：ショートステイサービス、入浴S：入浴サービス、リハ：リハビリテーション

在宅サービスが乏しく、また、在宅医療体制も不備で、1982年の老人保健法の成立によっても、「社会的入院」を抑制することはなかなか困難であった[2]。

　そうしたなか、厚生省・高齢者対策企画推進本部は、1986年の報告において、家庭での介護機能を強化するため在宅サービスシステムを確立すること、その際、福祉・保健・医療の連携を図り、市町村に一元化する体制を確立すること、同時に、多様なニーズに対応するための民間活力を導入、活用を図るとした。そして、在宅サービスの拡充としてホームヘルプサービスならびにデイサービスの拡充とショートステイの普及を、また、保健・医療・福祉サービスの総合化として、市町村レベルでは、保健、医療、福祉の実務者レベルから成るサービス調整委員会（仮称）の設置を、さらに相談および情報を提供できる体制として第三セクターの高齢者情報相談センター（仮称）の設置等を提案した。「社会的入院」による医療費増加を抑制するに

　2）　社会的入院の発生要因には、患者側の病院への心理的依存、家族側の介護負担感、介護力不足、病院側の退院調整機能不足、医療保険と社会福祉における費用負担の不均衡問題に加えて、在宅福祉および在宅医療体制の不備があった（水口　2008）。

は、在宅サービスを拡充し、それを「合理的、体系的に編成し、ニードに即応して効率的かつ効果的に」提供していくことで（厚生省・高齢者対策企画推進本部、1986年）、「家族介護支援」を充実させる必要があったわけである。

この政策案は、政府の長寿政策としてまとめられ、1989年12月の「高齢者保健福祉推進10か年戦略（ゴールドプラン）」（厚生・大蔵・自治3大臣合意による策定）として具体化された。内容は、市町村における在宅福祉対策の緊急整備（在宅福祉推進十か年事業）や、「ねたきり老人ゼロ作戦」の展開、施設の緊急整備（施設対策推進十か年事業）などであった。在宅福祉推進十か年事業の一つとして新たに創設されたのが、在宅介護支援センター事業である。

在宅介護支援センターは、介護を必要とする高齢者や介護する家族の相談に応じ、その介護ニーズ充足のために、種々の在宅サービスや介護機器、住宅改造等のサービス提供機関と連絡調整、交渉を行い、適切なサービスを利用者に届ける機関、すなわち、在宅ケアサービスの調整・提供をマネジメントする機関である。そのマネジメントの方法、手法がケースマネジメントである。実施主体は市町村であるが、社会福祉法人や医療法人に委託して実施する。在宅介護支援センターは、サービスの申請代行を行うことで実質的なサービス提供決定権限をもつことになるため、委託元である自治体の行政（高齢者支援課等）との緊密な連絡調整が求められた[3]。

（2）　在宅介護支援センターによるケースマネジメント

在宅介護支援センターには、社会福祉士・介護福祉士のいずれかと保健師・看護師のいずれかの2名の異なる専門職が配置されることになった。利用者の介護や福祉のニーズだけでなく、保健・医療やリハビリテーションの

3）　サービスの申請代行とは、サービスの申請書を利用者に代わって行政機関に提出するというだけでなく、民間機関である在宅介護支援センターの職員によるニーズアセスメント結果を、市町村がよほどのことがない限りそのまま認めて、サービスの種類と量を決定することを意味した。この点を含む在宅介護支援センターと市町村との協働については、副田（1997）を参照のこと。

28　第Ⅰ部　サービス・デリバリーと多機関協働

ニーズも含めて全体的にアセスメントし、必要であれば、介護・福祉サービスと、保健・医療・リハビリテーションのサービスを利用者が総合的に利用できるよう助言したり、それらのサービス提供機関との連絡調整を図っていくことが期待されていたと言える。

　当時は、今日のような、医療と介護の切れ目のない一体的提供という言葉はなかったが、医療と介護ニーズを合わせもつ高齢者は当然いたし、「社会的入院」を抑制していくためにも、在宅医療とともに、地域で医療サービスと介護サービスをつなぐ機関が必要であった。

　だが実際には、介護・福祉ニーズだけでなく保健・医療ニーズをアセスメントできたとしても、当時は活用できる保健・医療系サービス、たとえば、訪問看護や訪問リハビリテーション、老人保健施設の短期利用サービスなどが未整備といった地域が圧倒的に多かった。また、病院や診療所の側にも、患者をめぐり在宅介護支援センターと連絡調整するインセンティブがなかった。措置時代にあっては、医療にとって介護・福祉は選別主義で救貧的イメージが強く[4]、在宅介護支援センターに対する医療機関の関心も低かった。個別事例をめぐり、診療所医師や病院の医療ソーシャルワーカーと連絡調整を図る在宅介護支援センターはもちろんあったが、在宅介護支援センターが行うサービス調整は、介護・福祉サービスが中心とならざるを得なかった。

　筆者が1994年に実施した、都下2市における2つの在宅介護支援センターにおける事例調査（Aセンター：208例、Bセンター：76例）では、初回およびその後の継続的なアセスメントにより確認できた種々のニーズのうち、保健・医療ニーズの割合は、Aセンターが初回：15.6％、継続中：35.7％、Bセンターが初回：10.5％、継続中：16.5％であった[5]。こうした保健・医

　4）　武川は保健・医療・福祉において総合化が遅れた理由として、普遍主義的な医療と選別主義的な介護・福祉による両者のイメージの違い、財源の違いからくる公共部門からの自律性の度合いなどをあげている。（武川　1997）。
　5）　調査時、Aセンターには保健師が勤務していたが、Bセンターはソーシャルワーカーのみであった。この違いが、アセスメントした保健・医療ニーズの割合の違いに反映

療ニーズに対してAセンターもBセンターも医療機関との連絡調整は、それぞれ対象事例の24%、15.8%について行ってはいた。だが、援助期間中に調整し提供できたサービスは、介護サービス（ホームヘルプサービス、デイサービス、入浴サービス等）や、福祉サービス（日常生活用具、住宅改造、食事サービス、住民参加型のヘルプサービス等）が圧倒的に多く、訪問看護やリハビリテーション等の医療系サービスは、対象事例の8.2%（Aセンター）と5.3%（Bセンター）のみであった。当時、両市には、訪問看護ステーションや老人保健施設等の医療系サービス提供機関はなかった[6]。

　その一方で、在宅介護支援センターは、多様な種類のサービス機関との協働が求められることが少なくなかった。経済的困難や劣悪な住宅、独居、キーパーソンの欠如、孤立、虐待、家族間トラブル、同居家族の精神疾患等、さまざまな問題を複合的に抱え、その改善・解消のために多様なサービス・支援を必要とする事例、つまり、複合的問題を抱え分野横断的ニーズをもつ事例への支援である。援助実践の現場では、こうした事例を「支援困難事例」と呼ぶことが多かった。地域におけるケースマネジメントを積極的に展開していった在宅介護支援センターは、その仕事ぶりが他機関から評価されるようになると、「支援困難事例」が行政機関や医療機関から、また、地域の民生委員等からリファー（送致）されてくるようになる。しかし、在宅介護支援センターだけでは対応が困難であるから、多様な機関と連絡をとり話し合っていくことになる。「○○市ケア研究会」、「地域ケア検討会」といった名称の民間機関間の自発的なネットワークが形成されることもあった[7]。国が奨励したのが、高齢者サービス調整チームであった。

していると考えられる。

　6）　なお、調査の対象とした在宅介護支援センターが自法人のサービスにつないだ割合は35%（Aセンター）と55.7%（Bセンター）であった。当時の全国レベルの調査結果によると、調査対象支援センターの4割は相談の70%以上を自法人のサービスにつないでいたから、対象センターは積極的に他機関のサービスの調整を行っていたと言える（副田1997.173）。

　7）　副田（2000）120.

30　第Ⅰ部　サービス・デリバリーと多機関協働

（3）　高齢者サービス調整チームと多機関協働

　高齢者サービス調整チームは、厚生省局長通知「高齢者サービス総合調整推進会議等の設置及び運営について」（1987年）で、厚生省が市町村に設置を求めたものである。当時、先進的な取り組みを行っていた自治体や地域では、ケース検討会等の名称で、各機関の担当者によるサービス調整についての協議を行う場が設置されるようになっていた。こうした背景の下、1986年に発表された『高齢者対策本部報告』に、「市町村に保健・医療・福祉の実務者レベルからなるサービス調整委員会（仮称）を設置する」構想が盛り込まれ、これを受けて、上記の局長通知が出されたのである[8]。

　高齢者サービス調整チームの目的は、「高齢者の多様なニーズに対応し、個々の高齢者のニーズに見合う最も適切なサービスを提供するため、保健、福祉、医療等に係る各種サービスを総合的に調整、推進すること」、主な事業内容は、①保健師等の訪問、相談活動等による高齢者のニーズ把握、②高齢者の健康状況、経済状況、家庭環境等を踏まえた具体的な処遇方策の策定、③関係サービス機関へのサービス提供の要請、であった。メンバーは、市町村の老人福祉・保健・医療担当者、保健婦、老人福祉指導主事、医師などの医療関係者、在宅介護支援センター職員、社会福祉協議会職員、老人福祉施設職員、老人保健施設職員、民生委員等である。

　つまり、高齢者サービス調整チームは、地域の多機関でケースに関する「処遇方策の策定」を行い、サービスの調整・提供依頼を行うことを目指して公式に創設された日本で初めての多機関チームであった。

　しかし、1990年に実施された総務庁の行政監察によれば、大半の自治体が高齢者サービス調整チームを設置したものの、処遇検討会をほとんど開催していない状態にあった。そのため、総務庁は厚生省に市町村を指導するよう勧告を行っている。他方、厚生省は、福祉関係八法改正等を踏まえ、1990年と1993年に通知を改正し、上記②の部分について、「複合したニーズを有す

―――――――――――――――

　8)　平岡（1997）112.

る処遇困難ケース等についての具体的な処遇方策の策定」と条件を明記した。また、それ以外のケースについても可能な限り行うように務めることとした（平岡　1997. 113）[9]。つまり、厚生省としては、「複合したニーズを有する処遇困難ケース等についての具体的な処遇方策の策定」を、高齢者サービス調整チームとして実施することを促したわけである。

　だが、福祉システム研究会の実施した調査（全国3,255の自治体高齢者福祉主管課を対象として実施。以下、『1996年高齢者サービス調整チーム調査報告』とする。）によると、1996年でも、高齢者サービス調整チームの設置目的を「処遇困難ケース」とした市町村の割合は、複数回答で、集計対象（2,003市町村）の15.8％ほどであった。多くは、「広く実務的ケース検討」（75.9％）、「組織間調整」（64.4％）と回答している[10]。

　在宅介護支援センターは、ゴールドプランによって10年間のうちに全国で１万か所という設置目標が明示されていたものの、計画の中間地点である1995年でも2,000か所足らずであった。目標値の半分近くに達するのは、介護保険法成立後の1998年以降である[11]。『1996年高齢者サービス調整チーム調査報告』でも、在宅介護支援センターが高齢者サービス調整チームにメンバーとして参加していた割合は、全国平均で49.7％にとどまっていた[12]。

　在宅介護支援センターが増え、「複合したニーズを有する処遇困難ケース等」にサービス・マネジメント機関として関与していくこと、そして、高齢者サービス調整チームに積極的にケースカンファレンスを求めていくことがなければ、「処遇困難ケース」のための多機関チームの協働は進まないということである。

　9）　小林によると、調整チームに関する厚生省の「要綱案」では、事業内容の上記②と③にあたる部分について、「個々の高齢者に対する保健、福祉サービス内容の策定及び実施」、「処遇困難ケースに係る協議」と記述されていた（小林　1988. 69）。このことから、多機関によるケースの処遇検討は、「処遇困難ケース」をめぐって実施することが当初より前提とされていたと言える。
　10）　平岡（1997）115.
　11）　副田（2004）17.
　12）　平岡（1997）121.

32　第Ⅰ部　サービス・デリバリーと多機関協働

　『1996年高齢者サービス調整チーム調査報告』では、高齢者サービス調整
チームの場に限らず一般的なケース検討を行う際の問題を２つまで尋ねてい
るが、そこでもっとも多くあげられていたのは、「サービス資源が不足」
（41％）であった[13]。サービス資源の不足により、ケースカンファレンスを
しても問題解決に結びつかないことは、関係者にケースカンファレンスの限
界を感じさせるであろうことは容易に推測できる。

　だが、高齢者サービス調整チームに関する事例調査によれば、チームに
よっては、そのことが地域全体の福祉・保健・医療のサービスの問題・課題
を考え、その解決に向けて動こうとする契機になっていたところもあっ
た[14]。また、サービス資源が不足する状況にありながらも、事例検討により
機関相互の理解が進み、機関間のサービス交渉・調整が進んだとか[15]、ケー
ス検討の積み重ねを通して「チーム意識」が形成され、定例のケース検討会
以外でも個別に随時にケース検討が行われた[16]、といった例が見られた地域
もあった。

　筆者が1999年に都内の26の在宅介護支援センター（都内63市区町村の38％
の自治体にあるセンター）職員を対象として行った面接調査でも、高齢者
サービス調整チームやそれに代わる公式のネットワーク会議への参加を通し
て、在宅介護支援センターと病院や開業医等医療系機関との連携・協働が進
んだという回答は多く見られた。実際、調査時点で、対象となった在宅介護
支援センターの84％が、「病院等からの依頼によるケアプラン作成」を、
48％が「退院に向けてのケアカンファレンスの実施」を行っていた。ただ
し、「病院からの医療情報の収集」は16％、「病院への利用者情報の提供」は
12％にとどまっていた。開業医とは40％が、「情報提供・助言等の依頼と対

　13）　平岡（1997）123.
　14）　李（1999）による事例調査の結果参照。
　15）　井元は、ある区における高齢者サービス調整チームの10年間の取り組みを振り返
り、この点を調整チームがサービス利用の交渉の場になっていたことを指摘している（井
元　2001）。
　16）　佐藤の事例調査の結果参照（佐藤　1997. 148）。

応」を、28％が「診察・往診依頼と対応」を、24％が「訪問看護師や保健師を介した情報収集」を行っていた。訪問看護ステーションとは、70.1％で「サービス提供依頼」を、50.0％で「利用者に関する情報交換」を、37.5％で「同行訪問・ケアカンファレンス」を実施していた（副田　2000）。

　医療系機関と連携・協働を進めることができたと言う在宅介護支援センターの職員たちによると、1997年の介護保険法の成立によって、「年配の開業医は無関心だが、若い開業医は地域ケアに関心をもってきてくれている」、「若い開業医は熱心になり、以前と比べて垣根は低くなった」と感じる状況がもたらされた。その一方で、サービス提供機関間に競争関係が持ち込まれ、高齢者サービス調整チームで創られてきていた「地域ケアをともに担うという意識の醸成がむずかしくなる」、「居宅介護支援事業所のケアマネジャーはケアプラン作成に時間のかかる処遇困難事例を避け、利用者として上質な層だけを選択するのではないか」、というダンピング、クリームスキミングの懸念を抱き、だからこそ、「介護保険になっても高齢者サービス調整チームのカンファレンスは必要」と主張する職員もいた[17]。

　介護保険法成立の翌年（1998年）に、厚生省は、従来の在宅介護支援センターを標準型とし、新たに、所属する法人の支援を受けて一人で事業を担う単独型と、複数の在宅介護支援センターを統括する基幹型の創設を決定した。また、市町村か基幹型在宅介護支援センターが、介護保険関係者によって構成される地域ケア会議を開催することになった[18]。高齢者サービス調整チームは、地域ケア会議に移行することが期待されたが、地域ケア会議の目的には、介護予防のための保健福祉サービス提供について関係機関間の連携

---

　17)　「　」内は、注11に記載した調査における、在宅介護支援センター職員の発言（副田　2000）。
　18)　地域ケア会議の目的は、「地域ケアの総合調整を行いつつ介護支援専門員に対する支援体制を整備すること」、また、「介護予防に資する保健福祉サービスが利用者本位で提供されるよう、関係部局、関係機関等の連携体制を整備すること」であった（厚生労働省、全国介護保険担当者課長会議資料（2002年）「都道府県高齢者保健福祉サービス調整に係る支援体制の確保について」）。

34　第Ⅰ部　サービス・デリバリーと多機関協働

体制を整備することが含まれていたため、実際には、地域ケア会議を高齢者サービス調整チームのときのように「支援困難事例」のケアカンファレンスの場として活用するところもあれば、地域のインフォーマル団体の参加による地域資源マップづくりや生活支援の検討の場として活用するところもあるなど、その活用の仕方は市町村によって異なっていた。2002年には、高齢者サービス調整チームに関する通知は廃止された。

3.　介護保険における多機関協働

（1）　介護保険のデリバリーシステム

　厚生省は、ゴールドプランの策定後も新たな制度改革を目指して検討を重ね、1994年には、学識経験者による「高齢者介護・自立支援システム研究会」を開催した。研究会は、翌年、『新たな高齢者介護システムの構築を目指して』と題する研究会報告書を発表、「高齢者の自立支援」を基本理念とし、①高齢者自身による選択、②介護サービスの一元化、③ケアマネジメントの確立、④社会保険方式の導入、の4点を主なポイントとする新介護システムの創設を提唱した[19]。この報告書をもとに、老人保健福祉審議会で具体的な審議が行われ、1996年には与党三党（自民党、社民党、さきがけ）のプロジェクトチームによる利害調整と関係方面の説得により、1997年に介護保険法が成立、2000年4月からの実施となった。

　介護保険下では、認定調査によって要支援か要介護と認定されると、原則として利用者は居宅介護支援事業所と契約し、介護支援専門員（ケアマネジャー）とケアプランを作成する[20]。つまり、ケアマネジャーが利用者の

---

19)　厚生省高齢者介護対策本部事務局監修（1995）64.

20)　介護保険は、高齢者、あるいはその個人的代理としての家族が、介護サービス事業者と直接契約してサービスを利用することを認めている（セルフマネジメント）。だが、ニーズに合ったサービスの選択、事業者に関する情報収集、事業者の選定とサービス調整・契約、サービス利用実績表等の記録と管理、入退院の際の医療保険と介護保険の切

ニーズアセスメントを行い、その結果と利用者や家族の希望・意向を踏ま
え、また、サービス提供機関の専門職等との情報交換・連絡調整・依頼・交
渉等を行ってケアプラン案を策定する。そして、利用者や家族、サービス事
業者等とともにサービス担当者会議を開き、策定したケアプラン案について
話合い、具体的なサービス提供方法の調整を図るなどしてケアプランを確定
する。

　つまり、介護保険下では、要支援と要介護と認定された高齢者に対し、必
要な介護保険サービス等をサービス・マネジメント機関としての居宅介護支
援事業所のケアマネジャーが、ケアマネジメントとサービス担当者会議とい
う多機関協働の方法を用いて必要なサービスをデリバリーすることになっ
た。

　サービス担当者会議は、利用者の状態像の変化などにより、ケアプランを
変更する際にも開くことになっている。新たにサービス提供を行う機関も参
加し、「ケアチーム」として変更する内容を改めて確認し合うことが求めら
れているからである[21]。サービス担当者会議は、利用者を中心に、家族やケ
アマネジャー、継続的利用のサービス機関、それに、随時、新たに加わる
サービス機関のサービス提供者が、「ケアチーム」としてみなで利用者の生
活を支えていくという共通認識を創り出す場としても期待されていたと言え
る[22]。

り替え、といったサービス利用にまつわる作業は、誰にでもできることではない。セルフ
マネジメントを実施している高齢者・家族はきわめてまれである。しかし、介護保険への
理解と主体的な利用を目的として始まったセルフマネジメントの展開を進めるマイケアプ
ラン運動は、介護保険実施以降、現在もなお継続している。http://www.mycareplan-
net.com/

　21)　『高齢者介護・自立支援システム研究会報告書』では、ケアマネジメントは、利用
者の状況によって、保健・医療・福祉のケア担当者等が随時参加する「ケアチーム」に
よって進められることが適切、としていた（厚生省高齢者会と対策本部事務局　1995.
68）。

　22)　新たなサービス提供機関が加わる場合、とくに介護サービスだけであったところ
に医療という分野の異なるサービス提供機関が加わる場合、アセスメントの視点や支援に
おける重点（優先順位）の違いなどから、サービス提供機関間で利用者や家族の状況に対

36　第Ⅰ部　サービス・デリバリーと多機関協働

　この「ケアチーム」に参加する可能性のある機関は、訪問介護、訪問入浴
介護、通所介護、短期入所生活介護、福祉用具等、介護系のサービスを提供
する機関と、訪問看護、訪問／通所リハビリテーション、居宅療養管理指導
を提供する医療系および医療サービス提供機関である。介護保険サービスと
しての訪問看護サービスと訪問／通所リハビリテーションの利用にあたって
は、主治医の意見や指示が必要であるため、サービス・マネジメント機関で
ある居宅介護支援事業所のケアマネジャーが、地域の病院や診療所医師とや
りとりする機会は少なからずあると予想された。

　だが実際には、ケアマネジャーにとって病院や診療所の医師と連絡を取り
合うのはむずかしく、『平成25年度居宅介護支援事業所及び介護支援専門員
業務の実態に関する調査報告書』（三菱総合研究所。以下、『平成25年度介護支
援専門員調査』と略記する。）によると、2003年11月に実施した第2回調査で
は、多機関との連携に関する悩みとして、「主治医との連携がとりにくい」
が全体の50.2％ともっとも多かった[23]。この傾向はそれから10年経った2013
年でも52.0％でほとんど変わらず、他のサービス提供事業者・担当者に関す
る悩みが減少したことと対照的である。

（2）　ケアマネジメントの補完

　介護ニーズがあるにもかかわらず要介護認定の申請をしなければ、介護保
険サービスを利用することはできない。居宅介護支援事業所、介護保険施
設、在宅介護支援センターは、申請代行ができることになっていたが、介護
保険になって開設された民間の居宅介護支援事業所は、必ずしも地域の情報
を十分にはもっていなかった。また、申請することがむずかしい、あるい

する意見の食い違いなどが生じやすい。それは、結果として利用者や家族に混乱を与える
対応を生むおそれがある。そうしたリスクを回避するためにも、ケアマネジャーには、
サービス担当者会議という多機関協働の手法を使うことが求められている。
　23）　つぎに多い多機関連携における悩みは、「提供事業者・担当者と日程的に会議が開
催できない」（31.6％）、「提供事業者・担当者からの情報提供が少ない」（25.4％）、「サー
ビス提供票を作成・送付する業務に手間がかかる」（24.2％）などであった。

は、申請することができない、あえて申請しない、といった高齢者・家族を
ケアマネジャーが発見したり、第三者からそのケアプラン作成を依頼された
としても、それらのケースに対応するのは困難であった。

　というのも、そうした中には、介護保険や要介護認定の申請に関する理解
が困難であったり、分野横断的ニーズをもっている、サービス利用に拒否的
であるなど、関係づくりやケアプランの策定・実施に時間がかかるといった
事例が少なくない。しかし、その努力と時間はケアマネジャーの介護報酬に
反映しないため、居宅介護支援事業所としてはケアマネジャーがそうした事
例に積極的に対応していくことをよしとしないおそれがあった。また実際、
介護保険実施後は、居宅介護支援事業所やケアマネジャーの数が不足し、
個々のケアマネジャーが相当数のケアプラン作成を担当せざるを得なかっ
た。そのため、申請のために利用者・家族との関係づくり、受診同行、多機
関との連絡調整、ケースカンファレンス等、さまざま支援が必要となるよう
な「要援護事例」や「支援困難事例」は、在宅介護支援センターに回って来
る傾向があった[24]。その在宅介護支援センターも、受託している法人の意思
で、あるいは、委託している自治体の依頼で、居宅介護支援事業所を実施し
たところがほとんどであったから、二枚看板を掲げて多忙を極めることにな
る。

　こうした状況の中で、厚生省は、2002年には在宅介護支援センター施設整
備費補助を、2003年には福祉用具展示・紹介事業加算・痴呆相談事業加算を
廃止し、在宅介護支援センター事業の廃止に向けた作業を進めている。厚生
省は、それまで在宅介護支援センターが行ってきた、「複合したニーズを有
する処遇困難ケース」についても、また、要介護認定申請に関する支援も、
居宅介護支援事業所のケアマネジャーが対応することを想定していたからで

---

24)　先の2003年の第2回調査における、介護支援専門員の業務遂行に関する悩みに関
する回答でもっとも多かったのは、「困難ケースへの対応に手間がとられる」（45.5％）
で、次いで「ケアマネ本来の業務ができていない」（31.7％）、「業務の責任が重くかかえこ
んでしまう」（26.6％）、「担当利用者数が多い」（23.2％）などであった（複数回答）。介護
支援専門員が、「処遇困難事例」への対応に十分な時間をかけられない様子が伺える。

38　第Ⅰ部　サービス・デリバリーと多機関協働

ある[25]。では実際はどうであったか。

　介護保険が始まった2000年に在宅介護支援センター協議会が、所属する在宅介護支援センターの職員を対象に行った調査（対象数971。有効回答数560）で、在宅介護支援センターが居宅介護支援事業を実施することの利点や特性を尋ねている（複数回答）。その結果は、「ケアプラン作成等に直接結びつかない相談・調整にも幅広く対応できる」（76.2%）がもっとも多く、次いで「利用者等を含めたケプラン作成、処遇困難事例引受等の実践の実績がある」（46.5%）が多かった。

　この結果から、在宅介護支援センター職員たちは、民間営利組織である居宅介護支援事業所が実施しない、また、実施が困難な事例への対応を積極的に行っており、そのことに自負をもっていた様子が伺える。また、在宅介護支援センターに「要援護事例」や「支援困難事例」がより多く回ってきていたことが推測される。

　しかしまた、在宅介護支援センターの職員たちは、「支援事業と居宅事業の線引きが困難」とか、「業務多忙で支援事業、居宅事業が機能していない」、「適正な人員配置がなされていない」など、二枚看板を掲げて実践していくことの課題を少なからず指摘していた[26]。機能縮小化の動きのなかで、在宅介護支援センターが民間営利の居宅介護支援事業所のケアマネジメントを補完するには大きな限界があった。

　2000年に、東京都と横浜市、さらに北陸2県の在宅介護支援センター248か所の職員を対象に、在宅介護支援センター業務（「支援業務」と略記）と居

　25）　介護保険実施後も、在宅介護支援センター事業の展開が必要であるにもかかわらず、その縮小化が進められていることに危機感を感じた筆者は、介護保険実施直後に在宅介護支援センター事業の重要性を厚生省老健局に訴えにいった。だが、主管課の課長補佐の答えは、介護支援専門員の介護報酬を高く設定したのは、関係機関との連携や支援困難事例に対応することを想定したからであり、在宅介護支援センター事業を強化する方向性はまったくない、というものであった。

　26）　全国在宅介護支援センター協議会（2001）。実際、介護保険実施直前と直後に開設された在宅介護支援センターも少なくなく（1999年度1,257か所、2000年度1,328か所、2001年度596か所）、両方の事業を展開できる力量が備わっていないセンターも少なからずあったと思われる。

宅介護支援事業所業務（「居宅業務」と略記）の実施状況をタイムスタディに
よって調べた筆者らの調査によると[27]、全体では、「居宅業務」の合計時間
は実労働時間の60.0％、「支援業務」のそれは40.0％であった。「支援業務」
のうち、介護支援専門員のケアマネジメント補完に相当する「認定前・認定
外ケースへの直接援助」は、実労働時間の15.0％ほどであった。ただしこれ
は、介護保険の給付管理事務が多くなる日を避けた任意の１日を選択して
行ったタイムスタディであったため、平均的な１日では、「支援業務」の実
施割合はさらに低くなった可能性がある[28]。

　在宅介護支援センター事業の縮小化を進めてきた厚生省は、2005年の介護
保険法改正とともに、在宅介護支援センターに対する補助事業を終了させ
た。

４．　地域包括支援センターと多機関協働

（１）　地域包括ケアシステムの提唱

　2003年、それまでの介護保険制度の実施状況を検証し、今後のあり方を検
討するために、厚生労働省が設置した「高齢者介護研究会」（老健局長の私的
研究会）は、『2015年の高齢者介護〜高齢者の尊厳を支えるケアの確立に向
けて〜』を発表し（以下、『2015年の高齢者介護』と略記する）、地域包括ケア
システムの構築を提唱した。

　地域包括ケアシステムという用語は、医療の世界では1990年代後半にすで
に使用されていたが[29]、介護の領域ではこれが初出である。『2015年の高齢

　27）　タイムスタディでは、業務開始から終了までの活動内容を分単位で記録し、あら
かじめ定めた支援業務と居宅業務のリストのどれに当てはまるか分類してもらう方法を
とった。調査に協力した292人の職員のうち、全体でもっとも多かったのはソーシャル
ワーカーで、次いで看護師、ケアワーカー、保健師の順であった。東京は、ソーシャル
ワーカーが59.3％と突出して多かった（副田　2004. 117）。
　28）　結果をフィードバックした在宅介護支援センターの職員たちからも、そうした指
摘があった（副田　2004. 124）。

者介護』は、「今後の高齢者の状況や変化に応じて、介護サービスを中核に、医療サービスをはじめとする様々な支援が継続的かつ包括的に提供される仕組みが必要である」として、地域包括ケアシステムの確立を求めた。その必要な理由として記述されているのは、「ケアマネジメントの立て直し」である。ケアマネジャーの「御用聞きケアマネ」化や、サービス担当者会議なしの「漫然としたサービス利用の継続」などによって、現状のケアマネジメントは効果的に実施されていないという認識が、明らかな根拠のないまま前提とされていた。

「ケアマネジメントの立て直し」のためには、「介護以外に生活上の問題を抱える高齢者のケースや困難事例への支援など」、ケアマネジャーが果たすべき機能を十分発揮できる環境の整備を、また、「退所・退院者への在宅サービスの切れ目のない提供確保」のシステムの整備を急ぐ必要がある。それらの整備のためには、「保健・福祉・医療の専門職相互の連携」や「ボランティアなどの住民活動を含めた連携」によって、「地域の様々な資源を統合した包括的なケア（地域包括ケア）」を提供することが必要である。そして、「地域包括ケア」が有効に機能するためには、「関係者の調整を行い、サービスのコーディネートを行う在宅介護支援センター等の機関が必要となる。」（『2015年の高齢者介護』2004）。

つまり、『2015年の高齢者介護』でいう地域包括ケアシステムは、ケアマネジャーの機能が十分発揮できるように、それまで在宅介護支援センターが多少なりとも実施してきた「介護以外に生活上の問題を抱える高齢者のケースや困難事例への支援」、サービス不足もあり十分ではなかった医療と介護サービスの切れ目のない提供、それに、民生委員や地域ボランティアに限られがちであった地域のインフォーマルな諸資源との連携・協働の少なくとも

29）　全国国保診療施設協議会は、1996年の報告書「国保直診と新しい介護システムに関する研究報告書」で、地域包括ケアをモデル的におこなっている市町村として広島県御調町を含む3つの町を提示している（炭谷　1997. 40）。二木も地域包括ケアシステムには、歴史的に保健・医療系と福祉系があるが、御調町の方式は自治体病院主導で地域基盤ではないとしている（二木　2015. 3）。

３つの機能を強化していくことを求めたものであった。先述したように、国は、介護保険の実施に伴い、在宅介護支援センター事業の縮小を進めていた。だが、『2015年の高齢者介護』は、居宅介護支援事業所のケアマネジメントだけでは、地域で暮らす要介護高齢者への支援やサービス調整が不十分であることを認め、在宅介護支援センターの役割・機能の必要性を改めて確認し、それを強化しようとするものであった[30]。

　『2015年の高齢者介護』が、「ケアマネジメントの立て直し」のための環境整備や、サービス資源の連携推進の要として想定した「在宅介護支援センター等の機関」は、2005年の介護保険法改正によって、地域包括支援センターとして再構成されることになる。

（２）　地域包括支援センターのサービス・デリバリー

　もっとも、2005年の介護保険法改正の焦点は、「ケアマネジメントの立て直し」よりも自治体の保険者機能の見直しであった。具体的には、地域密着型サービスの創設と要支援高齢者（および「特定高齢者」）に対する介護予防ケアマネジメントの実施により、介護保険サービスの供給量の伸びを保険者としてコントロールする、そして、市町村が独自の地域包括ケアシステムの構築を企画し、運営責任を果たす、ということである。ただし、その地域包括ケアのマネジメント機関は、機能強化された在宅介護支援センターではなく、新たに創設される地域包括支援センターが担うことになった[31]。

---

　30)　二木は、このときの「地域包括ケアシステム」は、「重医療・重介護の高齢者」への注目はあるものの、あくまでも介護保険制度改革と位置付けられ、介護サービスが中核とされた、と指摘している（二木　2015. 23）。

　31)　『2015年の高齢者介護』では、「地域包括ケアが有効に機能するためには、各種のサービスや住民が連携してケアを提供するよう、関係者の連絡調整を行い、サービスのコーディネートを行う、在宅介護支援センター等の機関が必要」、「在宅介護支援センターが地域包括ケアのコーディネートを担うためには、その役割を再検討し、機能を強化していく必要がある」としていた。在宅介護支援センターの機能強化という方策をとらなかった理由は明示されていない。地域包括ケアを推進していく機関として、介護だけではなく医療や生活支援等の種々のサービスを、また、フォーマルな専門サービスだけでなく地域のインフォーマルなサービスをも含めたサービスの調整を、さらには介護予防のケアマネ

42 第Ⅰ部 サービス・デリバリーと多機関協働

　地域包括支援センターは、「市町村を基本としつつ、その対象とする圏域や具備すべき機能、配置の在り方等について検討する必要がある」（社会保障審議会介護保険部会　2004. 53）とされ、介護保険法の改正では、保険者としての市町村が直営で行うだけでなく、民間組織も設置できることとなった（改正介護保険第115条39項）。

　地域包括支援センターには、保健師・社会福祉士・主任介護支援専門員が配置される。この3職種のチームアプローチによって実施される主な業務は、介護予防支援及び包括的支援事業としての①介護予防ケアマネジメント、②総合相談支援、③権利擁護、④包括的・継続的ケアマネジメント支援である。これらの業務を実施するために、「制度横断的な連携ネットワーク」を構築することが求められた。

　この地域包括支援センターの創設により、2006年度からの長期ケアのサービス・デリバリーシステムはそれまでとは少し変わることになった。まず、支援ニーズをもつ要支援高齢者と、介護予防ニーズをもつ特定高齢者に対しては[32]、原則として、直営および委託型の地域包括支援センターが介護予防ケアマネジメントを通して、介護予防サービス提供機関のサービスを調整する。要支援者の介護予防ケアマネジメントは、居宅介護支援事業所に委託可能とされたが、当初はその委託数も制限されていた。

　軽度から重度までの介護ニーズをもつ要介護高齢者に対しては、これまで同様、居宅介護支援事業所のケアマネジャーがケアマネジメントとサービス担当者会議を通して、必要な介護保険サービスを調整し、それらのサービス機関と協働して継続的に利用者を支援していく。

　そして、医療と介護サービスの一体的提供を継続的に必要とする、医療・介護ニーズをもつ高齢者や、複合問題事例で分野横断的ニーズをもつ高齢者

ジメントを行う機関を表す用語として、「在宅介護支援」より広い意味内容を表す「地域包括支援」の用語のほうがふさわしいと判断されたと考えられる。実際には、大多数の在宅介護支援センターが地域包括支援センターに移行した。

　32）　特定高齢者という呼び方は、高齢者等から評判が悪く、2010年には「二次予防事業対象者」に変更された。

に対しては、「ケアマネジメントの立て直し」のために、居宅介護支援事業所（ケアマネジャー）によるケアマネジメントを、地域包括支援センターが包括的・継続的ケアマネジメント支援として、地域ケア会議等を活用して支援することになった。

要介護認定申請のためにていねいな時間をかけた支援が必要であったり、未認定で分野横断的ニーズをもっているといった事例に対しては、地域包括支援センターがサービス・マネジメント機関として支援することになる。

（3） 包括的・継続的ケアマネジメント支援

包括的・継続的ケアマネジメントとは、介護支援専門員（ケアマネジャー）が、「在宅、医療機関、施設といった場所の変化により医療と介護の連続性が失われることのないよう、地域における包括的継続的なマネジメント」を行うことであり、「介護サービスのみならず、介護以外のさまざまな生活支援を含むマネジメント」を行うことである[33]。

医療と介護の諸サービスを切れ目なく一体的に提供していくという「継続的ケア」のマネジメントも、複合問題事例で分野横断的ニーズをもつ事例への「包括的ケア」のマネジメントも、国は、在宅介護支援センター事業を縮小、廃止し、居宅介護支援事業所のケアマネジャーに全面的な実施を期待してきた。だが、その実施が不十分ということで、これらの役割を「包括的・継続的ケアマネジメント」として改めて強調するとともに、その実施を後押しし、支援する役割を地域包括支援センターに求めたわけである。

「継続的ケア」の支援は、地域の病院・診療所との情報共有や意見交換等が可能となるような機関間ネットワークの構築、複合問題事例への包括的支援は、アウトリーチによる発見、支援に拒否的な高齢者や家族との関係づくり、多機関との連絡調整を通した高齢者・家族に役立つサービスの提供、要介護認定調査申請の促しと手続き代行、介護支援専門員への引継ぎ、引継ぎ後の後方支援（同行訪問、関係機関との連絡調整、ケアカンファレンスにお

---

33)　社会保障審議会介護保険部会「2004年介護保険部会意見」46, 53.

44　第Ⅰ部　サービス・デリバリーと多機関協働

ける協議、役割分担等）などである。

　前者の病院・診療所とのネットワーク構築も、後者の複合問題事例等への包括的支援も、在宅介護支援センターが不十分ながらも実施してきたものである。その機能を居宅介護支援事業所に移し、これを強化しようとしても、その役割を、７割は民間委託である個々の地域包括支援センターに求めるのでは、不十分なままに終わってしまうおそれがある。

　かつて、厚生省が市町村に設置を求めた高齢者サービス調整チームが、地域の多機関の連携・協働を促進したと関係者が述べていた地域では、市町村の高齢者支援課等が高齢者サービス調整チームのマネジメント機関として、「処遇困難ケース」に関するケースカンファレンスや「広く実務的なケース検討」を行う機会を定期的に開催するなど、多機関協働の機会を意識的に設定していた。国が広く市町村に多機関協働の積極的推進を期待するのならば、多機関をネットワークでつなぐ正当な理由と力をもっている市町村の担当課が中心となり、医師会や病院との、また、「多面的（制度横断的）支援の展開」のための多機関ネットワークの土台づくりを行うことまでを、市町村に求める必要がある。

　市町村のイニシアティブで公式の多機関ネットワーク構築に関する機関間合意を取り、共同で最小限のルールを形成する、そのネットワークを基盤に、個々の事例やケアマネジャーの状況に則して、各地域包括支援センターが柔軟に機関間の調整や交渉などの支援を行う、といったことがなければ、「包括的・継続的ケアマネジメント」支援は困難ということである。

　しかし、この時点では、市町村行政の役割と責任は明示されなかった。小林らの言うように、2005年改正における「包括的・継続的ケア」という考え方は十分理解されず、多くの自治体は地域包括支援センターを以前の「在宅介護支援センターの焼き直し」ととらえて、自ら新たな動きを活発化することはなかった（小林・市川　2012. 10-11）。

　地域包括支援センターが創設されてから５年経った2011年に実施された『地域包括支援センター業務実態に関する調査研究事業報告書』（三菱総合研

究所）では、全国の地域包括支援センターを対象に、関係機関との連携内容を詳細に例示しながら、それぞれの関係機関との連携に課題があるかどうかを質問している（回答数4,224センター）。関係機関としてあげられているのは、「医療機関」、「介護保険サービス事業所」、「地域のインフォーマルサービス」、「公的機関」、「入院（所）・退院（所）時」、「広域の地域包括支援センター」である。連携内容の例示は、以下のとおりである。

　「医療機関」との連携：医師会や医療機関に対して、高齢者介護の分野でどのようなことが課題になっており、その解決のためにどのような部分で医療機関の協力が必要であるかを理解してもらうとともに、医療機関・主治医にとってどのような情報・資源が必要であるのかを地域包括支援センターが把握するため、医療機関に出向き、情報収集と連携を図っている等

　「入院（所）・退院（所）時」の連携：ケアカンファレンスを継続的に行い、退院（所）時に利用者と家族と入院先の医療機関・主治医・介護支援専門員等、必要な職種で会議を開催し、退院後の在宅ケアについての話合いの場をもっている等

　「公的機関」との連携：リスクの高い（虐待を受けている、消費者被害にあっている、徘徊がみられる等）高齢者を発見し、専門機関へつなぐネットワークを構築するとともに、警察等から情報を得ながら医療機関や行政等の機関との連携を図っている等

　結果は、「広域の地域包括支援センター」以外の機関との連携において、調査対象となった4,056のセンターの半数以上が「課題あり」と答えていた。「医療機関」との連携に「課題あり」とした割合は全体の73.0％ともっとも多く、「入院（所）・退院（所）時」の連携については59.2％、「公的機関」との連携については53.9％が「課題あり」であった[34]。

　当該調査では、ケアマネジャーに対する個別支援における課題についても

　34）　報告書では、質問を複数回答で聞いているにもかかわらず、回答した調査対象数を母数とせずに割合を計算している。今回、執筆するにあたって割合を計算し直している（三菱総合研究所　2014. 52）。

46 第Ⅰ部 サービス・デリバリーと多機関協働

8つの選択肢を提示し、複数回答で尋ねている。もっとも多く選択されたのが、「支援困難事例に対応する介護支援専門員への支援」で、57.4％であった。この選択肢の例示は、「支援困難事例解決に向けて日頃から多職種・多機関による連携を図り、介護支援専門員より支援困難事例の相談があった際に、必要な情報を有効活用し、問題解決にあたっている等」である。

また、当該調査では、地域包括支援センターが抱える課題についても、7項目を提示して複数回答で尋ねている。回答が多かった上位2つは、「業務量が課題」（64.9％）、「業務量に対する職員数の不足」（60.4％）であった。

地域包括支援センターは、開設と同時に介護予防ケアマネジメントの実施に、また、2005年に成立した高齢者虐待防止法に基づく高齢者虐待事例への対応に追われるなかで、限られた人数で多岐にわたる業務をこなさねばならなかった。さらに、知名度も低かった。こうした状況のなか、市町村のイニシアティブによる機関間ネットワークの土台づくりもなしで、ケアマネジャー支援のために、医療機関との協働関係づくりを、また、複合問題事例への支援をめぐる多機関協働のネットワーク構築を行うことは、地域による違いはあるものの、全体的に言えば困難なことであった。

地域包括支援センターは、業務過多に加え、市町村のリードやバックアップがない中、包括的・継続的ケアマネジメント支援として何をすべきかよくわからないままの状態がしばらく続く。国が、本格的に地域包括ケアシステム構築の政策を検討していくのは、2010年代になってからである。2014年の医療介護総合確保推進法を受けた介護保険法改正に基づき、地域包括ケアシステムにおけるサービス・デリバリーシステム像が新たに提示されていく。

第2章　地域包括ケアシステムと多機関協働

1．地域包括ケアシステム

（1）「医療と介護の一体化」

　地域包括支援センターの創設の後、有識者による地域包括ケア研究会が2008年度の老人保健健康増進等事業として立ち上げられた。これは、2012年度から始まる「第5期介護保険事業計画の計画期間以降を展望して、地域における医療・介護・福祉の一体的提供（地域包括ケア）の実現に向けた検討にあたっての論点を整理するため」であった。

　本研究会は、最初の報告書『地域包括ケア研究会報告書～今後の検討のための論点整理～』（2009年）で、地域包括ケアシステムを、「ニーズに応じた住宅が提供されることを基本としたうえで、生活上の安全・安心・健康を確保するために、医療や介護のみならず、福祉サービスを含めた様々な生活支援サービスが日常生活の場（日常生活圏域）で適切に提供できるような地域の体制」と定義した。また、地域包括ケアシステムのイメージ図を示すなどして、先の『2015年の高齢者介護』が表現した地域包括ケアシステムより内容をわかりやすいものにした。ただし、論点整理が中心ということで、医療機関との連携・協働や、複合問題事例への支援について何か新しい提案をしたわけではなかった。

　まず、後者について言えば、本報告書からは「支援困難事例」の用語は消えている。代わって、「安全・安心・健康を脅かす不安や危険としては、急病や病態の急変、虐待、引きこもり、地域での孤立等様々な状況が想定される」として、こうした分野横断的ニーズをもつ例に、「独居で認知症を有する者」を取上げ、「権利侵害からの保護や金銭・財産管理、服薬管理・食事摂取の確認のための巡回型訪問サービス」や「認知症の原因疾患の特徴を理

48　第Ⅰ部　サービス・デリバリーと多機関協働

解した訪問看護、認知症対応のデイサービス」などの多様なサービスを組み合わせて提供することで「生活を保障することができるシステム」が、地域包括ケアシステムとして想定される、と述べている。

　翌年の『平成21年度地域包括ケア研究会報告書』（2010年）では、「2025年の地域包括ケアシステムの姿」を描いている。そこでは、「困難事例」の用語が復活し、「複合的な支援が必要で関係機関が広範囲にわたるような困難事例」については、ケアマネジャーによるケアマネジメントを地域包括支援センターが支援し、多職種によるチームケアで総合的な支援をすること、と指摘している。そして、地域包括ケアを支えるサービスとして、「権利擁護関連の支援（虐待防止、消費者保護、金銭管理等）」を、「生活支援サービス（見守り、緊急通報、安否確認、食事、移動支援、社会参加機会提供等）」や「家事援助サービス（掃除、洗濯、料理）」、「身体介護」などと並置している。

　つまり、「困難事例」に典型的にみられる分野横断的ニーズに対しては、種々のサービス資源を活用し、これまで同様に、地域包括支援センターがケアマネジャーのケアマネジメントを支援することとしているが、権利擁護関連の支援を含め、多様なサービスを活用し、チームとして支援することを強調している。

　前者の医療と介護の連携については、退院調整における多職種連携などを引き続き指摘してはいるものの、地域包括ケアを支える医療系サービスとしてあげているのは、「ターミナルを含めた訪問診療・看護・リハビリテーション」のみであった。地域包括ケアシステムに関する論議のなかで、病院の医療サービスにまで拡大して議論が行われるようになるのは、2013年8月に出された社会保障制度改革国民会議報告書以降である（以下、『2013年国民会議報告書』と略記する）。『2013年国民会議報告書』は、社会保障全般にわたり、現状の課題と改革の方向性、改革の道筋を示している[1]。「医療・介

　1）　ちなみに、本報告書では、男性労働者の正規雇用・終身雇用と専業主婦を前提とした社会保障の「1970年代モデル」から、年金、医療、介護の前提となる、現役世代の雇用や子育て支援、低所得者・格差の問題、住まいの問題なども含む「21世紀（2025年）日

護分野の改革」については、今後の医療と介護のニーズの増大が経済の低成長基調の下で進むという状況の中で必要なサービスを確実に確保していくには、医療・介護資源を患者のニーズに適応した効率的な利用にすることが求められるとしている。また、それには、急性期から亜急性期、回復期等という病床の機能分化と、退院患者の受け入れのための在宅医療・在宅介護の整備とを同時に行う必要がある、とした。そして、地域のなかでは、医療と介護サービスが一体的に提供されるよう、医療・介護のネットワーク化が必要で、「地域包括ケアシステムの確立は、医療・介護の一体的改革によって実現するという認識が基本」としている（『国民会議報告書』28-30)。

　この『国民会議報告書』を契機に、医療改革を推進していくために地域包括ケアシステムの構築が不可欠という意味合いで、「医療と介護の一体化」が強調されていく。2013年12月に成立した「持続可能な社会保障制度の確立を図るための改革の推進に関する法律」（社会保障改革プログラム法）では、医療制度に関して規定した第4条の4で、地域包括ケアシステムを定義している。

　「政府は、医療従事者、医療施設等の確保及び有効活用等を図り、効率的かつ質の高い医療提供体制を構築するとともに、今後の高齢化の進展に対応して地域包括ケアシステム（地域の実情に応じて、高齢者が、可能な限り、住み慣れた地域でその有する能力に応じ自立した日常生活を営むことができるよう、医療、介護、介護予防（要介護状態若しくは要支援状態となることの予防又は要介護状態若しくは要支援状態の軽減若しくは悪化の防止をいう。次条において同じ。）、住まい及び自立した日常生活の支援が包括的に確保される体制をいう。次項及び同条第二項において同じ。）を構築することを通じ、地域で必要な医療を確保するため、次に掲げる事項及び診療報酬に係る適切な対応の在り方その他の必要な事項について検討を加え、その結果に基づいて必要な措置を講ずるものとする。」

本モデル」に再構築して、国民生活の安心を確保していくことが喫緊の課題になっている、としている（社会保障制度改革国民会議　2013.8)。

50　第Ⅰ部　サービス・デリバリーと多機関協働

　また、このプログラム法を具体化するものとして、2014年に成立した「地域における医療及び介護の総合的な確保の促進に関する法律」（医療介護総合確保推進法）では、目的を規定した第１条で「地域において効率的かつ質の高い医療提供体制を構築するとともに地域包括ケアシステムを構築することを通じ、地域における医療及び介護の総合的な確保を促進する」としている。

　地域包括ケア研究会は、2014年に『地域包括ケアシステムを構築するための制度論等に関する調査研究事業報告書』を発表し、「介護・医療・予防の一体的な提供」として、「介護予防」、「重度化予防」、「急性疾患への対応」、「入院・退院支援」、「看取り」という場面に応じた、医療と介護の連携・協働のあり方を提示している。また、医療や医療系サービス、介護サービス等の専門職が「総合的なケア」を提供していくために必要な仕組みとして、連絡調整窓口の明確化、専門職連携、専門職連携教育、会議開催、多職種協働、共通言語やルールの構築、地域連携クリティカルパスの策定、標準的な記録様式の作成、多職種連携の手順やルールの策定等を細かく例示している[2]。さらに、急性期病院と他の医療機関、在宅ケアチームの橋渡し役を担い、退院支援の仕組み構築することを、自治体の重要な取り組みとしてその役割を強調している。

　医療改革と在宅医療、在宅介護の整備とを同時並行的に進め、地域において医療と介護のサービスを総合的に提供していくことで在宅介護の限界点をあげていくこと、そのためには、市町村が主導して医療と介護の連携の仕組みを整備・拡充していくことが、地域包括ケアシステム構築としてなによりも重要である、という論調が定着したと言ってよい[3]。多様な種類の医療

　2）　地位包括ケア研究会（2014）18-22.
　3）　家族の構造、機能が一層縮小化しつつあるという現状を国が認識しつつも、医療・介護サービスの効率的利用を通して在宅介護の限界点をあげる政策をとろうとするのは、言うまでもなく、経済の低成長下で進む人口の一層の高齢化に対し、医療費・介護費の伸びを抑制せねばならないという認識ゆえである。認知症対応型共同生活介護（グループホーム）や小規模多機能型居宅介護、有料老人ホーム等も居宅サービスに分類されるか

サービスと介護サービスを切れ目なく、一体的に必要とする医療・介護ニーズをもつ高齢者、要介護度で言えば、中・重度の要介護高齢者が、地域包括ケアの重要な対象となった。そして、効果的、効率的なサービス提供のために異なる機関間の協働を推進していく責任主体として、個々の医療機関や地域包括支援センターではなく、市町村が明確に位置付けられた。

（2） 地域包括ケアシステムにおけるデリバリーシステム

　医療介護総合確保推進法を受けて、介護保険法が改正された（2014年6月）。もっとも大きな変更点は、要支援者に対する介護予防給付サービスのうち、訪問介護と通所介護が介護保険から外されたことである。これらは、訪問型・通所型サービス、生活支援サービスとして、シルバー人材センター、NPO、自治会、民間企業、住民ボランティア団体など、多様な担い手によって提供されるサービスとなり、地域支援事業の中の介護予防・生活支援サービス事業に位置付けられる。地域包括支援センターはケアマネジメントを用い、要支援者に対して介護予防給付（訪問看護、福祉用具等）と、これらの介護予防・生活支援サービスとをコーディネートすることになった[4]。合わせて、基本チェックリストで判断された「二次予防事業対象者（事業対象者）」への介護予防・生活支援サービスのコーディネートも行う。また、改正介護保険法では、市町村が行う地域支援事業として、新たに在宅医療・介護の連携推進、認知症施策の推進、生活支援サービスの基盤整備の事業が規定され、地域ケア会議の開催が法定化された（介護保険法第115条

ら、在宅介護の限界点をあげるという場合、これらの居住系のサービスも含めての話にはなる。とは言え、すでに高齢者世帯の過半数を占める一人暮らし、夫婦のみ世帯の割合が今後さらに増えていく時代に、限界点をあげる政策がどこまで可能かという大きな問題がある。
　4）　地域包括支援センターや社会福祉協議会には、「生活支援体制整備事業」として、生活支援コーディネーター（地域支え合い推進員）」が置かれ、地域の資源開発やネットワーク構築、地域の支援ニーズとサービス提供主体の活動のマッチング役割を果たすことになっている（社会保障審議会介護保険部会第58回参考資料1：地域支援事業の推進 2016. 14）。

48)。

　在宅医療・介護連携推進が市町村の実施する事業として位置付けられたことにより、「地域の医療・福祉資源の把握及び活用」、「多施設連携のための協議会」「多職種連携のための研修」、「24時間365日の提供体制の構築」、「地域包括支援センター・ケアマネ等への支援」、「退院支援ルールの策定」、「地域住民への普及啓発」等を、市町村がイニシアティブを取り、医師会等と連携しながら展開していくことになった。

　以前とは異なり、市町村の責任が明確になったことで、医療と介護の連携体制の構築が加速される可能性はある[5]。もっとも、市町村も財政難による人員削減等でこれらの業務を担当する市町村職員を専任で配置するのはなかなか困難であろうから、実際には、地域の医師会に事業を委託したり、すでに連携を推進してきた地域包括支援センターに実務的役割やマネジメント役を求めるといったことも多くなると思われる[6]。

　地域包括支援センターは、在宅医療連携拠点機能を担う医師会等の機関との連携を深め、ケアマネジャーと医療機関等との協働をこれまで以上に積極的に支援していくことが要請されるだろう。ケアマネジャーは、入院時の情報提供や退院支援カンファレンスに参加すること、また、訪問診療や訪問看護・訪問リハビリテーションといった医療系専門職との協働をこれまで以上に求められることになる。

　では、複合問題事例への支援は、地域包括ケアシステム構想の中でどのように考えられていたのか。地域包括ケア研究会の2014年の報告書は「医療・介護の一体化」の認識を強調した『国民会議報告書』を前提としているためか、医療と介護の連携推進について多くの記述を割いており、2009年、2010

　5）　国も、在宅医療・介護連携のための市町村ハンドブック（長寿医療開発研究センター　2013）や、在宅医療・介護の連携推進を行うための市町村支援ツール作成に関する好事例集（野村総研　2015）を公表するなどして、事業への取り組みを積極的に促している。

　6）　その他に、東京大学と柏市の例のように、大学等の外部機関と提携して推進する方法もある（辻　2015）。

年の報告書では多少は触れていた「困難事例」や「ハイリスク事例」等への支援についてはほとんど触れていない。

　一方、厚生労働省は、2016年に示した「地域支援事業の推進」に関する資料のなかで「困難事例」について多少触れている。「地域ケア会議の推進」のために、地域包括支援センターでは地域ケア個別会議を、市町村では地域ケア推進会議を行い、前者において、「個別ケース（困難事例等）の支援内容を通じた①地域支援ネットワークの構築、②高齢者の自立支援に資するケアマネジメント支援、③地域課題の把握、などを行う」としている[7]。

　つまり、分野横断的ニーズをもつ「困難事例」については、これまで通り、ケアマネジャーに地域包括支援センターが協力、支援する形をとる。その際、法的に位置づけられた地域ケア会議を活用し、多様な機関と協働していくことで、地域支援ネットワークの構築や地域課題の把握に、そして、地域づくり・資源開発につなげていくように、ということである。

　しかし、前に触れたように、分野横断的ニーズをもつ事例には、要介護認定前のケースや介護保険サービスにつなぐことが困難なケースも少なくない。それゆえ、地域包括支援センターがサービス・マネジメント機関として対応せざるを得ない事例も少なからず存在する。つまり、分野横断的ニーズをもつ事例に関しては、これまでと同様、地域包括支援センターが、未認定の高齢者を直接支援し、要介護認定の高齢者を地域包括支援センターの支援を受けてケアマネジャーが支援するという形をとる。ただし、どちらも地域ケア会議の場を活用すること、そして、個別事例への支援だけでなく、地域課題の把握等を行うことが求められている。

　以上をまとめると、2010年代後半以降の地域包括ケアシステムにおけるサービス・デリバリーシステムは、図表 2-1 のようになる。

　介護予防ニーズをもつ二次予防事業対象者や、生活支援ニーズ中心の要支

　7）　社会保障審議会介護保険部会第58回参考資料「地域支援事業の推進」2016. 28。地域ケア会議にかんするこれらの資料内容は、2013年に出された「地域ケア会議運営マニュアル」をもとにしたものである。

54 第Ⅰ部　サービス・デリバリーと多機関協働

援者に対しては、訪問型、通所型、生活支援サービスを、地域包括支援セン
ターが介護予防ケアマネジメントを通して提供する。これを居宅介護支援事
業所に委託し、ケアマネジャーによって行うこともできるが、要介護者に対
するケアマネジメントや多職種チームの一員としての仕事が手一杯となれ
ば、居宅介護支援事業所は介護予防のケアプラン作成を控える可能性もあ
る。また、これらのサービスの報酬単価引き下げを理由に指定事業者の撤退
などが生じて、調整できるサービスが大幅に不足するようであれば、サービ

図表 2-1　長期ケアサービスのデリバリーシステム：2010年代後半以降

	制度・政策	a.利用者のニーズ	b.サービス提供機関	c.サービス・マネジメント機関	d.サービス・マネジメント方法
2010年代後半～	介護保険法改正	介護予防ニーズ（二次予防事業対象者）生活支援ニーズ（要支援者）	介護予防サービス提供機関 生活支援サービス提供機関	地域包括支援センター（居宅介護支援事業所）	介護予防ケアマネジメント
		介護ニーズ（軽度要介護者）	居宅サービス提供機関、診療所	居宅介護支援事業所	ケアマネジメント、サービス担当者会議
		医療・介護ニーズ（中重度要介護高齢者）	病院、診療所、居宅サービス提供機関	多職種チーム（病院／居宅介護支援事業所がチーム・マネジメントを実施）	ケアカンファレンス、サービス担当者会議、ICT活用
		分野横断的ニーズ（認定済み複合問題事例）	居宅サービス提供機関、介護予防サービス提供機関、医療機関、公的機関（高齢者支援課、生活保護担当課、保健所、警察、消防等）、障害者施設、民生委員、自治会等	多機関チーム（居宅介護支援事業所、地域包括支援センターがチーム・マネジメントを実施）	ケースカンファレンス、サービス担当者会議、地域ケア会議
		分野横断的ニーズ（未認定複合問題事例）	公的機関（高齢者支援課、生活保護担当課、保健所、警察、消防等）、障害者施設、民生委員、自治会等	多機関チーム（地域包括支援センターがチーム・マネジメントを実施）	ケースカンファレンス、地域ケア会議

注1：副田（2015）の表1を改変。

スの調整そのものが困難となるおそれも否定できない[8]。

　介護ニーズ中心の要介護者については、今後も従来通り、ケアマネジャーが自立支援、重度化予防の視点に立ち、ケアマネジメントやサービス担当者会議を通してサービスのマネジメントを行う。今後、大都市とその周辺では、これらの人々の数の急増が予測されており、ケアマネジャーの不足状態が懸念される。

　医療・介護ニーズをもつ中重度の要介護者へのサービス提供の方法は、基本的に多職種チームでサービス・マネジメントを行うことになる。ただし、チームの形態やチームをマネジメントする主体は、要介護高齢者の置かれた状況によって異なるだろう。高齢者が入院している場合は、病院の医療スタッフが中心となり、病院の医療ソーシャルワーカーや退院調整看護師等が退院支援チームのチームマネジメントを行う。退院後の生活を支援する在宅療養チーム、あるいは、在宅ケアチームでは、居宅介護支援事業所のケアマネジャーがチームマネジメントを行って医療と介護の諸サービスを調整することになろう。どの多職種チームの場合も、一般的に、ケアカンファレンスやサービス担当者会議による支援計画やケアプラン案の確認・修正等を行い、ICT活用等によって支援経過における情報共有を図ることになる。

　複合問題事例については、上記したように、要介護認定を受けた高齢者の事例については、関係機関で構成する多機関チームで対応するが、そのチームをマネジメントするのは、原則として、居宅介護支援事業所のケアマネジャーであり、それを地域包括支援センターが地域ケア会議などを活用して支援する。要介護認定の申請前の事例や自立高齢者の事例の場合も多機関

　8）　政府は介護予防・生活支援サービス事業の提供主体の拡大を期待しているが、厚生労働省が行った2016年10月時点での調査によると、対象となった514市町村（2016年4月時点で総合事業を実施）では、「従前相当」のサービスが、訪問型サービスで76.3％、通所型サービスで79.9％、それ以外の「多様なサービス」は訪問型が23.7％、通所型が20.1％にとどまっていた。その「多様なサービス」のうちの緩和した規準によるサービス訪問型Aが全体の88.9％、通所型Aが71.7％で、住民主体による支援は、訪問型Bが3.9％、通所型Bが12.9％にとどまっている（介護ニュースサイトJOINT　Data20170519、http://www.joint-kaigo.com/article-4/pg892.html　2017年10月1日アクセス）。

56 第Ⅰ部 サービス・デリバリーと多機関協働

チームで支援していくが、この場合のチームマネジメントは、地域包括支援センターが行う[9]。どちらの場合も、多機関チームで情報共有や支援目標の合意を行い、チームとして支援プランを作成し、実施していく。なお、このチームを多職種チームではなく多機関チームと呼ぶのは、序章でも触れたように、共同でプランニングやサービス調整を行う場面では、参加者の専門職としての専門性よりも、参加しているメンバーが所属する機関のポリシーや提供できるサービス等を踏まえた判断や意見が求められる傾向が、また、プランに基づく支援過程においては、職種にかかわらず事例にとって必要なことを柔軟に実施することを求められる傾向があるからである。もちろん、多機関チームにおいても参加者の専門的視点や知識、スキルが重要となる場面が多々あることは言うまでもない。

　今後、高齢者人口が急増していく市町村では、介護ニーズをもつ軽度要介護高齢者だけでなく、医療・介護ニーズをもつ中重度要介護高齢者、分野横断的ニーズをもつ複合問題事例の数も増加する。とくに、公営団地などの大規模団地を抱える地域では、両者ともより多くなるだろう。ケアマネジャーは、医療・介護ニーズをもつ高齢者へのケアマネジメントで忙殺され、地域包括支援センターから複合問題事例への関わりを求められてもそれを受けない、関わっている事例についても地域包括支援センターに対応を任せる、といった状況が多く出てくる可能性も否定できない。だが、地域包括支援センターには、地域課題の把握や介護予防の推進、認知症施策の推進、在宅医療・介護連携など、さらなる機能強化が求められてきている。地域によっては、地域包括支援センター職員の異動が激しい、あるいは、離職率が高いといった傾向も見られる。そうした状況においては、たとえあるていどの人員増がなされても、地域包括支援センターが複合問題事例のサービス・マネジメントを一手に引き受けることは不可能であろう。しかし、複合問題事例を他機関に回す、多機関で事例に関わるがどこもその関与を統括しない／でき

9）　この場合も、要介護認定後にはケアプラン作成を依頼することになるケアマネジャーに、契約以前からチームに参加してもらうことはある。

ない、といった事態は避けなければならない。

　今後進められていく地域包括ケアシステムにおけるサービス・デリバリーは、どのような多機関協働の形をとるだろうか。それは、地域包括支援センターのソーシャルワーカーや居宅介護支援事業所のケアマネジャーらにどのような影響をもたらすだろうか。

2.　多機関協働のモデル

（1）　一体型、提携型

　異なるサービス提供機関が直接やりとりをするには、調整コストがかかる。ケースマネジメントは、サービス利用者のために効果的なサービスを調整するとともに、サービス提供機関間の調整も行うことで、その機関間の調整コストを減らすことができる。だが、それらのサービスの種類が多くなり、しかも分野をいくつかまたぐようになると、それらの多様なサービス提供機関の間で直接、利用者に関する情報をやりとりする、そして、一緒に目標やプラン案の調整、決定を行うほうが効率的である場合が多くなる。また、そのほうが、より的確な情報共有やより適切なプランの作成とサービス提供ができ、利用者にとっても効果的であることが多くなる。

　多様な機関間でのこうしたやりとり、関係のありようを、「関係の広さ」と「関係の深さ」によって理解するという Glasby らのアイデアを援用して多機関協働のモデルを設定すると、図表 2–2 のようになる[10]。このモデルをもとに、今後の地域包括ケアシステムの構築において、ありうる多機関協働の様相を確認していこう。なお、図表 2–2 の X 軸は、関係し合うサービス機関の分野の広さを、Y 軸は、機関間の関係の深さ、すなわち、統合の度合いを表わしている。

---

10)　Glasby and Dickinson　2014b. 83.

58　第Ⅰ部　サービス・デリバリーと多機関協働

　Ａ：一体型は、主として病院や特別養護老人ホーム（特養）といった基幹的な機関をもつ法人が、その内部や周辺に、主に医療系と介護系のサービス提供機関、例えば、老人保健施設、介護付き有料老人ホーム、訪問看護や訪問リハビリテーション、通所介護、訪問介護、認知症対応のグループホーム、介護相談、サービス付き高齢者向け住宅（サ高住）などのサービスを提供する部署や施設を配置し、それらの諸サービスの調整、提供を関係部署・機関が合同で実施するというモデルである。これには、医療法人がこうした多様なサービス機関を総合的に運営する医療中心タイプの一体型（Ａ-1）と、社会福祉法人が、特養を中心に、訪問看護、訪問入浴、訪問介護、小規

図表 2-2　多機関協働モデル

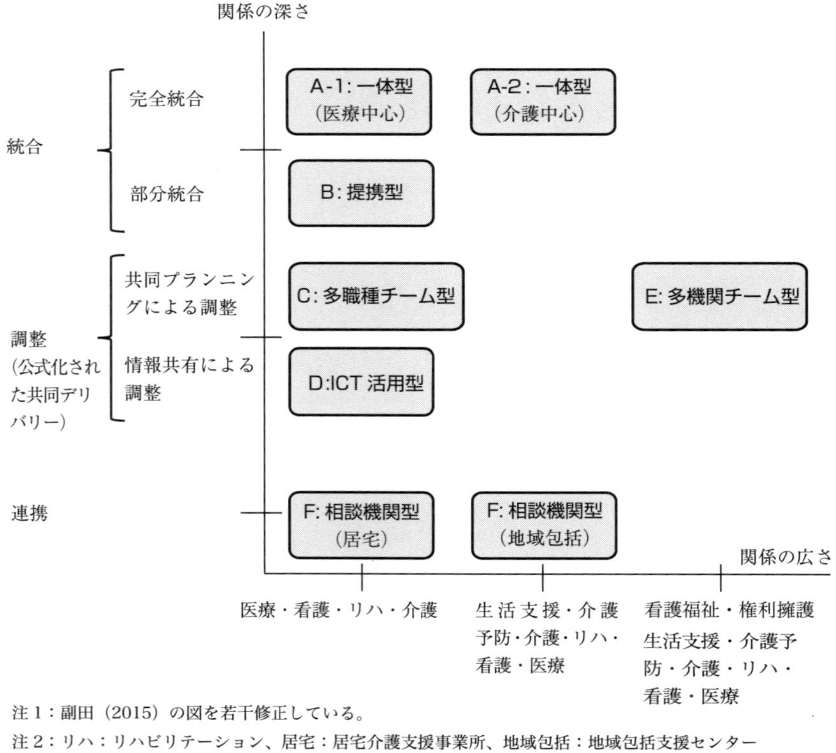

注1：副田（2015）の図を若干修正している。
注2：リハ：リハビリテーション、居宅：居宅介護支援事業所、地域包括：地域包括支援センター

模多機能型居宅介護、配食事業等の事業を展開している介護中心タイプの一体型（A-2）が考えられる。

B：提携型は、主に医療系と介護系の諸サービスを提供する独立した機関間でサービス調整・提供を行うというモデルである。このモデルには、それらの機関が系列グループに所属し、一定の合意やルールの下でグループ内の諸サービスを調整、提供するという「系列」タイプと、独立したサービス機関間で連携協定を結び、それらの機関内のサービス調整を行うという「連携協定」タイプとを想定することができる。

機関間関係の深さの観点からは、AモデルとBモデルは統合モデルであるが、その差異を強調するならば、Aは完全統合モデル、Bは部分統合モデルと言える。この2つのモデルは調整コストを削減できるので、サービス提供側からすれば、医療サービスと介護サービスを一体的に必要とする医療・介護ニーズに関するもっとも効率的提供方法ということになろう。

A-1とBとは、二木の言う「複合体」にあたる。二木によると、「保健・医療・福祉複合体（「複合体」）とは、「医療機関（病院・診療所）の開設者が、同一法人または関連・系列法人とともに、各種の保健・福祉施設のうちのいくつかを開設し、保健・医療・福祉サービスを一体的（自己完結的）に提供するグループ」のことを言う。これは、1980年代後半に出現し、介護保険創設の論議が始まった1990年代以降に急増している（二木　2012. 159-160）。保健・医療・福祉サービスを切れ目なく提供する連携方法には、独立した施設・事業者間のネットワーク形成と複合体形成があるが、都市以外の地域では、医療の質と経営の両面で「複合体」が優位であるので、地域包括ケアシステムは、「複合体」への追い風になる（二木　2012. 175）。

たしかに、AやBモデルの事例は、従来、地方都市で見られる傾向にあった。しかし今日では、大都市やその周辺都市でも推奨されるモデルとなっている。たとえば、東京都は、サービス付き高齢者向け住宅（サ高住）が医療・介護施設と連携協定を結べば、1戸当たり100万円を、その敷地内に地元住民も使える地域密着型の医療・介護施設を併設すれば、さらに1戸当たり最大30万円を加算するとしている（日本経済新聞2015年4月15日）。ま

60　第Ⅰ部　サービス・デリバリーと多機関協働

た、医療法人が有料老人ホームやサ高住を開設し、医療や介護サービスを付けて看取りを促進することを厚生労働省高官が勧める発言をしている[11]。

　二木は、「複合体」のプラスの面として、保健・医療・福祉の垂直統合による「範囲の経済」と「取引費用」の削減がもたらすサービス提供の効率化を、マイナス面として、「利用者の囲い込み」、「福祉の医療化」、「クリームスキミング」、「政治家や行政との癒着」をあげている（二木　2012. 161）。どれも大きな課題であるが、利用者や家族にとって囲い込みの危険性は、サービス種類やサービス機関を選ぶ権利、サービス利用を拒否する権利など自由権を侵害しかねない大きな問題である。「自己完結的」な組織形態であるため、この問題が顕在化しないおそれも強い。

（2）　多職種チーム型、ICT 活用型、多機関チーム型

　C：多職種チーム型は、医療、看護、リハビリテーション、介護サービス等を提供するそれぞれ独立した機関に所属する多様な専門職が、共通の目標をもち、相互に協力し合ってサービスを統合的に提供するというモデルである。先にも触れたように、病院の多職種チームに地域の医療や介護の専門職等が加わって退院支援の調整、決定を行う「退院支援チーム」や、在宅療養を支援するために地域の医療系サービスと介護系サービスの提供機関、専門職がチームを組む「在宅療養支援チーム」、介護サービスを中心にかかりつけ医も参加する可能性のある「在宅ケアチーム」が、この多職種チーム型である。

　D：ICT 活用型は、病院、診療所医師、調剤薬局、訪問看護ステーション、介護サービス機関、居宅介護支援事業所等が、インターネット上で患者／利用者の情報共有ツールを使うことで、各機関の専門職が急変時の早期対応や重症化予防に留意してサービス調整、提供を行っていくというモデルである。たとえば、ある医師会では、SNS アプリケーションをカスタマイズし

　11）　二木はこの発言を紹介し、今後の死亡者の急増を想定した「現実的」な発言として一定の評価を与えている（二木　2014. 101）。

て医療クラウド上に環境を設定し、患者ごとにメンバーを限定したコミュニティのなかで情報共有を行うというやり方を採用している。そこではさらに、患者に関するサービス予定を統合したスケジュールと日報、意見・情報交換の場としての掲示板、ノウハウ共有やスキルアップのためのナレッジアーカイブも提示している[12]。

E：多機関チーム型は、医療や介護のサービス提供機関だけでなく、福祉サービス機関や行政、その他の公的機関等、多様なサービス機関の専門職、実務者が、ケースカンファレンスを活用しながら利用者に対するサービス・支援を共同で調整、提供していくというモデルである。複合問題事例をできるだけ早期に発見し、関係機関で共同して対応することにより、問題の悪化やニーズの深刻化を防止することを目指す。

多職種チーム型、ICT活用型、多機関チーム型は、各機関の多様な専門職がチームとしてサービス調整の上、サービスを総合的、包括的に提供するという「調整」モデルである。今後、増加する医療・介護ニーズに対する多機関協働のサービス提供は、地域に基幹的サービス機関がある場合、一体型や提携型によるものが中心となる可能性がある。だが、それらはどの地域でも展開できるわけではないから、多機関の専門職から成る多職種チームによるサービス提供は、今後いっそうその必要性が増していくと考えられる。

ICT活用型モデルも医療・介護ニーズに対するサービス提供の１つの標準モデルになるだろう。このモデルの課題としては、個人情報に関するセキュリティの問題、利用者・家族のアクセス権の保証、システム構築と維持の費用確保、情報共有上でのトラブルの発生への対処等が考えられる。だが、ICT活用のメリットは大きく、すでに、地域医療の現場でのICT活用は進みつつある。今後、このモデルによる多機関協働が広く展開されていく

---

12) このシステムを調査した山口によると、このやり方の期待される成果は、情報にアクセスしやすいためコミュニケーション負荷が削減される、業務負荷を増加させることなく多職種間でコミュニケーションが密に行える、時間と場所を問わずアクセスでき教育効果があるなどであり、今後、事例が増えていくことで地域のインフラとして必要不可欠な位置を占めていく可能性がある（山口　2013）。

のは確実である。

多機関チーム型の協働では、支援過程が比較的長期に渡る可能性もあり、協働過程に参加する機関や職種が変わっていくことも少なくない。それゆえ、情報集約や作業の進行管理など全体を統括するチームマネジメントが重要で、それを担う機関は明確でなければならない。重要な役割と責任を担うチームマネジメント機関も、支援過程で交代していく可能性があるので、的確な記録や引継ぎ等も重要な課題となる。

（3） 相談機関型

F：相談機関型モデルには、主に介護ニーズをもつ比較的軽度の要介護高齢者に対して、居宅介護支援事業所のケアマネジャーがケアマネジメントを行うモデル（F-1）、介護ニーズが中心であるが、未認定で、単身や高齢夫婦のみの世帯等を対象に、地域包括支援センターがサービス調整以外のさまざまな支援（受診同行など家族機能の代行）を含むケースマネジメントを行うというモデル（F-2）がある。これらのモデルでは、いずれもケアマネジャーや地域包括支援センター職員がコーディネーターとなり、介護サービス提供機関を中心に連携をとって、サービスをデリバリーする。

この相談機関モデルは、今後ももっとも一般的なサービス・マネジメントモデルとして存続するが、認知症で単身の高齢者世帯や「認認介護」事例等の増加に伴い、民生委員や自治会、地域ボランティア、隣人など、地域資源との協働が一層求められていくことになろう。

市町村や日常生活圏域による違いはあるが、今後は、こうした多様な形の多機関協働が展開されていくと考えられる。ケアマネジャーは、A：一体型やB：系列型の大規模組織の、また、D：ICT活用型のチームの一員として、さらには、多職種チームのチームマネジャーとして、地域包括支援センターのソーシャルワーカーらは、多機関チームのチームマネジャーとして活動する機会がいっそう増えていくと予想される。協働スキルやチームマネジメント、また、ファシリテーションのスキル等の習熟がより必要となる。利

用者や家族にとって、関わる機関が増えるため、ケアマネジャーやソーシャルワーカーらは、利用者・家族に対する単一の窓口、あるいはキーワーカー（主たる支援担当者）となって、彼らの便宜を図ることもますます必要となる。

これらのモデルの多機関協働では、利用者に対する包括的で迅速なサービス提供や、ニーズ・リスクの早期発見・早期対応が可能になる。その半面、とくにA：一体型やB提携型モデルでは、利用者の「囲い込み」やサービスの押しつけといった過剰な介護が起こりやすく、利用者の選択権が奪われるおそれがある。また、AやBモデルだけでなく、C：多職種チームやD：ICT型、E：多機関チームの多機関協働においても、大規模組織あるいは専門職のチームが作り出す「合成パワー」が利用者とその代弁者としての家族に抑圧的に働き、彼らの自己決定を阻害してしまうリスクもある。

利用者にとって、地域包括ケアシステムは、その地域生活の限界点をあげるためのサービス・デリバリーシステムではなく、多様なニーズの充足と、サービスの選択権・自己決定権の行使が可能なデリバリーシステムであることが望ましい。そのためには、居宅介護支援事業所のケアマネジャーや地域包括支援センターのソーシャルワーカーら支援者は、大規模組織・系列グループあるいは多職種・多機関チームの一員であっても、利用者・家族に対するアドボカシー機能を果たすよう努力することがさらに求められる[13]。

2010年代後半以降の地域包括ケアシステムにおけるサービス・デリバリーシステムのありようが明確になった後、厚生労働省は、地域包括ケアシステムを「深化」させた「地域共生社会の実現」策を展開するようになった。この中には、全世代・全対象型の相談機関の設置や、包括的な相談支援体制としての多機関ネットワーク構築が含まれている。これらは、複合問題事例等への多機関協働による支援に関わるものである。そこで、この新たな相談支

---

13) ただし、これは、支援者にとって倫理ジレンマをもたらす、むずかしい課題である。それぞれの職能団体や地域の専門職ネットワーク組織が、指針の提示や直接的なバックアップ等により支援者を支援していくことが必要となる。

64　第Ⅰ部　サービス・デリバリーと多機関協働

援体制案を取り上げ、その課題に触れておきたい。

3．地域共生社会と多機関協働

（1）「全世代・全対象型地域包括支援」

　先に、地域包括ケアシステム構想を推進する議論を展開してきた地域包括ケア研究会の2014年の報告書が、分野横断的ニーズをもつ「支援困難事例」にほとんど触れなかったことを指摘した。ところが、2015年の報告書『地域包括ケアシスムと地域マネジメント』（2016年3月）では、「保健・福祉を地域包括ケアシステムの重要な要素として改めて位置づける」として、この問題についてつぎのように言及している。

　2040年に向けて、単身高齢者や高齢者の貧困問題など「複雑な福祉課題」を抱えた高齢者世帯数の増大が予測されており、「社会福祉の専門性を活かしたソーシャルワークの重要性は、これまで以上に大きくなると考えられる」。地域包括ケアシステムにおいては、その対象を高齢者だけでなく「地域の諸課題」とすること、また、高齢者介護にあっても、医療や介護だけでなく、社会的孤立を含めた複数の問題を抱え、「心理的自立支援」、「社会的自立支援」など、幅広いニーズをもつ人々が増えていることから、「地域包括ケアシステムに専門職が関わる分野として、『保健・福祉』を改めて強調する意味は大きい」（地域包括ケア研究会　2016.14-15）。

　それまでの研究会報告書とは違い、社会的孤立を取り上げて、「心理的自立支援」や「社会的自立支援」をニーズに含め、その対応法としてソーシャルワークを重視した内容になっている。これは、厚生労働省内の「新たな福祉サービスのシステム等のあり方検討プロジェクトチーム」が、2015年に、『誰もが支え合う地域の構築に向けた福祉サービスの実現―新たな時代に対応した福祉の提供ビジョン―』（以下、『新福祉ビジョン』と略記する）を受けてのことである。『新福祉ビジョン』は、分野横断的ニーズをもつ事例に対するサービス・デリバリーについて次のように述べていた。

第2章　地域包括ケアシステムと多機関協働　65

　家族と地域社会の変化に伴い、「さまざまな分野の課題が絡み合って複雑化したり、世帯単位で複数分野の課題を抱える」という事例が増加している。そうした事例への支援には、分野を問わず包括的に相談・支援を行うことを可能にする「全世代・全対象型地域包括支援」が必要である。その新しい地域包括支援体制の確立には、①分野を問わない包括的な相談支援（ワンストップ型窓口／各分野の相談機関の連携）、②地域の実情に合った総合的なサービス提供体制の確立（複数分野の支援を総合的に提供する方法の検討、住民参画による支え合う場づくりの取り組み）が必要となる[14]。

　全世代を対象とし、分野を問わない包括的相談支援を行って総合的なサービス提供体制を確立するとなると、当然、高齢者もその対象に入ってくる。では、これまで、地域包括支援センターをマネジメント機関とする多機関チームによって、高齢者のいる世帯の複雑化した問題への対応、分野横断的ニーズへの充足を図るというサービス・デリバリーの方法は変わるのだろうか。

（2）　全世代・全対象型相談支援機関

　2016年には、政府の『骨太方針2016』（2016年6月）や、『ニッポン一億総活躍プラン』（2016年6月）に「地域共生社会の実現」が盛り込まれ、厚生労働省は、同年7月に「『我が事・丸ごと』地域共生社会実現本部」を設置、「地域包括ケアの進化・地域共生社会の実現」のイメージ図を示し、「地域における住民主体の課題解決・包括的な相談体制」の案を提示した。

　それは、ⅰ）小中学校区において地域活動を行う地区社協や民生委員などが中心になり、地域の個別相談を受けつつ地域の課題解決を試みる、ⅱ）ⅰ）の体制づくりを支援するために、地域包括支援センターや社協、NPOなどが中心となり、制度や分野にとらわれない地域課題の把握、公的相談支援機関へのつなぎ等を行う、ⅲ）ⅱ）で解決できない課題については市町村

　14）　同じ2015年には、①や②に取り組むことで、生活困窮者の自立支援と生活困窮者支援を通じた地域づくりを目指すという、生活困窮者自立支援制度が始まっている。

レベルの多機関ネットワークとしての「包括的・総合的な相談支援体制」で対応する、というものであった。

　このアイデアの実現に向けて、2016年10月には、「地域における住民主体の課題解決強化・相談支援体制の在り方に関する検討会（地域力強化検討会）」が設置され、2か月後には、『地域力強化検討会中間まとめ〜従来の福祉の地平を超えた、次のステージへ〜』（『中間まとめ』と略記）が発表された。『中間まとめ』では、上記のｉ）について、地域の「複合的な生活課題」をもつ事例に共通する社会的孤立への取り組みに住民に参加してもらい、地域で困っている人、孤立している人たちのことを他人事としてではなく、「我が事」として捉える意識を醸成すること、そのためには、そうした働きかけをする「ソーシャルワークの機能を果たす者」、また、住民と専門職が話し合い新たな活動が生まれるような地域の活動拠点などが必要とされている[15]。

　ｉｉ）については、地域住民が深刻な状況にある世帯に気づいた場合、それを「とりあえず丸ごと」受け止める機能や場を、区社協、市町村社協の地区担当者、地域包括支援センター、障害者の相談支援事業所、地域子育て支援拠点、利用者支援事業の実施事業所、地域に根ざした活動を行う社会福祉法人やNPO法人が、あるいは、これらの機関の相互連携で担うべきとしている。そして、この「住民の身近な圏域」での全世代・全対象型の相談の場（ないし機関）は、あらゆる課題を解決する負担を負う必要はなく、対応困難な場合には適切な専門機関につないでいけばよいとして、それを受け止め

15）「複合的な生活課題」をもつ事例等に対して、社会的孤立を防止していく活動を地域で展開することは重要であり、必要なことである。しかし、そうした活動を展開するにあたっても、住民の自発性や創造性を尊重して行うことが重要であろう。住民の支え合い活動を介護予防や生活支援サービスとして制度化することになったとき、それは、サービスの画一化や自主的活動の抑制、ひいては、支え合い活動の破壊をもたらすおそれがあるという指摘や（杉岡　2015）、住民の地域活動を性急に制度化することはかえって地域を疲弊させるおそれがあるという指摘がなされた（永田　2015）。同じように、社会的孤立を防ぐ地域活動の展開にただ住民参加を求めるようであれば、地域づくりより社会的排除を進めることになりかねない。

るⅲ）の多様な専門機関のネットワークによる市町村レベルの「包括的な相談支援体制」の構築を求めている。（『中間まとめ』2016.2-11）。

つまり、地域に民生委員のように福祉マインドをもつ住民を増やし、孤立防止のための居場所づくりや、人々が気軽に相談できる場を創り出すなどして、地域力を強化していく、また、その過程を通して、生活困難を抱えている人、孤立している人たちに気づいてもらう、そのためには、そうした地域力強化のための働きかけや支援とともに、その気づきを受け止める全世代対応のワンストップ型の機関を既存の機関の中から選び、明確に位置づけよう、ということである。

2017年9月には、『地域力強化検討会　最終まとめ～地域共生社会の実現に向けた新しいステージへ～』（『最終まとめ』と略記する）が出ているが、そこでも、この「住民の身近な圏域」での全世代型の相談支援機関として上記の機関を例示し、地域で協議し設置することとしている。市町村は、その機関を地域住民に広く明確に周知することと記載されているのみである。また、すでに「住民の身近な圏域」に設置されている地域包括支援センターを取り上げ、「地域包括支援センターなどの専門機関が対象者を限定せず、『丸ごと』受け止める場を担う場合には、以下のことに留意する必要がある」として、地域包括支援センターが全世代対応のワンストップ型の相談機関の有力候補のような印象を与える記述箇所がある。

だが、これまでにも述べたように、地域包括支援センターはすでに多様な事業や業務の実施を求められてきており、自治体や地域によって違いはあるものの、「心理的自立支援」や「社会的自立支援」のニーズを含む分野横断的ニーズに十分な対応ができていない状況もみられる。そこに、さらに大きな機能の実施を期待するのなら、地域包括支援センター事業の全体像を見直し、人員配置、研修、地域包括支援センターを支援する資源やネットワークの開発、行政のバックアップ体制などを改めて検討する必要がある。

（3）　多機関協働の問題点

「住民の身近な圏域」に設置する全世代・全対象型（以下、全世代型と略記

する）の相談機関を、地域包括支援センターが担当しようと、社協や相談支援事業所、社会福祉法人、あるいは NPO 法人が担当しようと、それが地域に置かれると、多機関協働に関してはつぎのような問題が生じるおそれがある。

　ある地域機関が対応に苦慮する複合問題事例について、その地域機関が他機関と協働して対応を図っていくのではなく、全世代型相談支援機関に「連絡相談」し、その後は関与しない、つまり「丸投げ」してしまうおそれである[16]。

　類似のことは、市町村における包括的な相談支援体制としての多機関ネットワークについても言える。地域の機関から「連絡相談」を受けた全世代型相談支援機関が、自分のところでも解決困難であるとして、市町村レベルの多機関ネットワークに「連絡相談」し、対応を求める。『最終まとめ』によると、市町村における包括的な相談支援体制としての多機関ネットワークは、「連絡相談」があれば、その中核的機関、言い換えると多機関ネットワークのマネジメント機関が、関係する専門機関を招集して支援チームを編成し、そのチームで対応を図ることを想定している。それゆえ、全世代型相談支援機関が市町村レベルの多機関ネットワークに「連絡相談」をしたら、あとは「お任せ」してしまうおそれがある[17]。全世代型相談支援機関も支援

---

　16)　地域包括支援センターが対応に苦慮していた高齢者（要介護認定非該当者）を、できたばかりの自立相談支援センター（行政が実施）に「連絡相談」し、あとは関与しない、居宅介護支援事業所のケアマネジャーが虐待事例を地域包括支援センターに「相談通報」し、あとは「お任せ」してしまう、地域包括支援センターが利用者家族に精神疾患をもつ人がいるからと保健所に「連絡相談」し、あとの対応を「お任せ」する、こうした「丸投げ」「押しつけ」は、どの機関の職員も行いがちである。その背景には、支援領域ごとに細分化された相談体制がある（川向　2017.13）。だが、支援領域を統合した全世代対応の相談支援機関が設置されればよいかと言えばそうではなく、今度はそこに複合問題事例のすべてが「丸投げ」されるおそれがある。

　17)　ちなみに、多機関ネットワークの中核機関の候補としても、自立相談支援機関や基幹相談支援センター、社協、NPO 法人などとともに地域包括支援センターがあげられている。ただし、この地域包括支援センターには、基幹型の地域包括支援センターが想定されているようだ。

第2章 地域包括ケアシステムと多機関協働 69

チームに参加するかもしれないが、少なくとも、支援チームのチームマネジメントを行うわけではない。

国が想定するこうした3段階の相談支援体制では、地域住民が発見したり、特定の地域機関が早めに相談を受けた事例であってもその後の対応が遅れてしまいかねない。最初から、地域機関が支援に苦慮する事例をめぐり関係機関が集まって多機関チームで対応するほうが、支援を早めることができる。それに、こうした3段階の多機関協働のやり方では、地域機関も全世代型の相談支援機関も、多機関協働で複合問題事例を支援していく力量は身につきにくい。

『中間まとめ』では、市町村における包括的な相談支援体制としての多機関ネットワークを構成する相談支援機関の中から、関係機関を円滑にコーディネートすることができる機関を選定し、当該機関に「相談支援包括化推進員」を適当数配置するとしていた。その「相談支援包括化推進員」の業務は、プランを作成した上で各相談機関との調整を図るという個別対応を含めて考えられていた。『最終まとめ』では、「相談支援包括化推進員」の用語が消え、既存の「協議する場」「コーディネーター」などの必要性や役割機能を整理すること、という記述にとどまっている[18]。

だがいずれにせよ、地域の機関や全世代型相談支援機関が多機関ネットワークで構成する支援チームの一員として参加したとしても、自分たちがチームをマネジメントするのではないから、多機関協働を進めていく際に重要なチーム・マネジメント力も養いにくい。

全世代型相談支援機関が、民生委員や地域住民からの相談だけでなく、地域の相談機関やサービス提供機関から個別の相談を受けたときに、その対応を代わって行うのではなく、また、多機関ネットワークの支援チームに対応してもらうよう依頼するのではなく、個別相談を行ってきた機関が、関係機

---

18) 『中間まとめ』では、多機関ネットワークの中核機関である機関への「相談支援包括化推進員」の配置が記述され、2016年度には、全国26の自治体が、多機関の協働による包括的相談支援体制に関する実践に取り組んだ。その実践事例報告の結果、「相談支援包括化推進員」を配置する必要はないと判断したのかもしれない。

関とうまく協働して対応していけるよう、それらの機関間の関係づくりを支援する。これが可能であれば、支援の停滞もさほどなく個別対応が進み、当該機関の協働スキルやチームマネジメントの力量も向上すると考えられる。

　市町村における多機関ネットワークについても同じことが言える。市町村レベルの多機関ネットワークのマネジメント機関が、個別対応の支援チームを編成し、その支援チームが事例対応で苦慮する地域の機関や全世代型相談支援機関に代わって対応するよりも、地域機関や全世代型相談支援機関が、協働関係が必要な機関と連携、協働できるように支援する。これが可能であれば、地域機関や全世代型相談支援機関の多機関協働のスキルや、チームマネジメント力が養われ、合わせて個別対応力も向上していくと考えられる。

　こうした多機関協働を促進する全世代型相談支援機関のモデルであり、多機関ネットワークのマネジメント機関のモデルとも言えるのが、川崎市の社会福祉法人が運営する、たじま家庭支援センターである。当該法人の事業推進部長である中澤によると、本センターは、もともと障害者支援拠点施設の地域生活支援機能としてスタートし、市の了解を得て、当該法人が名称変更と全世代型へと対象拡大を行ったものである[19]。中澤は、開所後4か月を経たところで本センターの個別支援に関する分析を行っているが、それによると、たじま家庭支援センターに寄せられた相談の目的は5つに分類されている[20]。

①機能の補完・代替：既存の相談機関が動かないので代わりに動いてほしい

②支援の整理・統合：家族それぞれに対する支援が調整されず、バラバラの支援になっているので整理・統合する必要がある事例

③既存の支援から漏れる事例：生活上の困難やリスクを抱えているものの、既存のサービスが受けられず、支援から漏れている事例

---

19)　当該センターは、相談支援以外にも生活介護、短期入所、学齢期前の障がい児を対象とした日中一時預かり事業、地域交流事業を行っている。

20)　5つの分類の名称や説明については、中澤の言葉を短くまとめるなどしている（中澤　2016. 18-19）。

④他機関との連携：どこの機関と連携し、どのように働きかけるとよいか知りたい

⑤相談機関の選択：分野横断的ニーズをもつ事例について、どの制度の相談機関を選択すればよいか教えてほしい

　それぞれが地域住民からの相談なのか、地域の機関からの相談なのかについて中澤は触れていないが、②、④、⑤は相談機関やサービス提供機関からの相談と思われる。また、①や③は地域住民からのものも、機関からのものもあるだろう。

　たじま家庭支援センターが行った対応は、①機能の補完・代替については、代わりに動くのではなく、なぜ既存の相談機関が動かなかったかを確認し、相談者と既存の相談機関との間を取り持ち、連携を再構築する、②支援の整理・統合については、家族それぞれの支援チームをマネジメントする人を招集し、家族全体への支援方針を共有して支援計画をすり合わせるよう支援する、④他機関との連携や⑤相談機関の選択については、たじま家庭支援センターがもっている他機関とのネットワークを活かした適切な回答を行う、といったものであった。

　つまり、①、②の相談については、たじま家庭支援センターが事例への個別対応を行うのではなく、相談者と既存の相談機関との関係づくりや、関係機関間全体のチームづくり、そのチームマネジメントの支援を行っている。④と⑤の相談もまた、相談してきた機関に適切な協働相手となる機関をつなぐというものである。本センターのこうした的確な対応は、個別事例への対応の停滞を防ぎ、対応を推進させることに寄与していると思われる。また、こうした関係づくり、とくに機関間の関係づくりは、各機関の事例対応力や協働スキル、チームマネジメント力を高めることに貢献していると想像できる。

　本センターが個別対応をしているのは、③既存の支援から漏れる事例についてである。家族の一人ひとりはそれぞれに生活課題を抱えつつも相互に支え合って生活しており、公的相談機関の支援を必要としていないが、家族の

キーパーソンが身体的あるいは精神的に動けなくなったり、就労継続ができなくなってしまえば、家族生活全体が即危機に陥ってしまうといった事例である。タテワリの既存の相談機関では、こうした事例に対応できないが、たじま家庭支援センターは家族全体を支援する視点から、キーパーソンへの支援に取り組んでいる[21]。

　中澤は、既存の相談支援機関が家庭を俯瞰した支援を行えること、一つの家庭に関わる複数の支援チームを一体的にマネジメントする役割を誰かが担うこと、この2つの機能を、既存の相談支援機関である地域包括支援センターや障害者相談支援センター、児童家庭支援センター、区役所・支所の地域みまもり支援センターがもつことができたら、今行っている機関間の関係づくりを担う、たじま家庭支援センターは不要になると言う。たじま家庭支援センターが目指すのは、支援を必要としているにもかかわらず支援から漏れている家庭をアウトリーチで発見し、既存の機関と連携し多機関協働で対応していくことであり、そのために、支援を必要としている家庭を潜在化させないシステムづくりも検討していくとしている[22]。

　国が構想する地域共生社会における相談支援体制は、3段階の相談支援体制である。これに対し、たじま家庭支援センターが現在試み、今後さらに展開しようとしているのは、水平にいくつも重なり合う相談支援のネットワーク構築である。重なりが密になれば、支援の必要な事例を早期に発見し、多機関で予防的に関わる可能性が高まる。また、個別事例やそのニーズ、支援

---

　21)　中澤の話によれば、たじま家庭支援センターのこうした家族全体への支援を可能にしているのが、川崎区内の多分野の在宅および施設支援機関によるネットワークである。これは、たじま家庭支援センターが創設される1年半前から中澤らの呼びかけで始まった、月1回の事例検討会が母体となっている。現在では、家庭支援センターと同一法人の障害者基幹相談支援センター、地域包括支援センターが事務局となって運営している。個別事例への支援に取り組んでいく中で、こうした多機関のネットワークの必要性を感じ、一定エリア内の諸機関に呼びかける、その必要性を感じていた諸機関が集まり作っていく。こうしたボトムアップ式の多機関ネットワークは、参加者の主体性、自発性が発揮され、有機的な多機関協働が行われやすい。

　22)　中澤（2016）19.

経過等によって、多機関協働のマネジメントを担当する機関が変わりうるので、関与するそれぞれの機関がチームマネジメント力や個別支援の力量を高める機会をもつ可能性がある。

　以上、第Ⅰ部では、国の高齢者ケアに関するサービス・デリバリー戦略が、多機関協働をどのように進めてきたのか、「地域包括ケアシステムの構築」政策がどのように進めていくのか、また、そこでの課題は何かについて論じ、最後に、「地域共生社会の実現」政策が提言する全世代・全対象型相談支援機関や多機関ネットワークの課題について論じた。

　つぎの第Ⅱ部では、多機関協働を具体的に展開する主体としての多職種チームと多機関チーム、その方法であるチームワーキングについて論じる。地域を基盤に働くソーシャルワーカーやケアマネジャーにとって、多機関協働とは、多職種チームや多機関チームの一員として、あるいはまた、チームマネジャーやファシリテーターとして、利用者に対する効果的な支援を円滑に行っていくことを目指す実践である。

第Ⅱ部　多職種チーム・多機関チーム

第3章　多職種・多機関チームの
　　　　チームワーキング

1.　ネットワーク型チーム

（1）　チームの分類

　多機関協働の時代になり、地域で働くソーシャルワーカーやケアマネジャーが、多機関に所属する多職種から成るチームの一員として、また、そうしたチームのマネジャー、あるいはコーディネーターとして働くことが一般的になった。

　だが、異なる制度下にある多様な機関に所属する多職種が、利用者の複合的なニーズ充足・問題解決という目的のために一定の期間相互作用を行う一時的な集団を、チームと呼ぶことに違和感をもつ人が、ソーシャルワーカーやケアマネジャーの中にもいる。チームという場合、福祉施設の同じフロアのスタッフチームとか野球チームのように、特定の目標達成のため、比較的長期間、多くの固定したメンバーが緊密に共同作業を継続していく、というイメージがあるからだろう。

　たしかに、組織心理学によると、このイメージのチームが、何らかの目標達成を目指す集団としての「ワークグループ」の基本型である。だが、そこから派生する特殊型として「タスク・フォース」と「クルー」もチームのタイプとして位置づけられる。「タスク・フォース」というのは、目標とするプロジェクトの終了とともに解散することが前提となっているワークグループで、メンバーは一時的に所属機関から選抜される。メンバー同士は、プロジェクト遂行という目標で結ばれているが、それ以外、つながりはかならずしも強固なものではない。「クルー」というのは、招集されて即座に形成され、短期の任務を完了すると同時に解散される集団である。メンバーは互い

によく知っており、クルーの任務の中で自分が担当する職務についても熟知している（山口　2008. 16-18）。

　この説明に従えば、ソーシャルワーカーやケアマネジャーが関与する、多職種チームや多機関チームは、「クルー」型や「タスク・フォース」型のチームに近い。だが、「タスク・フォース」や「クルー」には、同一の目的を掲げる比較的大きな組織や系列組織の中の多部署から選抜された専門性の高い職業人たちによって業務を行うチームというイメージもある。これに対し、ソーシャルワーカーやケアマネジャーが関与する多職種チーム、多機関チームは、異なる目的を掲げる多様な機関に所属する専門職が共同で作業をするが、原則として、利用者や家族、民生委員や福祉委員、隣人といったインフォーマルな行為主体（エージェンシー）も参加する。そのため、「クルー」型や「タスク・フォース」型のイメージとも少し異なる。

　なお、ここで言う多職種チームと多機関チームの違いは、序章で説明したように、チームを組む意義の強調点が、前者は参加する専門職のそれぞれの専門性（視点、知識、スキル等）を活かして協働することに、後者は、参加する専門職・実務者の所属する機関のポリシーや諸サービスの多様性を活かして協働することに置かれる、という点である。

　欧米の研究では、医療機関や医療職が中心メンバーとして参加するチームは多職種チーム、社会福祉の相談機関やサービス提供施設が中心メンバーとして参加し、多様な機関が関与するチームは、多機関チームと呼ばれる傾向が見受けられる。だが、厳密に区別した使い分けが常になされているわけではなく、両者を含んだ用語として「多職種チーム」の用語が使われている場合も少なくない。

　従来のソーシャルワーク論でも、両者を区別せずともに「多職種チーム」の用語で表し、統合度の違いによって分類する例が目立つ。たとえば、Briggs は、「長期に渡って枠づけられているチーム（long defined teams）」と「ゆるやかに枠づけられたチーム（loosely defined teams）」、Payne は、「伝統的チーム」と「オープンチーム」、菊池は、「統合型チーム」と「ポリエージェント型チーム」[1]と呼んで区別している。Øvretveit は、「公式チー

ム」と「ネットワーク結合チーム」、「クライエントチーム」の３類型をあげている。（図表 3-1 参照）。

　Briggs の「長期に渡って枠づけられているチーム」は、制度的に形成されている病院基盤のチームや地域基盤のチームを、「ゆるやかに枠づけられたチーム」は、地域内の多様な目的のために専門職たち自身が地域基盤で形成するネットワークを念頭に置いて名づけられたものである。

　Payne の「伝統的チーム」は、同じ組織環境のなかで役割分担しながら相互に補い合って作業するチームで、チームという用語を聞いてだれもが思い浮かべる組織内のチームのことである。これに対して、「オープンチーム」は、それぞれの組織の「伝統的チーム」における緊密な関係性を基盤にメンバーが選出され、利用者や専門職ネットワークとつながって作業するチームを指す。メンバーは、そのチームで学んだもの、得たものを自分の所属する組織のチームの中に取り込むことで自組織に貢献する。

　Øvretveit の言う「公式チーム」は、チームとしての明確な方針とリーダーシップをもつ、メンバーシップが明確で安定的な恒久的なチームである。「クライエントチーム」は、特定のクライエントを援助するための、異なる機関の専門職等から編成されるチームである。「ネットワーク結合チーム」は、「クライエントチーム」に比べると恒久的であるが、「公式チーム」に比べるとインフォーマルな性格の強い、専門職の自発性に基づくネットワークをもとにしたチームで、クライエントを相互にリファーラルし合う、共通のケースについて議論をする、地域における問題の予防等を話し合う、といった活動を行う。Briggs の言う「ゆるやかに枠づけられたチーム」に近い。

　菊池は、同一法人の併設組織のメンバーから構成されている場合を「統合型チーム」、全員が異なる法人の機関のメンバーから構成されている場合を「ポリエージェント型チーム」としている。菊池によると、この２つは、タ

　1）　菊池によると、この用語は経営組織論の宇野斉に倣ったものである（菊池　2000. 15）。

80　第Ⅱ部　多職種チーム・多機関チーム

図表 3-1 「多職種チーム」の分類

	長期に渡って枠づけられているチーム		ゆるやかに枠づけられたチーム	
Briggs	・日常の実践に協働と専門性が埋め込まれている ・相互の連絡、記録の共有・定期的な会合 ・患者／利用者を継続的に共同で担当 ・学際的研修の継続的参加・同じ建物、同じフロアで仕事		・異なる機関に雇用されている専門職が関心を共有するネットワーク ・地域内の多数の目標達成に貢献するために相互に連絡・照会 ・患者／利用者を断続的に共同で担当 ・不定期の会合 ・哲学的志向、共通の背景、類似の実践や専門職の価値等により結合	
	伝統的チーム		オープンチーム	
Payne	・メンバーは相補的関係 ・メンバーは彼らを取り巻く組織環境のなかで一貫して作業		・各組織からメンバーが出て、地域や利用者、専門職ネットワークとつながって作業 ・そこで得たものを自分の所属する機関のチームに取り込む	
	統合型チーム		ポリエージェント型チーム	
菊　池	・同一法人の併設組織のメンバーから構成される		・全員が異なる法人の機関のメンバーから構成される	
	公式チーム	ネットワーク結合チーム		クライエントチーム
Øvretveit	・恒久的チーム・アセスメントや仕事の調整のために定期的会合をもつ ・明示された方針とフォーマルなリーダーシップ・クライエントが来訪できる共有の本拠地をもつ ・リーダーは、メンバーの唯一のマネジャー。メンバーシップは安定的	・専門職の自発的でインフォーマルなグループ ・全員が合意した仕事に関するフォーマルな方針なし・クライエントを相互に紹介 ・共通のケースについての議論の機会はあるが継続性を欠く ・予防等を話し合うための定期的な会合はある ・メンバーは互いを知っている。参加者は自発的で、その関係は特定されない		・特定のクライエントを援助するための、クライエントごとに編成される異なる機関の専門職等から成るチーム ・合意されたケアプランによって、それぞれがサービスを提供 ・面識がない者も含まれるし、時とともにメンバーが代わるが、共通目的のためにお互いが関係し合っている

出典：Briggs, M. (1999), Øvretveit, J. (1993＝1999), Payne (2000), 菊池 (2000)

スクワーク、つまり、同じニーズをもつ利用者に対して設定するチームの課題と提供するサービス内容については変わりがない。だが、チームワーク、つまり、同じ利用者に対してサービス提供を行っていく際の、メンバー間のコミュニケーションの取り方や活動の調整方法が異なる。「ポリエージェント型チーム」はネットワーク型と呼べるものであるが、菊池は、こうしたチームが機能するために必要な、チームの外部環境との調整・統合を行うための行動プログラムも「ネットワーク」と呼び得るので、それとは区別するために、多機関の多職種から成るチームについては、「ポリエージェント型チーム」と呼ぶとしている（菊池　2000）。

　いずれにせよ、4人に共通するのは、異なる機関の多様な職種から成るチームは、多機関に所属する多職種がゆるやかにつながり、目的を共有し、その達成のために一定期間、相互作用を行うという、境界がゆるやかで統合度の低いチーム、すなわち、ネットワークによって目標達成というパフォーマンスを行うチームという認識である。本論では、この点に着目して、異なる諸機関の多職種から成る多職種チームと多機関チームを、ネットワーク型チームと呼ぶことにする[2]。

　地域を基盤に働くソーシャルワーカーやケアマネジャーにとって、ネットワーク型チームとは、利用者の問題解決・ニーズ充足という目的を共有し、それを一緒に達成していくために、利用者もメンバーとして含みながら、一定期間、メンバー間のコミュニケーションを積極的にとり、情報交換、協議、調整、交渉、決定、実行、評価等の作業を共同で実施していく、異なる機関の異なる専門職から成る、ゆるやかなまとまりをもったグループ、と言える。

　チームの外部環境との調整・統合や、チームが作業をしていくにあたって

　2）　チームメンバーの多くが、所属組織、活動の地理的範囲、活動する時間帯などの境界をまたいで存在しており、同じ場所で働くメンバーの割合が小さいチームを、Westは「バーチャルチーム」と呼んでいる（West　2012）。だが、「バーチャル（＝仮想的、疑似的）チーム」の用語は、別のイメージをもたらすおそれがあるので、ここでは採用しない。

82 第Ⅱ部　多職種チーム・多機関チーム

の条件整備等は、チームだけでなく、チームメンバーを送り出す機関やそれ
ら機関間の共同作業でもある。ここでは、そうした共同作業をする主体を、
多機関ネットワーク、あるいは、機関間ネットワークと呼ぶことにする。

（2）　ネットワーク型チームの研究

　菊池は、「多職種チーム」の3つの機能として、タスクワーク、チーム
ワーク、ネットワークをあげた上で、「多職種チーム」研究のテーマを5つ
あげている。

①「多職種チーム」とチームワーク：チームの構造もしくは型（「統合型」
　か「ポリエージェント型」かその「混合型」か）によって、効果的・効
　率的なチームワークは違うのかどうか。

　　ここで言うチームワークとは、情報交換、コミュニケーションパター
　ンの発展・維持、活動の調整、秩序維持に必要となるメンバー間の相互
　作用に関連した活動のことである。

②「多職種チーム」の課題とタスクワーク：「多職種チーム」に与えられ
　た課題達成に効果的・効率的なタスクワークはどのようなものか。どの
　ようなチームアプローチ・モデルが適しているか。

　　ここで言うタスクワークとは、チームが果たすべき課題、使用する
　ツールや機器、チームが用いるシステムなどと、チームの相互作用に関
　する活動を指す。チームアプローチ・モデルとは、マルチディシプリナ
　リー・モデル、インターディシプリナリー・モデル、トランスディシプ
　リナリー・モデルを指している[3]。

③「多職種チーム」の構造とタスクワーク：チームの型によって、課題達
　成にもっとも適切なチームアプローチ・モデルはどれか。

　3）　マルチディシプリナリー・チーム、インターディシプリナリー・チーム、トラン
スディシプリナリー・チームというのは、チームのタイプというよりも、「チームワー
ク・モデル」や（松岡　2013）、「アプローチモデル」と言えるものであって（菊池
2000）、チームは、「与えられた課題を達成するためにもっとも適したアプローチモデルを
選択する」（菊池　2000）。

④個人レベルのタスクワークとチームレベルのタスクワーク：タスクワークにおける個人レベルのワークとチームレベルのワークとの関係

⑤チームワークとネットワーク：チームの中での調整・統合とチームの外部環境との調整・統合について、それぞれどのような方法がもっとも効果的・効率的であるか（菊池　2000）。

このうち、ネットワーク型チームとしての多職種チーム・多機関チームの研究として社会的要請の強いのは、①、②、③であろう。すなわち、①ネットワーク型チームとしての多職種チーム・多機関チームのチームワークが効果的・効率的となるのはどのような条件によるのか、②多職種チーム・多機関チームのタスクワークが効果的・効率的となるのはどのような条件か、③多職種チーム・多機関チームのタスクワークにとってもっとも適切なチームアプローチ・モデルはどれか、といった研究である。

これらの研究の知見が蓄積されたときにそれらを統合する枠組みとして、菊池は、「多職種チームの構造と機能及び関連する要因の統合モデル」を図示しているが、これを参考に、ネットワーク型チーム（多職種チーム・多機関チーム）のチームパフォーマンスを導く諸要因と、チームプロセスとしてのタスクワークおよびチームワークに影響を与えると考えられる諸要因を図表 3-2 にまとめた。これを簡単に説明する。

タスクワークは、チームメンバーが目的達成のための課題遂行に関わる作業活動のことである。チームワークは、メンバー間で情報交換や相互支援などの対人的活動を指すが、その活動の基盤となる連帯感や一体感などのチーム意識・感情等の心理的側面も含んでいる。日常で使われるチームワークの用語は、ここで言うタスクワークとチームワークを合わせた活動全体を指すことが多い。本章でも、チームワーキングという場合、この広義にとらえたチームワークが行われていることを指す。

チームマネジャーは、チームのタスクワークやチームワークが円滑に進むよう種々の調整を図り、チームをとりまとめるマネジメント担当者である。リーダーと言う場合もあるが、ネットワーク型チームの場合、チームマネ

ジャーは、リーダーよりもファシリテーターに近いイメージである。チームプロセスは、チームワーキングの過程である。チームパフォーマンスは、チームプロセスの結果、すなわち、チームワーキングの成果を指す[4]。

なお、チームの諸要因やチームプロセスに影響を与える機関レベルの諸要因は「組織文脈」、チームプロセスに影響を与える多機関ネットワークの諸要因や、社会的要因は「環境文脈」と言うことができる[5]。

図表3-2 ネットワーク型チームのチームプロセスに影響を与える要因

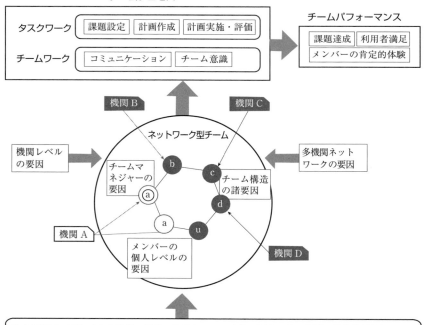

---

4) これらの定義については、三沢他（2009）、山口（2008）、草野（2016）等を参考にしている。

第3章　多職種・多機関チームのチームワーキング　85

　総合的なアセスメントや包括的なサービス・支援提供のために形成される
ネットワーク型の多職種チーム・多機関チームは、マネジメント機関、たと
えば機関 A の専門職ⓐが特定の目的のために、関係する機関である機関
B、C、D に電話等で共同作業を、あるいはまた、ケース／ケアカンファレ
ンスへの参加を呼びかけ、それぞれの機関の専門職 b、c、d が承諾した時
点で成立する。ⓐは、チームマネジャーとしてケース／ケアカンファレンス
の開催に先立ち、b、c、d と連絡をとり、情報のやりとりや意見交換をする
とともに、ケース／ケアカンファレンスの目的を伝え、協働、すなわち、と
もに検討し、ともに対応していくことを依頼する。それらの機関や職種は、
日頃からよくやりとりをしている場合もあれば、初めて連絡・依頼する機
関、職種の場合もある。また、こうした協働が制度的に求められている場合
もあれば、自発的に行われる場合もある。利用者（u）や家族にも、多機
関・多職種で対応していくことを伝え、チーム参加してもらうのが原則であ
る。ただし、初期段階からケース／ケアカンファレンスに参加してもらうか
どうかは慎重に判断すべき場合もある[6]。

　ケース／ケアカンファレンスでは、ⓐもしくは同じ機関の別の専門職 a が
ファシリテーターとして、参加者とともに、協働の目的の共有、情報の共
有、課題設定、計画作成等のタスクワークを行う。参加者がそうしたタスク
ワークを行っていきやすくするために、ⓐもしくは a は、話しやすい雰囲気
をつくったり、全員が発言しやすいように気を配る、コミュニケーションを
活性化させるなどして、チーム意識の醸成を図っていく。カンファレンスで
共同決定した計画を、参加した機関や専門職がそれぞれ実施していく過程に

　5）　草野によれば、組織文脈は組織から生じるもの、環境文脈は組織外部から生じて
チームの機能に影響を与えるもので、これらの主な役割は報酬や教育を提供してチームを
支援することである（草野　2016. 71）
　6）　たとえば虐待事例など、利用者と家族との意向や希望が対立している場合など
（第6章を参照のこと）。なお、インフォーマルな支援者としての民生委員や福祉委員等の
ボランティアもチームメンバーとして参加する可能性はあるが、この図では省略した。
ケースカンファレンスの用語は多機関チームの、ケアカンファレンスは多職種チームのカ
ンファレンスについて用いられる傾向がある。

おいて、ⓐもしくはaは、必要に応じて利用者や家族とそれぞれの機関・専門職との調整を、また、機関間や専門職間の調整を図る。そして、一定期間の後に、カンファレンスや電話連絡等でチームパフォーマンスとしての課題達成状況や利用者満足について参加者間で評価する。さらに、メンバーの肯定的経験、つまり、参加した専門職が多職種チーム・多機関チームとしての実践経験を肯定的に受け止めることができているかどうか、について評価する。この経験は、多職種チーム・多機関チームの実践に、今後も積極的に参加していくかどうかのモチベーションに関わる要因だからである。

　チームパフォーマンスをもたらすタスクワークとチームワークに影響を与えると考えられるのが、多職種チーム・多機関チームのメンバーの個人レベルの諸要因（知識、スキル等）、チームマネジャーの諸要因（リーダーとしてのスタイル、能力等）、チーム構造の諸要因（チームの大きさ、メンバー間の物理的距離、メンバーの安定性等）である。これらの諸要因には、それぞれの機関のポリシーや文化、管理体制、研修内容等の多様な機関レベルの要因が影響する。

　また、それぞれの専門職を送り出す機関の間で、多職種チーム・多機関チームによる協働の目的や手順等に関する合意づくりを行ったり、協働における課題の検討改善等を行うという、多機関ネットワークの機能もまた、多職種チーム・多機関チームの諸要因に影響を与える。そして、直接実証することは困難であるが、社会的要因、たとえば、国レベルの政策・制度、地域レベルの政策・制度、地域の人口規模・社会資源状況・地理的状況等もまた、さまざまな形で影響を与える。

　以上、取り上げた諸要因とその関連性は妥当かどうか、他にはどのような要因が考えられるのか。日本の社会福祉やソーシャルワーク研究には多職種チーム・多機関チームに関する研究が乏しい。そこで、上記の妥当性を確認するため、研究蓄積が比較的豊かなイギリスの研究を活用する。

　イギリスで、医療とソーシャルケアの統合的提供を中心とする多職種チームと、分野横断的ニーズをもつ家庭に対する包括的なサービス・支援を提供

第3章　多職種・多機関チームのチームワーキング　87

する多機関チームの実践および研究が進展したのは、政府が、多機関協働を推進する政策をとってきたからである。そこでまず、この政策展開の歴史を概観しておく。

2．イギリスの多機関協働推進政策

（1）　インターエージェンシー・ワーキング

　多機関協働に関連する用語には、主に高齢者や障がい者に対する保健医療とソーシャルケアの統合的サービス提供に関して、「インターエージェンシー・サービス（inter-agency services）」（Hardy, et al. 1999）や、「インターエージェンシー協働（inter-agency collaboration）」（Hudson 2000）、「インターエージェンシー関係（inter-agency relationship）」（Ellins and Glasby 2011）、「インターエージェンシー・ワーキング（interagency working）」（Glasby and Dickinson 2014a）などがある。また、分野横断的な問題・ニーズを抱える子どもとその家族への包括的な対応策・予防策に関しては、「インターエージェンシー・ワーキング（interagency working）」（Halliday and Asthana 2004）や、「インターエージェンシー・ワーク（interagency work）」（Milbourne 2005）、「インターエージェンシー協働チーム（interagency collaborative teams）」（Aarons, et al. 2014）、「インターエージェンシー協働（interagency collaboration）」（Cooper, et al. 2016）などがある。

　これらの用語は、保健医療、ソーシャルケア、教育、住宅、福祉など、異なる公的制度の下でサービスを提供している機関間の協働やその関係、あるいはそれらの機関による統合的サービス提供（水平的統合）を指す。ただし、急性期医療とリハビリテーション医療、地域医療など、同じ医療制度においても異なる種類のサービスを提供する機関間のケア統合（垂直的統合）を意味して使われることもある。また、公的セクターや民間セクター、ボランタリーセクターなど、設立母体の違いによる目的・理念、機能、財源等の異なる機関間での並列的な協働や、その関係という意味で用いられる場合も

ある。さらに、サービス利用者やその介護者／代弁者なども行為主体（エージェンシー）として、他の機関や専門職（エージェンシー）とともに協働するという意味で用いられることもある。

イギリスで、これらの用語が積極的に用いられるようになったのは、1997年に労働党（ニューレーバー）が政権に返り咲き、サービスの結合（joined-up）やパートナーシップ政策が展開されるようになってからである。だが、それ以前から、イギリスでは異なる制度の下にあるサービス、とくに保健医療サービスとソーシャル・サービス／ソーシャルケアとを統合的に提供していくための方策がいろいろ試みられていた。

（2） 保健医療とソーシャルケアの統合的提供

1960年代初頭、中央政府は、「保健医療と福祉：コミュニティケア推進計画」を出し、病院サービスとコミュニティケアサービスの調整を地方自治体に求めている。だが、このときは、実施を保証する手段が用意されなかったため、さしたる展開は見られなかった。また、1974年には、地方自治体の多様な保健サービスがNHS（国民保健サービス）に統合されるとともに、新しく作られたNHSの地区保健局と対人サービスを提供する地方自治体が同じ管轄エリアをもつこと、また、両者で合同協議委員会をもつことが決められた。そしてこれらを通して、保健医療と介護・福祉のサービス提供機関間の協働の推進が図られた。さらに1976年には、合同計画チームが設置され、NHSの資金はNHSと地方自治体とで行うプロジェクトに利用可能とされた。しかし、これらの施策は、組織の構造面や財源面での統合を強調しすぎていたり、コミュニティケアの推進に欠かせない一般家庭医を対象にしていなかったために、満足のいく結果をもたらさなかった（Hudson 2000. 257-8）。

80年代初頭には、サッチャー政権の下、長期入院患者のコミュニティ移行を加速させるため「ケア・イン・コミュニティ」政策が実施された。これは、病院と民間のサービス提供機関との協働を推進し、民間部門の役割を拡大することを目指したものであったが、この施策も医療とソーシャルケアの統合に十分に成功したとは言いがたかった。1989年の白書、『人々へのケア

(Caring for People)』は、こうした従来のやり方では十分な成果は見込めないと批判していたが、従来のやり方を大きく変えた1990年の「国民保健サービスおよびコミュニティケア法（National Health Service and Community Care Act）」は、統合どころかサービスの分断を進めるものとなった。

　というのも、この法により、異なる制度である保健医療サービスとソーシャルサービスのそれぞれにおいて、サービスの購入者と提供者を分けるという内部市場が創出されたからである。ソーシャルサービスのサービス提供者として、営利・非営利のサービス機関を増やし、競争により全体のコスト抑制を図ろうとした本制度は、結果としてさらなるサービスの分断をもたらした。政府は、保健医療については購入者の統合や共同購入を、ソーシャルサービスについてはコミュニティケアプランや退院時のプランの共同作成を求めたが、実際には、準市場の下でインセンティブが働かず、切れ目のないサービス提供体制は創り出せなかった（Leathard　2003. 16-21）。

　1997年に政権についた労働党（ニューレーバー）は、保守党の準市場政策を失敗とみなし、効果的なサービスの計画と提供の鍵は、制度や機関間、職種間のパートナーシップの発展にあるとした。1998年の政府文書『パートナーシップ・イン・アクション（Partnership in Action）』では、医療とソーシャルケアの両方にまたがるニーズをもつ人々に対する質のよいサービスの提供に大きな構造的変化は必要ない、両サービスの分断状況に対する答えは統一ではなく協働であるとした。その協働は、つぎの3つのレベルのパートナーシップによって行われる。①戦略的計画化；保健医療局と社会サービス部が中期の計画を合同で行い、共通目標の達成に向けてそれぞれの資源をどのように活用するかについて情報共有し、予算をプールする。②サービス委託；地域における特定の対象者グループがサービスを受けることを保証するために、ニーズやもっとも効果的なサービスの種類について両者の共通理解を図り、どちらか一方がそのサービス委託において主導的な役割を果たす。③サービス提供；特定の利用者が一貫した統合的なケアパッケージを受けられるよう、両者がそれぞれ相手の機能のどれかを活用する（Hudson　2000. 269）。

諸機関のトップマネジメント・レベル、運営管理レベル、実践者レベルの
それぞれにおいてパートナーシップによる協働を進めていく、つまり、制度
や諸機関の構造的な統合ではなく、インターエージェンシー・ワークによっ
てサービス分断化の克服、切れ目のない統合的なサービス提供を進めていく
ことを改めて強調したわけである。インターエージェンシー協働、すなわち
３つのレベルにおける多機関・多職種協働は、サービスのデリバリーにおけ
る「１つの選択肢」ではなく、「デフォルト」とみなされるようになり、保
健医療とソーシャルケアの間のパートナーシップによる協働は法的な義務と
なった（Glasby　2007. 8）。

　2000年になると、福祉国家における諸制度の合理化を進める近代化政策
（modernization）がさらに推進されることになり、保健医療とソーシャル
サービスの領域では、ケアトラストが創設された。これは、保健医療とソー
シャルケアの購入および提供を同じ組織で統合的に実施するという、プライ
マリケア・トラストの新しい形である。患者や利用者のニーズに焦点を当て
た統合的サービス提供を保証するとともに、保健医療とソーシャルケアにお
ける専門職間の障壁を取り除くという狙いをもっていた（Leathard　2003.
32-3）。

　2012年には、「保健医療とソーシャルケア法（Health and Social Act）」が
成立し、これにより、インターエージェンシー・ワーク、協働、統合ケア
は、いよいよ国の政策と自治体における実践の中心的テーマになってきた。
社会の高齢化に伴い財源がますます厳しくなるなかで、管理職も実践者もま
すます多機関・多職種で作業しなければならなくなってきている（Glasby
and Dickinson　2014a）。

（3）　パートナーシップ政策

　こうしたニューレーバーのパートナーシップ政策は、高齢者や障がい者へ
の統合的サービス提供だけではなく、複合的で分野横断的な問題・ニーズを
抱える子どもとその家庭への包括的な対応策、予防策としても推進されてい
る。

ニューレーバーの政策基調である社会正義の促進は、結果の不平等よりも機会の不平等を是正することにある。そのためには、社会から排除されている人々、排除されがちな人々を信頼や相互性のネットワークとしての社会関係資本（ソーシャルキャピタル）に巻き込み、社会的包摂を促進することが重要である。社会関係資本育成のためには、公的機関、民間機関、ボランタリー機関、個々のサービス利用者、地域、それぞれの間のパートナーシップを形成することが重要である。そのため、パートナーシップ形成は、多くの教育事業の核心に据えられている（Riddle 2001）。

子どもの貧困は、怠学や学校からの排除を、ひいては社会からの排除をもたらす危険性がある。そうした子どもと家庭はさまざま分野横断的ニーズを抱えていることが多いため、教育と福祉、保健医療等の機関間、職種間の障壁を克服したインターエージェンシー・ワークによる総合的な早期介入策、つまり、パートナーシップによる支援を行っていくということである（Milbourne 2005）。

また、2000年に起きたヴィクトリア・クランビア事件（虐待による児童死亡事件）を踏まえて発表されたグリーンペーパー『どの子どもも大切（Every Child Matters)』を契機に子どもトラストが設置され、複合的困難を抱える子どもと家族への総合的で切れ目のないサービス提供を目的とした多機関協働が、子ども政策の中核となっていった（Atkinson, et al. 2007, Cooper, et al. 2016）。2010年前後にあいつぎ発表された児童虐待による死亡事例の検証レポートは、子ども保護政策強化のための関連機関向け手引の改定や多機関協働のためのルール強化を推奨した。これらが、ソーシャルワーカーの地域における多職種および多機関の協働実践を大きく広げるものとなった。さらに、薬物乱用や精神疾患などの問題をもつ親と暮らす子どもについては、子どもと親の双方の多様なニーズやリスク、そして、ストレングス（強み）に関する総合的アセスメントを、地域の諸機関・多職種で共同実施していくことが求められ、多機関・多職種による協働が一層強調されることになった（Quinney and Letchfield 2012. 17）。

こうした保健医療とソーシャルケアの統合的提供推進策と、分野横断的ニーズをもつ家庭に対する総合的な早期介入策、ならびに、児童保護における多機関協働推進策が、多職種チーム、多機関チームの実践を促し、研究の展開を後押しすることになった。

つぎの3節では、統合的ケア提供の方法としての多職種チームに関する研究を、4節では、総合的、包括的提供方法としての多機関チームに関する研究を見ていく。

3. 統合ケアと多職種チーム

(1) 統合ケア

統合ケア（integrated care）とは、保健医療サービスとソーシャルケアのサービスを切れ目なく、一体的、統合的に提供すること、または、そうして提供されるサービスのことを指す。その定義には、「医療サービス機関とソーシャルケアサービス機関との協働によって提供された、首尾一貫したサービス・セット」（Hardy, et al. 1997）、「多様な専門職とインフォーマルな介護者との協力によって、幅広い組織をまたいで計画され、調整の上、供給されるサービス・セット」（Minkman 2012. 347）、「複合的で長期に渡る問題や多様なニーズをもつ患者のケアの質やQOL、満足を向上させることと、統合システムの効率性を強化するための努力の成果」（Kodner and Spreeuwenberg 2002）、などがある。統合ケアの用語の他に、「共有化されたケア」「協働ケア」「包括的ケア」といった用語が使われることもある（Minkman 2012）。2000年のプライマリケア・トラストの創設以降、統合ケアに関する文献が増える傾向にある。

統合ケア追求の背景には、慢性疾患をもつ高齢者、とくに、うつ病で認知症、糖尿病で脳梗塞といった複数の異なる疾患を抱え、疾病ごとの治療やケアではなく、医療面やリハビリテーション面、心理面、社会面など、心身や生活の全体に関して専門的かつトータルな治療やケアを提供する必要性のあ

る高齢者が増えてきているからである（Minkman　2012）。つまり、ケアマネジャー一人の視点によるソーシャルケアを中心としたサービス提供ではなく、複数の医師やパラメディカルたちの視点と、複数のソーシャルケアの専門職等の視点とを合わせた総合的なニーズアセスメント、それに基づいて調整された統合的なサービスの提供が一層必要になってきているからである[7]。

　しかし、統合ケアの必要性についての認識は強くなってきているものの、その達成はむずかしいという指摘が多い。達成の障壁となるものとして、たとえば Hardy らはつぎの5つをあげている。

　①構造的バリア：制度の境界を超えるサービス提供責任の問題、ガバナンスに関する機関間競争
　②手続き的バリア：計画の範囲・計画サイクル・予算サイクル・手続き等の違い、情報システム・秘密保持・アクセスに関するプロトコール等の違い
　③財政的バリア：財政基盤・資金のストックとフローの違い
　④専門職バリア：競合するイデオロギーと価値、専門職の自己利益と自律性・勢力範囲をめぐる専門職間競争
　⑤地位と正当性：組織の自己利益・自律性・勢力範囲を巡る組織間の競争

（Hardy, *et al.* 1997）

　2000年以降の統合ケアに関する文献をレビューした Glasby らは、統合ケア達成の障壁として、以下の点を指摘している。

　①統合ケアのために絶えず行われる制度上・構造上の変化がもらす関連諸組織への否定的影響
　②専門職による協働を促すための組織による支援の欠如
　③専門職間の役割と責任に関する認識の欠如

　7）　もっともイギリスでは、コミュニティ・マトロンという、より高度な専門的知識やスキル等をもとに、一人の看護専門職がケアマネジメントを実施し、病院や多機関との調整役割を積極的に担う方法も試みられている（Koubel　2012）。

94　第Ⅱ部　多職種チーム・多機関チーム

④専門職が相互に知り合う時間と機会の欠如

（Glasby & Miller　2015）

　では、統合ケアの達成のために何が必要なのか。Kodner らは、統合ケア
を育てるための戦略として、資金調達、運営、組織、サービス・デリバ
リー、臨床レベルのそれぞれについてつぎのものをあげている。

　〈資金調達面〉多様なレベルでの資金のプール、プリペイドの人頭払い方
　　　　　　　　式

　〈運営面〉責任や機能の統合／分散化、部門間プランニング、ニーズ・ア
　　　　　　セスメント、共同購入あるいは委託

　〈組織面〉サービスのコロケーション[8]、退院や移送の同意、機関間プラ
　　　　　　ンニング・予算化、サービス提携や契約、共同管理プログラ
　　　　　　ム、戦略的同盟・ケアネットワーク、合同・共同所有権・融合

　〈サービス・デリバリー面〉共同研修、情報・リファーラル・インテーク
　　　　　　の集中化、ケース／ケアマネジメント、多分野もしくは学際間
　　　　　　チームワーク、24時間対応、統合情報システム

　〈臨床面〉標準的診断基準、統一した総合的アセスメント手順、共同ケア
　　　　　　プランニング、臨床記録の共有化、継続的患者モニタリング、
　　　　　　共通の意思決定支援ツール（実践ガイドラインやプロトコール
　　　　　　等）、患者や家族との定期的接触や必要に応じた支援。

（Kodner and Spreeuweberg　2002. 4）

　Kodner らは、これらの戦略のなかでも、〈サービス・デリバリー面〉と
〈臨床面〉を重視し、つぎのように言っている。スタッフがいかに訓練さ
れ、責任や課題をいかに協働して遂行していくかが、統合ケアにおける多く
の変数（サービスアクセス、利用可能性、柔軟性、継続性、ケアの調整等）

───────────

　8）　コロケーションとは、多機関が同じ建物やフロアという近い距離に位置するこ
と。これにより、情報共有やサービスの調整提供が容易となる。一つの電話番号、一つの
窓口となることで、利用者はアクセスが容易になる（Petch　2013）。

に大きなインパクトを与える。また、患者のニーズ理解の共有、共通の専門的言語や基準、定められた特定の実践法や標準、患者とサービス提供者との間の継続的なコミュニケーションの維持などが、統合ケアにおける重要な要素である（Kodner and Spreeuweberg 2002. 4）。

　統合ケアの推進に資金、運営、組織といった構造的側面の整備は欠かせないが、サービス・デリバリーや臨床面の整備・充実がいっそう重要ということである。この点を指摘する研究者は少なくない。

　たとえば、Hardy らは、統合ケア達成のためには、関係機関や関係職種の間に「相互依存とサービスシステム統合の必要性の認識」と、専門職や組織の自律性をある程度抑えうる「統合の追求を喜んで行う意欲」が必要としている（Hardy, et al. 1997. 103）。また、Glasby らも、制度や機関を超えて協働する専門職たちのためにチーム環境を整えることや、機関間・専門職間の信頼といった関係的要因が統合ケアの推進に重要と指摘している（Glasby, Dickinson and Miller 2014）。

　まさに、医療とソーシャルケアの統合的なサービス提供において、多分野チーム（Multidisciplinary team）、もしくは、学際チーム（Interdisciplinary team）、多職種チーム（Inter-professional team）などにおける相互依存的な「チームワーキングは、異なる分野の諸組織の直面する構造的問題や複雑性に対する潜在的な解決法」とみなされているのである（Jelphs and Dickinson 2008. 13）。

（2）　チームワーキング

　では、多職種チームのチームワーキングがうまくいけば、統合ケアが可能となると、本当に言えるのか。

　Finlay らは、Boon らの「保健医療チーム実践モデルの連続体」（「並行実践モデル」から「統合モデル」までの連続線上に並ぶ7つのモデル）を、図表 3-3 に示すようにチームワーキングの3つのモデルとして整理して提示している。患者のニーズに基づいた期待される成果に応じて、チームワーキングの基盤となる哲学や価値、チーム構造、チームワーキングの過程におけ

96　第Ⅱ部　多職種チーム・多機関チーム

図表 3-3　チームワーキング・モデルの比較

	並行／相談助言チーム (Parallel/consultative team)	協働／調整／学際的チーム (Collaborative/co-ordinated/multidisciplinary teams)	多職種／統合チーム (Interdisciplinary/integrated teams)
哲学／価値	サービス供給の還元主義モデル ：生物医学モデル	サービス供給の多次元設定 ：生物学・心理社会的モデル	サービス供給の環境的、社会文化的文脈を調整する全体的哲学
構　造	明確な役割定義、公式の階層構造	多様な視点の承認、リーダーシップより「ファシリテーション」の要請	多様性を尊重した平等、構造を支える信頼と尊敬
過　程	主な意思決定者に必要な情報提供のためのコミュニケーション	意思決定に関与する人々の数の増加、異なる貢献を承認	合意による意思決定、クライエントをチームメンバーとして承認
成　果	健康やウェルビーイングの改善といった１つの成果に焦点	成果の複雑性や多様性の増加	ウェルビーイングの多面性に焦点、費用効果、クライエントの定義する成果の組入れ

出典：Finlay and Ballinger　2008. 154

る作業方法を変化させるというモデルである。

　医療とソーシャルケアの統合的なパッケージを長期に渡って提供する必要がある患者には、「多職種／統合チーム」や「協働／調整／学際的チーム」というチームワーキング・モデルを採用することになる。しかし、このモデルを採用すれば、つぎの３つの見込みが生まれるが、それは必ずしも見込み通りにはいかないと、彼らは述べている。

①　幅広い総合的な治療とケアサービスの提供をもたらすという見込み

　実際には、異なる専門職による専門性からのアドバイスやサービス提供によって、利用者が混乱したり、ディスエンパワメント（力の剥奪、無力化）されるなど、理想より質の低いケアが行われることがある。

②　効果的・効率的な資源配分という見込み

　実際には、コミュニケーション不足から不必要なサービスの二重提供や利用者を不快にさせる複数回の初回面接などの非効率的なことが、またミーティングの準備やメンバー間の交渉等による利用者との面接時間の

制約といった非効果的なことが起きている。

③　チームメンバーへの肯定的経験の提供という見込み

　　チームは相互学習や肯定的フィードバック等を通してメンバーに肯定的な経験をもたらす可能性はある。また、むずかしい事例への対応時には、メンバーの動機づけの維持に役立つ。だが実際には、メンバー間の相互支持が欠けるなかでのやりとりから対立や競争が生じ、最終的には政治的決着が試みられることが少なくない。

(Finlay and Ballinger　2008. 153-7)

　Jelphs らも、チームやチームワークの用語は、1980年代のコミュニティやエンパワメントの用語のように「バズワード（決まり文句）」になってきていると言う[9]。ただし、効果的なチームワークとフィードバック過程は、図表 3-4 のような好循環を生むと考えられているが、種々の調査結果は、必ずしも期待どおりの結果を示しているわけではないとして、彼らはつぎの7点を指摘している。

①　組織としての成果（組織パフォーマンスの向上）；そもそもチームワーキングと患者にとっての望ましい成果との関係を把握することは困難で、その肯定的関係に関するエビデンスはほとんど見られない。

②　安全性（利用者の成果の向上）；チームのコミュニケーションや相互作用がよいと、患者のリスクや危険は減るが、そうでなければ低くなる（条件次第）。

③　費用削減（組織パフォーマンスの向上）；多機関チーム（Interagency team）[10]が緊急入院者数や入院日数の減少をもたらすというエビデンスはある。それゆえ、プライマリケア（一次医療）やコミュニティレベル

　9）　Payne もまた、チームやチームワークが、望ましさという価値をもつ用語としての「協調 cooperation）」、「協働（collaboration）」、「調整（coordination）」を目指す用語として使用されるようになったと指摘している（Payne　2000. 5）。

　10）　彼らは、統合ケアの提供に関するチームでも、多職種チームではなく、多機関チームの用語を使っている。

図表 3-4　効果的チームワーキングとフィードバック過程

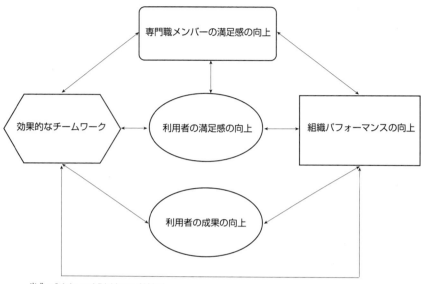

出典：Jelphs and Dickinson 2008.16

により多くの財源投入がなされれば、在宅生活維持に向けての多機関チームのモチベーションは上がるが、現実はそうはなっていない。

④　利用者満足度の改善（利用者満足度感の向上）；チームワーキングが自動的に利用者満足をもたらすことはなく、利用者の参加、振り返りの実施などチームワーキングの過程の質が課題となってくる。

⑤　アクセスの改善（組織パフォーマンスの向上）；多機関チームの窓口が一本化されれば、早いリファーラル（送致／紹介／照会）、全体的な情報の共有強化等により、利用者に最適のサービス提供が可能となる。だが、それは入院・入所率を下げることもあれば上げることもある。

⑥　メンバーへのインパクト（専門職メンバーの満足感の向上）；チーム内に相互依存や支援、明確な役割が存在する場合、メンバーのストレスを下げ、満足をもたらすが、そうでなければチームは最大のストレス要

因になる。
⑦　チームイノベーション（組織パフォーマンスの向上）：メンバーの異
　なる視点や専門性が問題に関するより革新的解決をもたらすことはある
　が、どのような状況でもそれが生じるわけではない。

（Jelphs and Dickinson　2008. 24-30）

　しかし、Finlay らも Jelphs らもチームワーキングの効果を全面的に否定
しているわけではない。彼らのまとめからは、少なくともつぎのことを言う
ことができる。多職種チームのチームワーキングが、①患者 / 利用者のニー
ズや意向に合わせて調整された質の良い総合的な治療とケアサービスの提
供、②患者 / 利用者やインフォーマルな介護者への満足、③チームメンバー
の肯定的経験と満足、といった効果をもたらすかどうかは、その協働実践の
ありようによって変わる。
　効果的なチームワーキングとは、少なくとも①～③のどれかの成果をある
ていど出せている協働実践であると言うならば、この効果的なチームワーキ
ングを促進する要因、阻害する要因は何か。これに関する議論をつぎに見て
いく。

（3）　チームワーキングに影響を与える個人レベルの要因

　チームワーキングに影響を及ぼす要因として、Keeping は主にメンバーの
個人レベルに、Xyrichis と Jelphs らは、主に集団としてのチームや組織レ
ベルの要因、さらに制度の問題に焦点を当て、研究レビューを行っている。
もっとも、Keeping は、個人レベルの要因について述べている中で、それら
に影響を与える組織（機関）の要因についても言及している。
　なお、このテーマに関しては、半構造化面接等による質的研究が多く、促
進要因について必ずしも確かなエビデンスが蓄積されているわけではない
（Xyrichis and Lowton　2007）。
　Keeping は、効果的な多職種ワーキングに必要な要素を、(1)知識、(2)態
度、(3)関係スキルの 3 つに分け、整理している[11]（Keeping　2010）。

(1)知識：①他職種の役割とその境界に関する理解、②他職種の倫理的価値に関する理解

　これらの理解が不十分であったり、欠けていると、学際的チームの中で救いがたい対立が起きる[12]。

(2)態度：①多職種協働への参加への意欲、②信頼と相互の尊敬、③個人的自信や専門職としての自信

　　①多職種協働への参加への意欲とは、他職種による貢献の承認、個人的限界の認識、異なる視点と対話することへのオープンネス（開放性）といった態度を指す。利用者中心やホリステックケア（全人的ケア）という考えがこれらの態度を導く。

　　組織が専門職に対して支持的で、尊敬や安全が原則として浸透する環境を整備しなければ、こうした態度は育たない。

　　②信頼と相互の尊敬は、協働実践にとってとくに重要な要素である。組織は、専門職の相互依存的思考を認め、感情表出は抑制すべきという圧力をかけず、過度に統制的なリーダーシップは認めないといった姿勢をもたなければ、こうした要素は育たない。

　　③個人的自信や専門職としての自信は、メンバーが個人として、また、専門職として適切な自信をもつということである。これがあれば、不安ややっかみを感じることなく、専門職の境界を超えて柔軟に作業することができる。

---

11)　Keeping の(1)知識、(2)態度、(3)関係スキルという分類は、Suter らの協働実践のコンピテンシー調査の結果や、Sheffield Hallman University による「専門職間ケイパビリテイ・フレームワーク」が提示する協働能力を発展させるための学習領域などを参考としている。もっとも Suter らは、(1)に該当する「他の専門職の役割と責任の理解と尊重」と、(3)に該当する「効果的なコミュニケーション」の２つを協働実践のための中核的なコンピテンシーとし、(2)に該当する「協働に関する肯定的態度や意欲」はコンピテンシーというより協働実践の前提条件としている（Suter, *et al.*　2009）。

12)　McAuliffe も言うように、医師や看護師などの役割は誰でもおおよそ知っているが、ソーシャルワーカーや臨床心理士となるとわからないということがある。また、専門職であっても他の専門職についてはステレオタイプによる理解や思い込みによる見方が先行することがある（McAuliffe　2014）。

協働実践の進展がもたらす役割曖昧化（role blurring）は、専門職アイデンティティ（professional identity）や専門職としての自律性の喪失不安を感じさせ、不快や怒りの反応を引き起こす場合もある[13]。

(3)関係スキル：①オープンで正直なコミュニケーション、②チームワーキングスキル

> ①オープンで正直なコミュニケーションには、傾聴やオープンクエスチョン、パラフレーズといったコミュニケーションを促進するスキルだけでなく、困難や意見対立を克服するスキル、専門的視点からの情報をわかりやすく伝達するスキルなどが含まれる。

> ②チームワーキングスキルには、チーム内のコミュニケーションにできるだけ参加する、どのようなフィードバックも受け止める、混乱のおそれが予想されても話し合うといったことが含まれる。

> 多職種チームは、チームアイデンティティ（team identity）が形成され、専門職アイデンティティを抑えることができればうまくいく。チームアイデンティティの形成・強化に、関係スキルはとくに重要である。

Keeping は、多職種協働の障壁についても整理しているが、これについては、個人レベルの要因だけではなく、チームレベルの要因、社会制度や文化に関わる要因を、(1)権力と(2)不安への防衛、の２つに整理している。

(1) 権力：①職種や組織の権威がもたらす意思決定への影響力、②社会事象の医療化（メディカリゼーション）、③不平等なジェンダー力学

> ①特定の専門職が、その職種や所属組織の権威がもたらす意思決定への影響力に固執するならば、他の専門職は一緒に意思決定していくことに消極的になる。

---

13)　自信を取り戻すには、自分の選択した専門職の価値基盤を再認識する、他の専門職を含め同じような考えや価値観をもつ人と接触するといった方法がある（Keeping 2010)。

102　第Ⅱ部　多職種チーム・多機関チーム

②社会事象の医療化（メディカリゼーション）は、社会現象を医学モデルで説明する傾向が強くなってきていることを指す。この現象は、医師の影響力をより強めるよう作用し、チームに参加するすべての専門職による意思決定力の共有に影響を与える。

③不平等なジェンダー力学は、職場の女性化が進んだものの、医療とソーシャルケアの現場における男女の大きな権力差は変わらず、男性医師たちが優位に立っていることを指す。こうした権力の問題は、社会構造的な問題であるので変化は容易ではない。ただし、チームレベルで対立を予防したり、調整するための基本的な行為原則を整えること、たとえば、「オープンな意見交換ができる雰囲気づくりを行う」、「互いに正直にフィードバックするという責務をみながもつ」、「状況に対するアプローチは複数あるはずとみなが認識する」などはできる。

(2)　不安の防衛：①個人の不安からの防衛反応、②グループの不安からの防衛反応

①多職種協働は、仕事環境の変化をもたらす。それによって不安を感じる専門職は、その不安を他人に投影するという無意識の防衛反応を起こしてしまう傾向がある。

②多職種協働について、ある職種のメンバーたちが共通の不安を抱き、無意識のうちにその感情を他の職種に投影するという防衛反応を起こすことがある。

①や②の否定的感情の投影はチーム内のコミュニケーションを阻害し、効果的な協働をだめにする。

組織は、こうしたことを防ぐために、人々が防衛機制に気づき、別の不安処理法がとれるよう多職種協働に関与する支援を行う必要がある。

（4）　チームワーキングに影響を与えるチーム・組織レベルの要因

Xyrichis らは、一次医療とコミュニティケアにおける多職種チームワー

キングに影響を与える要因を大きく、(1)チーム構造と(2)チームプロセスに分け、(1)として①メンバーの近接性、②チーム規模と構成、③組織による支援、(2)として④チームミーティング、⑤明確な目標、⑥監査、に整理している（Xyrichis and Lowton　2007）[14]。

(1)　チーム構造：①メンバーの近接性、②チーム規模と構成、③組織による支援

①メンバーの近接性：チームメンバーが同じ敷地内にいることで、情報伝達の強化、コミュニケーションの促進、個人的な親しさの強化が起きる。別々の建物ではチームとしての統合度が弱くなり、チーム機能や効果が制限される[15]。

②チーム規模と構成：小規模チームのほうがより機能的で、大きなチームではメンバーの参加率が下がり、チームワーキングの効果が弱くなる。メンバーの多様性が高いほうが全体的に効果的で、新しい考えや行為が生まれるという革新性も高い。

メンバーの安定性、つまり、フルタイムで長期に関与するメンバーの割合が高いというメンバーの安定性は効果に寄与するが、移動の可能性が高いと効果がでにくい。

リーダーシップも重要で、誰がどのようにリーダーシップを発揮するのか明確でないと意思決定がうまくいかず、チームワークの質を低める。

③組織による支援：チームワーキングやチームメンバーであることに関する組織の支援が重要である。

チームがもたらした改善に対する組織からの報酬がないとメンバー

---

14)　Xyrichis らの言うチームプロセスは、チームワーキングの過程というよりも、チーム構造やチーム外の要因に近い。

15)　効果的なチームワークについて研究している West によると、50メートル離れているとメンバー間のコミュニケーションは限定的となり、相互協力も限定されてしまう。逆に、物理的に近いほど対立の程度は低い（West　2012＝2014）。物理的距離が近ければ顔を合わせ、インフォーマルな会話の機会が増えることで、親しさや信頼が醸成されやすいということであろう。

の士気は下がる。

チームの革新性を奨励するという組織の姿勢や支援は、チームワーキングの質や効果を高める。全体に、組織からの支援がないと、メンバーは無力を感じ、失望してしまう。

(2) チームプロセス

④定例のミーティング：定例ミーティングはメンバーの参加率を高め、多職種間のコミュニケーションの増加・改善に貢献する。コミュニケーションの増加は、チーム内対立の解決に役立ち、メンバー間の肯定的な関係をもたらす。

⑤明確なチーム目標：明確な目標や方向性の共有はチーム機能の改善に効果があり、専門職役割と責任の明確化にも役立つ。

⑥監査：チームの効果に対する評価や定期的なチームへのフィードバックは、チームのパフォーマンス改善やメンバーへのインセンティブをもたらし、エネルギーを与える。

Jelphs らは、効果的なチームワーキングに影響を与える要因を、①制度の構造的問題、②チーム構成と役割、③専門職境界と価値、④教育、⑤リーダーシップの5つにまとめている。

①制度の構造的要因；医療とソーシャルケアにおけるサービス利用要件、手順、説明責任、管理スタイル、スタッフ訓練、財源などの多くの構造的な違いが、専門職による効果的な協働にとっての障壁となっている。財源や費用サイクルや監査団体を統合するといった構造的変化が行われたとしても、協働実践を阻止する多くのバリアが残る。

②チーム構成と役割；それぞれの専門能力のある人をリクルートするより、チームメンバーとしての基本的な知識・スキル・能力（KSAs）に焦点をあてチーム編成する、あるいは、チームメンバーに KSAs のトレーニングを行うことが望ましい。

③専門職境界と価値；メンバーが自分の専門領域に固執せず柔軟に対応すること、すなわち、各専門職が自分の役割を超え、いくつかの役割のあ

る側面を実施するという専門職役割の曖昧化が、学際チームワークがうまくいくことにつながる。

ただし、役割曖昧化は、専門職アイデンティティを脅かし、チームワークを壊すおそれもある。

④教育：多職種連携教育（IPE: Inter-Professional Education）は、参加する専門職の相互理解を促し、質の高いケア提供のための協働の可能性を高める。

もっとも IPE が、スタッフの態度やスキル、組織パフォーマンス、利用者への成果や満足にどのような効果をもたらすのかに関する評価の結果は今のところ分かれている[16]。

⑤リーダーシップ：伝統的なリーダーシップではなく、分散された、あるいは共有されたリーダーシップによってチーム実践が行われること、つまり、意思決定やチームのまとまりの維持などの責務を1人のリーダーが担うというより、それにすべてのメンバーが関与することが、効果的なチーム実践につながる。

ただし、伝統的リーダーシップと分散的リーダーシップとの違いはさほど明確ではなく、チームが置かれた状況などによっても違ってくる。

（5） 促進要因・阻害要因

以上の結果をもとに、効果的なチームワーキングの促進要因と阻害要因を、図表 3-2「ネットワーク型チームのチームプロセスに影響を与える要因」の個人・チーム・機関・多機関ネットワークの4つのレベルの諸要因にあてはめたものが、図表 3-5 と図表 3-6 である。

これらの図表からは、以下のことを仮定することができる。十分なコミュニケーションとメンバー間の相互理解があり、チームアイデンティティが醸成されているチームワークと、明確なチーム目標の共有および役割曖昧化が

---

16) Jelphs らは、IPE に関してはしっかりとした評価研究がなされなければ、一時の流行で終わってしまうおそれがあると懸念を表明している（Jelphs and Dickinson 2008. 40)。

106　第Ⅱ部　多職種チーム・多機関チーム

図表 3-5　多職種チームの効果的チームワーキング促進要因

チームプロセス

| タスクワーク | 明確なチーム目標の共有 | 役割曖昧化 |
| チームワーク | 十分なコミュニケーション | 相互理解 | チームアイデンティティ |

チームパフォーマンス

| 課題達成 | 利用者満足 |
| メンバーの肯定的体験 | |

各機関レベルの要因：
チームメンバーであることへの支持と支援
改善に対する報酬
革新性の奨励
尊敬や安全を原則とする環境の整備
相互依存的思考の承認

機関 B　機関 C

多機関ネットワークの要因：
チームの効果に対する監査・評価
定期的なチームへのフィードバック
多職種教育
バウンダリースパナー

多職種チーム

チームマネジャーの要因：
リーダーシップ発揮する者の明確化
分散型リーダーシップ

b

c

a　u

チーム構造の要因：
メンバーの近接性
小規模チーム
メンバーの多様性
安定性
定例ミーティング

機関 D

機関 A

個人レベルの要因：知識：他職の役割・倫理的価値等の理解
態度：協働参加への意欲、相互の信頼と尊敬、個人的自信と専門職としての自信
関係スキル：オープンなコミュニケーションスキル、チームワーキングスキル

　進展するタスクワークとが相互に関連しながら進行することで、多職種チームの成果である、課題達成、利用者満足、メンバーの肯定的体験といったチームパフォーマンスがもたらされる。

　多職種チームのこうした効果的なチームワーキングに肯定的な影響を与える要因には、メンバー個人のレベルでは、他職の役割・倫理的価値等の理解といった知識、協働参加への意欲、相互の信頼と尊敬、個人的自信と専門職としての自信などの態度、オープンなコミュニケーションスキル、チームワーキングスキルなどのスキルが、チームレベルでは、メンバーの近接性、小規模チーム、メンバーの多様性、安定性、定例ミーティングといったチーム構造の要因と、リーダーシップを発揮する者の明確化、分散型リーダーシップなどのチームマネジャーに関する要因とがある。

　これらの個人レベルおよびチームレベルの諸要因に影響を与える要因は、

第3章　多職種・多機関チームのチームワーキング　107

図表3-6　多職種チームの効果的チームワーキング阻害要因

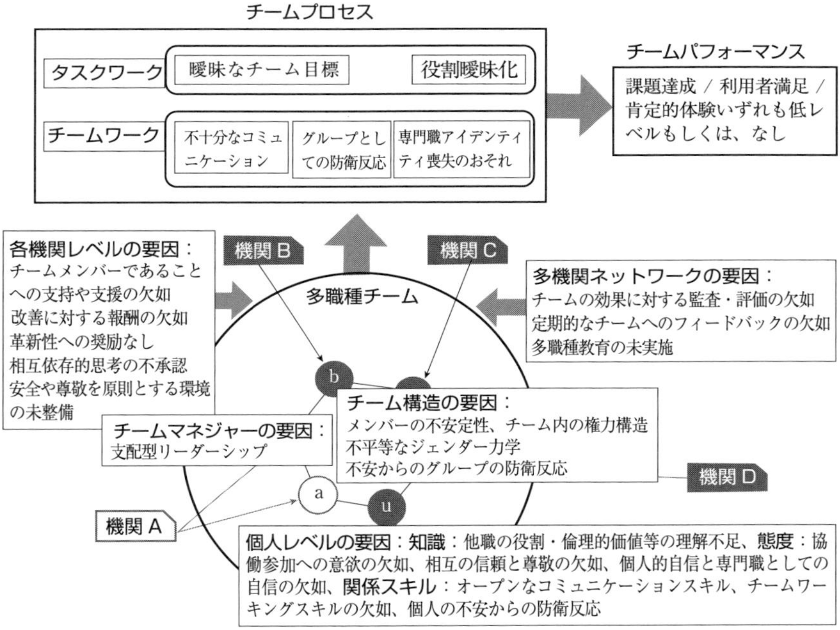

チームプロセス

チームパフォーマンス

タスクワーク　暖昧なチーム目標　役割曖昧化

チームワーク　不十分なコミュニケーション　グループとしての防衛反応　専門職アイデンティティ喪失のおそれ

課題達成／利用者満足／肯定的体験いずれも低レベルもしくは、なし

各機関レベルの要因：チームメンバーであることへの支持や支援の欠如　改善に対する報酬の欠如　革新性への奨励なし　相互依存的思考の不承認　安全や尊敬を原則とする環境の未整備

機関B

機関C

多職種チーム

多機関ネットワークの要因：チームの効果に対する監査・評価の欠如　定期的なチームへのフィードバックの欠如　多職種教育の未実施

b

チームマネジャーの要因：支配型リーダーシップ

チーム構造の要因：メンバーの不安定性、チーム内の権力構造　不平等なジェンダー力学　不安からのグループの防衛反応

機関D

機関A

a

u

個人レベルの要因：知識：他職の役割・倫理的価値等の理解不足、態度：協働参加への意欲の欠如、相互の信頼と尊敬の欠如、個人的自信と専門職としての自信の欠如、関係スキル：オープンなコミュニケーションスキル、チームワーキングスキルの欠如、個人の不安からの防衛反応

チームメンバーであることへの支持と支援、チームがもたらした改善に対する報酬、チームの革新性を奨励する姿勢、相互依存的思考の承認、尊敬や安全を原則とする環境の整備、といった機関レベルの要因（組織文脈）と、チームの効果に対する評価とその結果の定期的なチームへのフィードバック、多職種教育、バウンダリースパナーの存在、といった多機関ネットワークレベルの要因（環境文脈）とがある[17]。

　多職種チームの効果的チームワーキングに関する研究は、既述したように質的研究が多く、多様な要因の操作的定義を行った上で、その関係性を統計的に明らかにしたというものは少ない。それゆえ、上記はあくまでも仮定に

───────────

　17)　バウンダリースパナーについては、Xyrichis や Jelphs らは取り上げていなかったが、効果的なチームワーキングのための組織をつなぐ存在として Miers らが取り上げている。これについては後述する。

すぎないが、少なくとも、図表3-2「ネットワーク型チームのチームプロセスに影響を与える要因」において示した諸要因の妥当性の確認はできたと言ってよいと思われる。

　以上見てきたことから、医療とソーシャルケアの統合ケア提供方法としての多職種チームに関する研究について、以下のような傾向と課題を確認することができる。

① チームプロセスについては、タスクワークよりもチームワークに影響を与える要因の研究が多い傾向が見られる。

　これは、言わば当然とも言える傾向である。というのも、菊池が指摘するように、タスクワークは、問題・ニーズのアセスメント、あるいは、情報共有をもとにしたアセスメント結果の確認から始まり、目標の共有、計画の作成と進んでいくのであって、そのありようは、問題・ニーズを初めとする利用者側の要因によって規定される（菊池　2000）。チームの側の要因によって決まるのではない。他方、狭義のチームワークのほうは、まさにチームの側の要因によって規定されるから、少しでも効果的なチームワーキングを進める要因をチームの構造やチームマネジャーレベルの要因、各機関の要因、多機関ネットワークの要因に探ることになる。

② チーム構造に関する研究に比べると、チームマネジャーの役割やコンピテンシー等に関する研究が少ないように見受けられる。

　これは、多職種チームに望ましい分散型のリーダーシップというのが、状況や文脈においてさまざまな形をとる可能性があるため、研究しにくいということがあるのかもしれない。だが、ネットワーク型チームとしての多職種チームでは、どの状況や文脈において、どこの機関が協働実践のイニシアティブをとるマネジメント機関となるのか、どの場合にだれがチームのタスクワークの推進や作業の進行管理をしていくのか、といったチームリーダーやチームマネジャーの役割やそのスキル等を明確化しておかないと、作業がうまく進まないおそれが強い。制度化

された権限や権威をもったポストについている者の役割としてチームリーダーやチームマネジャーがいるわけではないからである。

　通常、チームマネジャーは、マネジメント機関に所属する専門職が担当すると考えられる。だが、その機関に複数の職種がいる場合、利用者のニーズの特性によって、また、マネジメント機関の方針やルール等によって、さらには、参加機関の種類や特性、マネジメント機関と参加機関とのこれまでの関係性、専門職間のパワー関係等の要因によって、だれが行うか決まるということもあるだろう。また、状況によっては、チームマネジャーの役割を複数の機関で共有するという、「多元的リーダーシップ」を想定したほうがよいこともあると思われる（Dickinson and Carey　2008. 65）。状況の変化や、主たる問題・ニーズの変化に応じて、リーダーやチームマネジャー役割が別の機関の専門職に移行していくことが望ましい場合もある。

　いずれにしても、リーダーやチームマネジャーの役割、コンピテンシー等に関連する要因についての研究はもっと推進される必要があるだろう。そうした研究は、「チームコンピテンシー」の研究や[18]、多職種連携教育（IPE）研究の推進要因にもなると考えられる[19]。

③　チームメンバーを送り出す機関の側の要因（組織文脈）や、多機関ネットワークの要因（環境文脈）が重視されている。

　多職種チームに参加する個人は、所属する機関の一員としての資格で参加するのであるから、所属機関がさまざまな形でその個人を支持し、サポートしなければ、個人は多職種チームのなかでメンバーとしての役

18）　チームコンピテンシーとは、菊池によると、チーム・パフォーマンスを向上させるためのものであり、知識コンピテンシー（チームの効果的課題遂行の基礎となる必須の知識、原理、概念）、技術コンピテンシー（チームの効果的課題遂行に必須の技術と行動のレパートリー）、態度コンピテンシー（効果的なチーム・パフォーマンスを育成するチームの一員としての適切な態度）から成る（菊池　2004）。

19）　多職種連携やIPE研究を進めている松岡は、混乱・拡散した概念である多職種連携に代わって、新時代にふさわしい概念を創造するとともに、その教育としてのIPEを専門職教育の中に必修として組み込むことが求められるとしている（松岡　2013）。

110　第Ⅱ部　多職種チーム・多機関チーム

割を果たしていくことがむずかしくなる。また、多機関ネットワークには、個々の機関ではできないチームワーキング促進機能が求められる。それゆえ、メンバーを送り出す機関や多機関ネットワークの諸要因の研究も進める必要がある。

（6）　役割曖昧化とバウンダリースパナー

ここで、チームワーキングの促進要因としても阻害要因としても取り上げられていた「役割曖昧化（role blurring）」と、あらたに追加した「バウンダリースパナー（境界連結者)」について説明を加えておく。まず、「役割曖昧化」についてである。

多機関の多職種で協働実践を行っていく場合、参加者は自分の、また、自分以外の参加者の機関や専門職としての機能や役割を正しく理解しておく必要がある。ただし、地域を基盤とした多職種チームとして、利用者のニーズ充足という共通目標の達成に向けて共同作業を行っていく過程では、それぞれのメンバーが特定の機関に所属する専門職としての自分の役割を忠実に行っていくだけではなく、利用者の状態やニーズ、また、家族介護者の状況の変化に応じた臨機応変な対応を行っていくことが求められる。

Molyneux が行った退院患者への多職種チームに関する調査結果では、チームがうまく動いているとメンバー感じているときには、「役割曖昧化」あるいは「専門職境界超え」といった現象が起きていた（Molyneux　2001. 33）。つまり、看護師やソーシャルワーカーらのメンバーが患者／利用者を第一に考えて動く結果、自分の専門職役割や専門職境界にこだわらず、自分の役割を超えて柔軟に対応していた。多職種チームにおいて、メンバーの「専門職境界超え」の行動が見られ、そのことを他のメンバーが肯定的にとらえているならば、チームワーキングは効果的に行われていると考えることができそうである。

しかし、Keeping や Jelphs らが指摘するように、役割や知識境界の曖昧化は専門職としての自律性の喪失不安や、専門職アイデンティティ（専門職同一性）への脅威をもたらし、専門職に不快や怒りの反応を生じさせてしま

うおそれもある。そのような否定的感情は、メンバー間のコミュニケーションに影響を及ぼし、信頼関係の形成を阻害するリスクが高い。

たとえば、病院所属の、あるいはその経験をもつ訪問看護師の中には、ヘルパー利用が限られている利用者に対し、訪問の際、排せつ介助やシーツ交換等の介助を頻繁に求められる状況を不快に思い、ヘルパーやケアマネジャーに不信感をもったり、ときには利用者に不快感を示してしまう人がいるかもしれない。そうした感情は、相手の専門職や利用者にも同様の否定的感情を沸きあがらせてしまうため、信頼関係どころか、まずまずの悪くない関係をつくることも困難となる。

Miers は、この問題を専門職に関する閉鎖理論に基づいて説明している。彼女によると、社会的集合体としての専門職は、職業役割や特権へのアクセスを制限することで、社会における自分たちの地位や報酬を守るということをやってきた。職業境界の変化の歴史は、「社会的に構成される境界の創造や防御」の歴史であり、「専門職プロジェクト」の一部と言えるものである。この閉鎖理論に基づけば、階層的な職場環境にいる医師や看護師などの専門職にとって、役割や権威、専門職境界の曖昧化は、その権力や権威、地位の低下につながるという不快さや漠然とした不安をもたらし、自分の専門職アイデンティティを脅かすものになる[20]。その結果、不安の防衛としてコミュニケーションの欠如や誤解が生まれ、それがメンバー間の対立や効果的なチームワーキングを阻害するよう働く（Miers 2010. 109）。

他方、Mitchell らは、「社会的アイデンティティ理論」や「自己カテゴリー化理論」に基づいて、この問題を説明する[21]。専門職アイデンティティというのは、自分を特定の専門職集団に所属している人間として定義する社

---

20) 近年の消費者主義や専門職の成果に基づく資源配分といった新自由主義の発想が、組織レベル、実践レベルの両方において柔軟性を求めてきている。これが専門職役割やパワーへの挑戦となっていることが、不安を強く意識させる背景要因という指摘もある（Nancarrow and Borthwick 2005）

21) 「社会的アイデンティティ理論」、「自己カテゴリー化理論」は、タジフェルとターナーが提起した理論である（Turner 1987=1995）。

会的アイデンティティである。この社会的アイデンティティは、自分たちと他は異なるという自己肯定感や自己高揚感をもたらし、内集団、つまり、自分たちと同じカテゴリーに所属している人々を他のカテゴリーの人々、すなわち外集団よりも高く評価する。ところが、「役割曖昧化」や専門職境界の曖昧化によって、自分の「専門性、価値、役割、地位の縮小や弱化というリスク」を認識し、専門職アイデンティティへの脅威を感じる専門職は、内集団の連帯や結束をより高め、外集団である他の職種との区別をより一層明確にしようといった防衛反応を起こす。また、外集団への敵意や攻撃的な態度をとることで、メンバー間に対立構造や否定的感情的反応を起こし、チーム内に分断をもたらす。

　しかし、多職種から構成されるチームのメンバーが、それぞれの専門職アイデンティティのほかに、それよりも包括性の高い社会的カテゴリーとしてのチームアイデンティティ、すなわち、チームの一員として他のメンバーとの共通性を認識するとともに、メンバーとしての満足感や自己肯定感をもつことができるならば、内集団に対しての肯定的態度や感情をチームメンバーのすべてに広げることが可能になる。

　このように、チームアイデンティティは、「チームの協働を促進し、共通目標の認識を強化」することで、効果的なチームワーキングに寄与する。チーム内で異なる見方を自由に発言する、他職種の多様な知識を尊重する、チーム目標追求のためには他職種の知識やスキルをも使ってチーム課題を達成する、多職種境界の曖昧化にも肯定的、寛容な態度をとる。こうした「多職種オープンネス」の態度があれば、チームアイデンティティは生まれやすく、「役割曖昧化」がもたらす、専門職アイデンティティへの脅威や不安を抑えることが可能となる（Mitchell, Parker and Giles　2011）。

　より階層的な職場環境にいる医療系の専門職が、多職種チームとして職場外の他職種と一緒に働くことを求められるようになった今日、彼らには、「伝統的な自分たちの働き方についての態度やアプローチ、また、自分たちに課せられた期待を振り返り、多職種協働の場における専門職のパワーバランスを再考する必要」が強く求められるようになっている（Molyneux

2001. 34）。

　つぎに、「バウンダリースパナーの存在」について触れる。バウンダリースパナー（境界連結者）は、「専門職アイデンティティへの脅威」が効果的なチームワーキングを妨げてしまわないようにするための１つの策として、Miers が取り上げているものである。Miers によれば、バウンダリースパナーとは、組織境界の内外をつなぎ、組織間をマネジメントできるキーエージェントのことである。バウンダリースパナーは、持続できる関係性の構築力、影響力と交渉力、機関間の複雑性と相互依存性を管理できるマネジメント力、説明責任や動機づけのスキル等をもって活動する（Miers　2010. 115）。

　組織間の関係をつなぐ存在としてのバウンダリースパナーの役割を重視している Williams は、こうした能力やスキルに加えて、ネットワーキング（資源や新しいニーズ、変化する政府の政策など、多機関協働に関わるさまざまな情報が参加機関の間で流通するよう図る）能力や分析的能力、全体的視点（holistic view）なども求められるとしている（Williams　2002）。

　多機関ネットワークによる協働をマネジメントする機関にこうしたバウンダリースパナーとして機能する者が存在すれば、多職種チームの目的や過程、生じる対立や緊張、その緩和や解決の方策等についての理解をネットワークに参加する諸機関に求めたり、多職種チームの課題に応じてネットワークへの新たな機関の参加を働きかけるなどして、多職種チームが円滑にチームワーキングしていけるよう間接的に支援することが可能と思われる。

４．　分野横断的ニーズと多機関チーム

（１）　多機関ワーキングのタイプとインパクト

　イギリスにおける多機関チーム（multi-agency teams ／ inter-agency teams）や、多機関協働（multi-agency collaboration ／ inter-agency collaboration）、多機関ワーキング（multi-agency working/inter-agency working）に関する調査研究は、先述したように、子ども家庭福祉分野に関するものが

多い。子ども期の貧困がその後の社会的排除につながらないように、また、虐待を未然に防止するために、複合問題を抱え分野横断的なニーズをもつ子どもと家庭に早期に介入し、多機関が協働して総合的なサービスを提供していくことを政策が強く求めているからである。

　ここでは、Atkinson らが2007年に行った、子ども・青少年に関する多機関ワーキングの文献レビュー結果に、Cooper らが2016年に行ったメンタルヘルス問題をもつ子どもに関する多機関ワーキングのシステマティックレビューの結果も加えて、多機関ワーキングに影響を与える諸要因を見ていく。その際、3節で行った、統合ケアにおける多職種チームのチームワーキングに影響を与える要因との異同を確認する。

　Atkinson らは、最終的にレビュー対象とした29の文献をもとに、まず、多機関活動（multi-agency activity）の分類と、多機関ワーキングのインパクトについて整理している。

　彼らによれば、多機関活動には多くの形があり、そのネーミングもさまざまである。そのため、タイプ分けはむずかしいが、多機関活動のていど・段階・深さに基づいた分類や、多機関の構造あるいはチームの組織化の方法による分類など、いくつか分類の試みがある。多機関活動のていど等による分類というのは、たとえば、「協調」「調整」「統合」といったタイプ分けであり、多機関活動の組織化の方法による分類というのは、つぎのようなタイプ分けである。

「意思決定グループ」：異なる機関の専門職が会い、議論し、意思決定を行うためのフォーラムを提供

「コンサルテーションと研修」：1つの機関の専門職がコンサルテーションや研修を行い、別の機関の専門職の専門性を伸長

「センター基盤のデリバリー」：幅広い機関の専門職が1つのセンターでより調整された総合的なサービスを提供していくために作業

「調整デリバリー」：サービス・デリバリーに関わる多数の機関を、責任をもったコーディネーターが調整

「作業チームによるデリバリー」：異なる機関の専門職が多機関チームを形成

第3章　多職種・多機関チームのチームワーキング　　115

して日常的に一緒に作業し、クライエントに直接サービスを提供

　このうち、ネットワーク型チームとしての多機関チームの活動モデルと言えるのは、「センター基盤のデリバリー」、「調整デリバリー」、「作業チームによるデリバリー」である。

　Atkinson らは、こうした多機関チームによる活動を多機関ワーキングとして、それがもたらすインパクトを、【専門職】、【利用者】、【機関／サービス】に分けて整理している（図表 3-7 参照）[22]。利用者に対するインパクトに関しては、調整が容易ではないということで、十分なデータが蓄積されていない。専門職に対するインパクトの内容が多く指摘されているのは、調査の多くが専門職を対象としているためである。やはり、調査の多くは質的研究である。

　全体としては肯定的インパクトが多い。【利用者】の〈生活の改善〉と〈サービスの改善〉、【専門職】の〈専門職としての満足〉と〈専門職としての成長〉、そして、【機関／サービス】の諸項目としてあげられているものは、多職種チームのところで確認したチームパフォーマンスに該当する[23]。【専門職】の〈専門職アイデンティティ〉と〈作業実践の改善〉は、チームプロセス（タスクワークとチームワークの過程）の中で生じ、チームパフォーマンスに影響を与える要因と考えられるものである。

　統合ケアにおける多職種チームの研究で、チームワーキングの阻害要因としてあげられていた「専門職アイデンティティの脅威」は、分野横断的ニーズ対応における多機関チームの研究でも、「専門職アイデンティティの混乱（専門職としての地位への不安）」という否定的インパクトとして認識されている。これは、Robinson が子どもへのサービスを行う5つの多機関チームを対象として、協働のインパクト等をマルチメソッドで探索した研究で言及したものである。

──────────

　22）　図表 3-7 は、Atkinson らが作成した表に、本文の内容を付け加えたものである。
　23）　ただし、【利用者】にとっての〈サービスの改善〉は、多職種チームの研究のときのように、【機関／サービス】の肯定的インパクト項目と言ったほうがよいだろう。

116　第Ⅱ部　多職種チーム・多機関チーム

図表 3-7　多機関ワーキングのインパクト

	肯定的インパクト	否定的インパクト
【専門職】	〈専門職としての満足〉 ・仕事満足感の増加 ・創造性や自律性の機会	
	〈専門職としての成長〉 ・他機関の役割に関する知識や理解の増加 ・学際的問題に関する知識や理解の増加 ・専門職としての理解と実践が変化 ・役割の拡張や新しい役割の発達	
	〈専門職アイデンティティ〉 ・責任感の増加	・役割の混乱（新しい文脈における個人的役割への疑問） ・専門職アイデンティティの混乱／（専門職としての地位への不安）
	〈作業実践の改善〉 ・機関／サービス間のコミュニケーションの改善 ・専門職間の相互作用の改善 ・他機関へのアクセス可能性の増加 ・他機関の情報へのアクセス改善 ・情報共有や問題改善の機会の増加	・業務量の増加 ・要求やプレッシャーの増加 ・二重のサービスの可能性（複数の多機関チームが関わっているときに生じやすい）
【利用者】	〈サービスの改善〉 ・サービスへのアクセスが早く、簡単に ・適切な機関／サービスへのリファーラルと早い反応 ・予防や早期介入へ焦点を当てることで特別サービスの必要性が減少 ・特定機関との接触がもたらすスティグマの減少	
	〈生活の改善〉 ・複合的なニーズをもつ子どもや青少年が自分の家庭にとどまり、地域の学校に通えることが可能 ・子どもや青少年、その家族への支援の改善 ・青少年学業成績の改善	

| 【機関／サービス】 | ・サービス／機関への要求の減少
・多機関関係がより肯定的に
・機関間のコミュニケーションが改善
・データ共有や IT システムの改善
・予算や資源の節約 | ・サービス／機関への要求・プレッシャーの増加 |

出典：Atkinson, *et al.* 2007

　Robinson の調査によると、ソーシャルサービス（社会福祉サービス）組織を基盤としたチームでは、利用者のニーズに合わせるために役割の再定義や再配分が、また、新しいジェネリック役割のスキルを多様な専門職が共有して経験するという「役割収束（role convergence）」が起きた。多くのチームメンバーは、こうした役割再配分とアイデンティティの移行に適合的であったが、中には、自分のスペシャリストとしてのアイデンティティに脅威を感じる訪問看護師もいた。ただし、訪問看護師がいつも、また、みなそうだとは限らなかった。たとえば、「多機関チームというよりは、多職種チームと言った方がよい医療基盤のチーム」では、役割再配分が起きることは相対的に少なく、そうした状況では、訪問看護師は、親支援のカウンセリングを含むジェネラリストの役割を問題なく行っていた（Robinson and Cottrell　2005）。

　Robinson らの言う「役割収束」や「役割再配分」は、「役割曖昧化」、「役割解放」と類似の概念である。一部の専門職がこうした事態によって自身の専門職アイデンティティに脅威を感じるのか、逆にその事態にうまく適合していくことができるのかは、多機関チームのベースとなる機関（たいていの場合、多機関チームのマネジメント機関）が自分の所属する機関かどうか、当該専門職がチーム内でどのような位置を占めているのか（他のメンバーとの関係性など）、当該専門職の個人的な自信や柔軟性、経験年数などの多様な要因に影響を受けることが考えられる。

（2）　多機関ワーキングの促進要因・阻害要因

　Atkinson らは、多機関ワーキングに影響を与える要因を、図表 3-8 のようにまとめている。これらのうち、統合ケアにおける多職種チームの研究

で指摘されていた要因とおおよそ重なる項目については網掛をした。太字で示した要因については、後で説明を加える。

網掛部分のほとんどは、図表 3-5多職種チームの効果的チームワーキング促進要因と、図表 3-6多職種チームの効果的チームワーキング阻害要因の中の、個人レベルの諸要因とチームプロセス（タスクワークとチームワークの過程）の諸要因と重なる。他方、網掛していない項目の多くは、〈他機関の理解〉〈組織的側面〉〈情報交換〉〈資金〉〈スタッフ〉〈時間〉〈統治と責任〉のカテゴリーに含まれる要因で、各機関として、また、多機関ネットワークとして認識し、計画、準備、調整、実施するものと言える。

医療と介護を中心とする統合ケアのための多職種チームに比べると、分野横断的ニーズをもつ子ども家庭への多機関ワーキングでは、教育、福祉、医療保健、介護、労働、保育、警察、成年後見・司法など、非常に幅広い異なる制度下のサービス・支援機関、しかも、公的機関、ボランタリー機関、私的機関、インフォーマル団体など運営主体の異なる多様な機関間で協働することを求められる可能性が高い。そのため、協働する機関（組織）団体間の目的やポリシー、文化、機能、作業手順・方法などの違いが大きく、相互理解や目的共有、作業遂行に相当の手間や時間がかかるおそれがある。それゆえ、機関間で協働していく目的を共有し、協働のためのプロトコールの作成、情報交換・情報共有方法についてのルールやツールの作成、資源整備とその管理、パフォーマンス管理やその評価法などについて協議し、合意しておくことがより重要になる。

多機関ワーキングの促進・阻害要因として、機関間で、すなわち多機関ネットワークとして行うべきこと、回避すべきことが多く示されたのは、こうした理由によるものと考えられる。多機関チームを設置することが制度的に求められ、そのための財源が用意されていることも、この点に関する関心を強めていると思われる。いずれにせよ、分野横断的ニーズに対応する多機関チームに関しては、統合ケアに対応する多職種チームよりも、そのチームワーキングを促進するための要因として、機関間の協働、すなわち、多機関ネットワークの働きがより重視されていると言える。

第3章　多職種・多機関チームのチームワーキング　119

図表 3-8　多機関ワークキングの促進要因・阻害要因

	カテゴリー	促進要因	阻害要因
【作業関係】	〈役割境界〉	・機関の役割の明確性 ・明確な役割境界 ・専門職による違いの承認 ・地位／階層の明確化 ・互いの責任についての理解	・公的機関と民間機関など、機関間の不平等な地位 ・専門職間の地位やヒエラルキー、パワーゲーム ・スペシャリストのスキルの再定義や再分配 ・専門職境界の曖昧化、**役割曖昧化** ・専門職イメージ・**専門職アイデンティティの侵食**
	〈関　与〉	・共同作業への意欲 ・**管理職から第一線職員まですべてのスタッフが積極的に関与** ・政策企画レベルのスタッフの関与	・適切な関係機関の不参加 ・不適切なレベルの代表者の参加 ・メンバー間の競合する優先順位
	〈信頼と相互の尊敬〉	・異なる機関の職員に対する敬意 ・信頼と相互に尊敬し合うこと	・個人間や機関間における信頼の欠如
	〈他機関の理解〉	・他機関の役割や仕事に関する理解 ・他機関のサービスの貢献に対する認識 ・異なる専門職の仕事や多様な視点の評価 ・異なる文化の理解・パートナーシップ文化の発展	・他機関や他専門職に対する理解の不足 ・他の専門職に対するステレオタイプな見方 ・他機関のサービスに関する無知 ・他機関の貢献を認めないこと ・**専門職モデルの違い** ・専門職や機関間の対立する文化
【過　程】	〈コミュニケーション〉	・透明なコミュニケーション構造 ・継続的コミュニケーションの維持 ・適切な IT システムの活用	・コミュニケーションの明確なチャンネルの欠如 ・機関間の貧弱なコミュニケーション
	〈目的の明確化〉	・明確で現実的な目的の構築 ・すべての機関が理解し合意できる目的 ・共同で保持できる価値に基づいたビジョンを発展させること ・適切なターゲット ・パートナーシップの明確な正当性	・多機関ワークの合理性に関する明確性が欠如 ・目的の不一致
	〈プランニングと協議〉	・利用者や参加機関との計画化や協議 ・包括的なプランニング・システム ・ニーズ分析の実施 ・ボトムアップ型の協議	・キーとなるステイクホルダーとの協議の欠如

120　第Ⅱ部　多職種チーム・多機関チーム

	〈組織的側面〉	・**効果的システム・プロトコール・手続きの策定** ・明確に定義された構造やモデル ・過程や手順の継続的再アセスメント	・競合するポリシーや手順 ・複雑で時間浪費的な手順や手続きの交渉 ・組織のルールや規則の違い、異なるターゲットやインセンティブ構造の違い
	〈情報交換〉	・**情報交換に関する明確な手順の構築** ・**機関間で共有するデータの更新**	・**秘密保持をめぐる問題** ・情報共有に関する異なるルールや手順 ・法的、倫理的、実際的な障害
	〈その他〉	・実践家の考えを討議する機会 ・委員会への参加 ・異なる見方を表現し合うミーティングやフォーラムの実施 ・メンバーシップの妥当性（適切な人々の参加）	・共通言語、共通言説の欠如
【資源】	〈資　金〉	・アクセスを共有できる適切で利用可能な資金 ・資金に関する明晰性 ・機関間の平等な負担 ・資源の共有に関する明確な合意 ・十分な運営管理上のサポート	・機関間、機関内の資金をめぐる対立 ・**資金不足** ・時間限定の資金 ・多様な資金の流れの管理問題 ・資金維持に関する懸念 ・不平等な資金提供 ・**共同予算の欠如**
	〈スタッフ〉	・スタッフの募集と維持 ・特定のパーソナリティの存在 ・適切なスタッフ ・**コロケーション**	・スタッフの離職、募集の困難さ ・**資格保持スタッフの不足** ・給与の格差 ・仕事の将来性についての不確実性
	〈時　間〉	・時間の保証 ・入念な準備による開始 ・共同作業へのインクレメンタル（漸進主義的）アプローチ	・**関係性の発展・維持にかける時間の不足** ・**共同作業にかける時間の不足**
【管理と統治】	〈リーダーシップ〉	・ビジョンや粘り強さを含む戦略的レベルでのリーダーシップ ・パートナーシップを進める特別のリーダーあるいはコーディネーター ・強いリーダーシップ	・リーダーシップの欠如 ・管理職の関与や支援の欠如 ・専門職が自組織内で支援されていると感じられないこと
	〈統治と責任〉	・責任についての明確な枠組み ・適切な統治体制 ・説明責任についての合意	・明確な責任の欠如を含む貧弱な統治体制
	〈パフォーマンス管理〉	・モニタリングと評価 ・政策と手順のレビュー	

出典：Atkinson, *et al.* 2007

第3章　多職種・多機関チームのチームワーキング　　121

　つぎに、太字で示した要因について説明を加える。まず、図表 3-8 のカテゴリー〈役割境界〉の中の「役割曖昧化」と「専門職アイデンティティの侵食」について。この2つの関係は、すでに多機関ワーキングのインパクトのところで記述したとおりだが、ここでは、子ども家庭への初期介入を行う多機関チームのメンバーであるソーシャルワーカー等に面接調査を行った Moran らの研究結果を紹介する。

　調査対象は、ソーシャルサービス部ではなく、地域にある子どもセンターや学校に置かれたプロジェクトチームに参加しているソーシャルワーカー等である。虐待された子どもの保護ではなく、子ども家庭の総合的支援という多機関チームにおいて新しい役割を求められることによって、彼らの中には、ソーシャルワーカーの役割は何なのかという疑問をもったり、他機関の専門職に管理されているといった、「専門職アイデンティティの侵食」を感じる人がいた。しかしその一方で、全体としては、他機関と共同作業を行う過程で創造性や自律性を感じ、仕事で満足感を得ているというワーカーたちも多かった（Moran, *et al.*　2007）。

　教育、保健医療、ソーシャルサービスの実践家を対象に面接調査を行った Collins と McCray らによると、実践家の中には、多機関の実践家と一緒に作業すること、また、複合的ニーズをもつクライエントへの対応において他の実践家の判断を認めて合意することにプレッシャーを感じる人たちがいた。また、「利用者中心の柔軟なサービス」を提供していくために、役割共有や「役割曖昧化」を求められるという、今までとはまったくやり方の異なるチームに入った実践家の中には、その方法に戸惑い、悩んでしまう人もいた。だが、そうした人々も、経験豊富なメンバーをリードプロフェッショナルとして観察し、その役割やタスクを学ぶ、また、仲間とケースについて話し合うことを通して、子どもにとっての最善の利益とは何か、という全体的な視点を学習し、「私の役割でも責任でもないし、頼まれてもいないが、子どもたちにとって利益になると感じたからやった」ということができるようになっていった（Collins and McCray　2012）。

　こうしたチームワーキングにおける学びを通した「役割越境」や「ニーズ

122　第Ⅱ部　多職種チーム・多機関チーム

へのより応答的反応」のできる実践家への成長という事実もまた、「役割曖昧化」や「役割収束」が、「専門職アイデンティティの脅威」や「専門職アイデンティティの侵食」を誘発し、効果的なチームワーキングを阻害すると単純にとらえないほうがよいことを示している。

　図表　3-8のカテゴリー〈関与〉の中の「管理職から第一線職員まですべてのスタッフが積極的に関与」というのは、多機関ワーキングを他機関の他職種と共同作業を行う第一線の専門職だけに任せるのではなく、機関の管理職も積極的に関わり、第一線の専門職を支援するということである。この機関・組織としての支援の重要性は、カテゴリー〈リーダーシップ〉の中の「管理職の関与や支援の欠如」「専門職が自組織内で支援されていると感じられないこと」が阻害要因としてあげられていることからも理解できる。

　カテゴリー〈他機関の理解〉の中の「専門職モデルの違い」というのは、問題・ニーズを解釈／説明する理論の違いということである。これは当然、介入モデルの違いをもたらす。これが多機関ワークの阻害要因になっているという指摘は、Robinson らの調査で示されている。

　Robinson らは、罪を犯した少女の事例理解に関する「専門職モデルの違い」の例を、つぎのように報告している。チーム内のスペシャリストの看護師は、メンタルヘルスの観点からアセスメントし、怒りコントロールセッションの実施が必要と判断した。他方、薬物専門のワーカーは、家族からの支援が弱い青少年は社会的不利に陥るとし、保護観察官は社会的排除理論をもとに、十分な教育を受けず学校からドロップアウトした青少年は社会的剥奪状況に陥り、薬物使用などの問題を起こしていくと説明した。ソーシャルワーカーは、罪を犯した主要な原因は社会経済的排除、つまり、貧困・社会的剥奪・差別だと主張した。こうしたチーム内の「専門職モデルの違い」による意見の違いは、それぞれの中核的な価値が浸透した実践に関する信念を反映したものであるので、調整が難しい問題である（Robinson, *et al.* 2005）。

　Robinson らはこう述べて、「専門職モデルの違い」が多機関ワークを難しくさせる要因であることを指摘している。だが同時に、この事態は、「チー

ム内で新しい知識が共有されていくことを通して変容され得る」とも述べており、必ずしも「専門職モデルの違い」の存在を否定的に見ているわけではない。

　こうした違いは、多機関ワーキングに緊張や不一致、対立をもたらすが、Warmington らは、Engeström らの活動理論に基づいて、これを学習プロセスとしてとらえることを主張する。違いを多機関ワーキングの阻害要因としてとらえる「合意モデル」には、専門職間の、また、専門職とクライエントとの間の多様な視点の違いを前提にした対話を理解する概念がなく、差異をもとにした意味創造の学習といった側面をとらえられない。意味創造の学習という視点と Engeström らが重視している緊張・対立を活かす作業方法・ツールの開発には、関心を寄せていく価値がある（Warmington, *et al.* 2004）。

　図表3-8には載せていないが、Robinson らは、チーム内の地位や権力差も、多機関ワークを難しくさせる要因として、つぎのような事例を取り上げている。医療基盤のチームでは、看護師やセラピストらは地位の問題について気に留めていないが、ソーシャルワーカーは大変気にしており、医療系の専門職は威圧的で人の話を聞こうとしないとか、1週間に2回のセッションに呼ばれるだけでいつも周辺にいる感じがし、一緒にやっているという感覚がもてない、といった不満をもっていた（Robinson, *et al.* 2007）。

　病院などで一緒に働いている医療系の専門職にとって、医師を頂点とする専門職間のヒエラルキーがあることは暗黙の了解なのかもしれない。だが、地域で働くソーシャルワーカーにとっては当然のことではない。下位の者として扱われていると感じれば、一般的には、一緒にやっていこうという意欲を喪失してしまうだろう。統合ケアにおける多職種チームでもチーム内の権力構造が取り上げられていたように、このチーム内の地位格差の問題は、多機関ワーキングにおいても重要なテーマとして取り上げられるべきである。

　図表3-8のカテゴリー〈組織的側面〉の中の「効果的システム・プロトコール・手続きの策定」、「情報交換に関する明確な手順の構築」「機関間で共有するデータの更新」について。これらは、多機関ワーキングのためのイ

ンフラストラクチャー整備と言ってよく、多機関協働にとって基本的な事項である。プロトコールには、クライエント合意の方法、リファーラル基準、リファーラル時の情報、アセスメント方法、記録方法、情報共有、秘密保持の制限、参加者の役割・責任、説明責任のライン、スーパービジョンやトレーニングなどが含まれる。機関間で検討し、交渉や協議の上、決定、実施していくといっても、実際には、その検討すべき内容に応じて、機関の「代表」としての管理職たちが、あるいは、実務者としての専門職たちが、話し合い、決めていく。

　そのやりとりをリードしていくのが、多機関ネットワークのハブ（中核）役割を担うマネジメント機関である。関係機関の中のどこがマネジメント機関としてリードしていくかは、協働のテーマや目的によって、あるいはまた、機関間の権威・権力差やそれまでの機関間の関係性等によって決まると考えられる。もっとも、マネジメント機関がイニシアティブをとってプロトコールを作り上げたとしても、それらをもとに実際の多機関ワーキングが行われているかどうかは別である。

　クライエントの「秘密保持」に関する理解には、機関の目的や基盤としている制度の違い、また、機関の運営主体の違いなどによる差違があり、それが意見対立等をもたらすこともある。

　たとえば、クライエントの理解や対応を検討するために必要な情報を、開業医や病院が秘密保持を理由に出さないと、ソーシャルワーカーらは不満に思い、感情的な対立が起き、チーム対応が滞る。だがそれも先述したように、専門職同士が対話を行っていくことで乗り越えることができるものである。そして、これを契機に、チームとしてのまとまりやチームアイデンティティが形成されていく可能性もある。

　図表 3-8の〈資源〉の問題は、多機関ワーキングにとって重要な問題である。まず、促進要因としてあげられている「コロケーション」について。日常的に顔を合わせ、コミュニケーションをとりやすくするので、個人的関係が作りやすく情報共有もしやすくなる。また、ケースカンファレンスを開かなくても、日頃のコミュニケーションを通してプランニングやサービス調

整ができるということもある。

他方、「資金不足」や「資格保持スタッフの不足」「関係性の発展・維持にかける時間の不足」といった資金・スタッフ・時間の資源不足の問題や、不適正な資源配分といった問題は、利用者支援に課題を引き起こす。たとえば、「資格保持のスタッフ不足」は、子どもや家族の個別的ニーズ理解を不十分にさせ、多機関協働による予防的支援より危機的介入を増やしてしまう。子どもや家族との「関係性の発展・維持にかける時間の不足」は生活の中で生じる彼らの行動の意味を理解する支援者をいなくさせる。「資金不足」は、ケアの連続性や行動レベルへの影響を考えた適切な資源配分の決定を困難にする（Mclean　2011）。

これでは、多機関協働の利点を活かすことができない。多機関ワーキングが肯定的なインパクトをもたらすためには、資金・スタッフ・時間といった〈資源〉の問題を、各機関レベルで、また、多機関ネットワークレベルで、そして国・地方の政策レベルで十分に検討する必要がある。

つぎに Cooper らが、子ども・青少年のメンタルヘルス問題に対応する多機関協働の研究をレビューして整理した結果を簡単に見ておく。図表 3-9 がその結果であるが、先ほどの Atkinson らの図表と同じように、統合ケアにおける多職種チームのチームワーキング促進要因・阻害要因とほぼ重なる要因については網掛を行い、それ以外の要因のうち、Atkinson らの図表に取り上げられていたものにはアンダーラインを引いた。また、後で若干の説明を加えるものは太字で表した。

Cooper らは、確認できた要因の割合が高かったものから順に並べている。これを見ると、促進要因・阻害要因とともに、上位にあがっている要因、すなわちコミュニケーションに関わる要因、専門職 / 機関に関する理解、相互信頼といった態度、機関の管理職の支援などは、統合ケアの多職種チームの研究で確認されたものとほぼ同じであることがわかる。また、それ以外でも、Atkinson らのレビューで見出された要因と重なるもの（アンダーラインを引いた項目）が少なくない。

126　第Ⅱ部　多職種チーム・多機関チーム

図表 3 - 9　多機関協働の促進・阻害要因

促進要因	比率(%)	阻害要因	比率(%)
・専門職／サービス機関間のコミュニケーションの質の良さ（頻度・定期性・明確性・透明性・合理性・意欲）	47.6	・不適切な資源（時間へのプレッシャー・臨床上の過度の要求・不十分な財源や予算）	66.7
・合同研修	47.6	・専門職／サービス機関間のコミュニケーションの悪さ（不明確・接触困難等）	55.8
・専門職／サービス機関間の理解の良さ（政策・リファーラル基準・責任・役割・資源等への正しい理解）	42.9	・相互の信頼・尊敬の欠如（他職を低く見る・傲慢な／庇護的な態度）	44.4
・相互の信頼・尊敬（他職の仕事・専門性・貢献への評価）	33.3	・専門職／サービス機関間の異なる視点／文化（異なる問題理解／優先順位／目標／文化）	44.4
・管理職の支援（管理職の関与・リーダーシップ等）	33.3	・専門職／サービス機関間の理解の悪さ（他の機関・専門職・仕事ぶりに対する誤解やステレオタイプ）	38.9
・多機関協働のプロトコール（多機関協働についての合意・調整方法や共有すべき情報等の合意）	28.6	・秘密保持問題（クライエントの情報共有を嫌がる）	38.9
・リンクパーソン	28.6	・管理職の支援の欠如	22.2
・合同ミーティング	23.8	・誰も責任を取らない	22.2
・肯定的な個人間の関係（友好的な対人関係スタイルを含む）	23.8	・リファーラル（紹介・照会）における困難（ウェイティングリストが長い・直接のリファーラルが認められていない）	16.7
・コロケーション（オフィスの共有・同じ場所で時間を過ごす）	23.8	・他の専門職やサービス機関の非現実的な期待	16.7
・合同ケアカンファレンス	19.0	・多機関協働を優先しない	16.7
・適切な資源（サービスや訓練のための）	19.0	・多機関協働のプロトコールの欠如	11.1
・子ども・青少年中心／家族中心の視点	19.0	・官僚制	11.1
・上司によるスーパービジョン・他機関専門職のコンサルテーション	14.3		
・１か所での合同アセスメント	9.5		
・多機関協働での研修	9.5		

注：比率は、システマテック・レビューを行い、分析対象とした文献数全体（促進要因21、阻害要因18）のうち、それぞれの要因について言及していた文献数の割合を示す。

出典：Cooper, et al. 2016

　網掛もアンダーラインもない項目が、比較的最近行われた Cooper らの研究レビューで見出された要因である。その中で比率がやや高く、説明がないとわかりにくいのが、「リンクパーソン」である。Cooper らは、これを、多機関協働を促進する者としている（Cooper, et al.　2016）。

　NHS とソーシャルサービスの共同事業（joint working）の促進・阻害要因についてシステマティックレビューを行った Cameron らの整理でも、

「リンクワーカー」は促進要因の1つとされているが、Cameron らは、これを保健医療とソーシャルケアを橋渡しする存在としている。そして、既存のネットワークや適切なスキルをもった経験ゆたかな専門職が、リンクワーカーとして雇われるべきと指摘している（Cameron and Lart　2003）。

　リンクパーソン／リンクワーカーはバウンダリースパナーに似た存在といった印象があるが、実際には、高齢者ケア領域におけるケアマネジャーに近い役割を果たす存在である。たとえば、医療依存度の高い障がいをもつ子どもおよび親と、多領域に渡る種々のサービス提供機関とをつなぐ仕組みとして、リンクワーカーを導入したプロジェクトがある[24]。Halliday らは、このプロジェクトに採用されたリンクワーカーたちに、その役割や課題等を質問紙調査で尋ねているが、それによると、リンクワーカーの子どもと親に対する重要な役割は、「ニーズの確認」「情報や助言の提供」「定期的な接触」「サービスの調整」「家族の代弁・擁護」であった。このプロジェクトでリンクワーカーとして採用されたのは、ソーシャルワーカーや保健師、看護師が比較的多く、あとは、作業療法士、教師、コミュニティワーカーなどさまざまな職種の人々である。彼らはいずれも、本職をこなしつつ、週に何時間か、1人か2人の障がい児とその親への支援をリンクワーカーとして行っていた。彼らがリンクワーカーのもたらす利点としてもっとも多くあげたのは、子どもと親へのサービスの改善であった。サービス提供機関や専門職の間に複合的なニーズの理解が進展したことや、パートナーシップ理念が浸透したことをあげた人も少なくなかった。

　調査結果を踏まえて、Halliday らは、リンクワーカーの仕事が、多機関協働の枠組みや手順づくりに、また、資源不足の確認などにも寄与していると評価するとともに、さまざまな側面について所属組織によるリンクワーカー支援や、公的支援策の必要性を指摘している（Halliday and Asthana　2004）。

　分野横断的ニーズをもつ人々にとって、リンクワーカーが自分たちに寄り

---

　24)　このプロジェクトは、保健医療とソーシャルケアのパートナーシップ政策の下で実施されたものである。

添って全体的な支援をしてくれるのであれば、それは、大変望ましく頼もしい存在になることは間違いない。また、子ども・親と多機関のサービスをつなぐだけでなく、機関間の調整をやることで切れ目のない一体的で総合的なサービスの提供を図ることができれば、コロケーションや機関間・職種間の地位格差・権力格差の解消といったやっかいな課題に取り組まずに、多機関協働を推進することができる。ただし、この仕組みがこうした効果をもたらすには、ターゲットをかなり絞った上で、領域横断的な幅広い知識や多様なスキルをもった有能な人をリンクワーカーに採用し、Halliday らが言うような幅広い支援策を行っていく必要があると思われる。それゆえ、多機関協働を推進する１つの方策ではあるが、多機関協働の標準的な方策・手口とはなりにくいのではないか。

　Cooper のレビューでは、比率は小さいものの、「子ども・青少年中心／家族中心の視点」、つまり、利用者／クライエントとその家族の利益のために協働すること、また、彼らの視点や主体性をチームメンバーのみなが認識し、最大限尊重すること、それが多機関協働の促進要因としてあげられている。メンタルヘルス問題を抱えた子ども・青少年とその家族に対する問題・ニーズのアセスメントや対応の優先順位などは、関与する機関間でかなり違う可能性がある。だからこそ、この「子ども・青少年中心／家族中心の視点」、すなわち、利用者／クライエント中心の視点を尊重し共有すること、それによって支援の目標を共有していくことが、多機関協働のために重要ということであろう。

　多機関ワーキング、言い換えると、多機関チームのチームワーキングを効果的に進めていくための要因として、多職種チームのそれより重要と考えられるのは、以下の点である。
　①　スタッフ全員の積極的関与
　　　各機関が、多機関ワーキングに送り出す職員を心理的支援や時間配分等で支援することは、多職種チームについても必要とされている。だが、多機関チームのチームワーキングにおいては、多様な機関がむ

ずかしい課題に取り組むために、それぞれの利害や目的、関心等から意見対立するリスクも高い。また、多機関ワーキングを直接担う担当者は、利用者やクライエントの利益を重視しつつも、機関の利害等も考慮して対応していくことも求められる。そのため、機関全体で支援的に関与する必要性が高い。

② 他機関の理解

多機関ワーキングによる支援では、実用的サービスだけでなく、相談支援サービスやインフォーマルサービスも含め、より多くの種類のサービス資源について交渉や調整を行い、提供していくことが求められる。そのため、分野の異なる多様な機関の提供するサービス内容や利用条件、提供方法や提供の条件等について理解を進めることが必要である。

③ 「役割曖昧化」は成長の機会という認識

「役割曖昧化」や「専門職アイデンティティの侵食」の体験を「役割越境」や「ニーズへのより応答的反応」ができる実践家への成長をもたらす機会ととらえる。これは、当事者に合わせた柔軟な対応が求められる複合問題事例への支援者として必要な認識である。

④ 多機関協働のインフラストラクチャー整備

多機関協働のプロトコールの作成、情報交換の共有方法、作業手順、ケースカンファレンス開催ルール等を、多機関ネットワークによる協働で整備するということである。目的や機能、仕事の手順、文化などそれぞれに異なる機関が協働するため、最低限のルールや手順、資源配分等を決めておかなければ、協働を円滑に進めていくことが困難になる。

⑤ 「資源」の確保・充実

「資源」、すなわち、多機関チームが使える資金や、資格保持スタッフ、時間（とくに利用者／クライエントとの関係性の発展・維持にかけうる時間、ケースカンファレンスにかけうる時間等）、メンバーが直接相互作用できる場所（ケースカンファレンスの開催場所、機関間

の物理的な近接性等）といった「資源」が不十分であったり不足することは、多機関ワーキングを大きく阻害する。その結果、必要で適切な支援の提供や利用者／クライエントの満足、メンバーの肯定的体験といったチームパフォーマンスをもたらすことができなくなる。それゆえ、多機関ネットワークが共同で、「資源」の確保・充実を求めて政策に影響を与えることが必要になってくる。

⑥リーダーシップ／チームマネジメント力

　多職種チームでもリーダーシップ／チームマネジメントは重視されているが、多機関チームでは、ともに対応することが求められている課題が複雑であるため、支援目標について、また、支援計画についても、利用者と支援主担当者間だけでなく、支援に関わる機関間でも合意が困難ということがある。そのため、対応に時間がかかるおそれがある。そもそも対象となる利用者や家族が支援を嫌うことなどにより、関係性構築にも時間がかかる場合が少なくない。また、問題が深刻化していくことも多い。いずれにせよ、早期対応が必要であり、対応の停滞は避けなければならない。多様な機関から成るチームのチームワーキングを進めていくリーダーシップ、あるいは、チームマネジメント力は重要である。

　分野横断的ニーズをもつ複合問題事例への対応は、多機関チームで行わざるを得ない。だが、チームに参加することになる個々の機関にとって、事例対応をめぐり他の機関と協働することは、種々の負担や制約を受けることになると映りやすい。多機関協働に関与する意欲や姿勢を積極的にはもてないというのが、多くの機関に一般的な傾向であろう。

　それゆえ、効果的な多機関協働を推進していくには、多機関ネットワーク・レベルの促進要因としての、④多機関協働のインフラストラクチャー整備と、⑤「資源」の確保・充実を図ることが重要であり、それがなされることで、各機関は、多機関チームに自組織の職員を送り出し、各機関レベルの促進要因としての①スタッフ全員の積極的関与、によってその職員をバック

アップしていくことができる。

　そして、このバックアップがあることによって、職員は大きな不安を感じることなく、個人レベルの促進要因としての②他機関の理解、を深め、③「役割曖昧化」は「成長」の機会という認識、をもって積極的に活動していくことが、また、チームマネジャーの促進要因としての⑥リーダーシップやチームマネジメント力、を発揮していくことが可能となる。

　多機関チームの研究結果から、以上のような示唆を得ることができる。

第4章　多職種チームと多機関チームの実際

1．　地域包括ケアと多職種チーム

（1）　多職種チームの3タイプ

　日本においては、地域包括ケアシステム構築という政策の下、医療と介護の切れ目のないサービス提供を推進していくことが一層求められるようになっている。その推進の中心的な方法が、医療系スタッフ・リハビリテーション系スタッフと介護系スタッフの多職種チームによる、利用者と家族の地域生活を支えるためのサービス提供である。

　地域を基盤に活動するソーシャルワーカーやケアマネジャーが、メンバーとして、また、チームマネジャーとして参加するチームのタイプとしては、退院支援チーム、在宅療養支援チーム、在宅ケアチームの3つを考えることができる。（図表　4−1　参照）

　退院支援チームとは、病院がマネジメント機関となり、患者・家族が安心して在宅療養に移行していけるよう、病院側スタッフと地域生活を支援するサービス機関等のスタッフが、患者・家族とともに協働する多職種チームである。病院側のチームマネジャーである地域連携室等の看護師、あるいは、医療ソーシャルワーカーは、患者が入院してきた時点で、ケアマネジャーや地域包括支援センター職員[1]、あるいはまた、訪問看護ステーションの訪問看護師や、かかりつけ医である診療所の看護師等と連絡を取り合い、入院時までの在宅生活における患者の心身の状態や家族の介護状況等に関する情報を得る。そして、それらの情報と、患者・家族の意向を踏まえて、病院ス

　1）　患者が入院前に介護保険サービスを利用していないとか、一人暮らしや老々介護世帯であるといった場合、また、複合的な生活問題を抱えているような場合、地域包括支援センターの職員が情報提供やケアマネジャー支援として参加することが多い。

図表 4-1 地域における多職種チームの種類

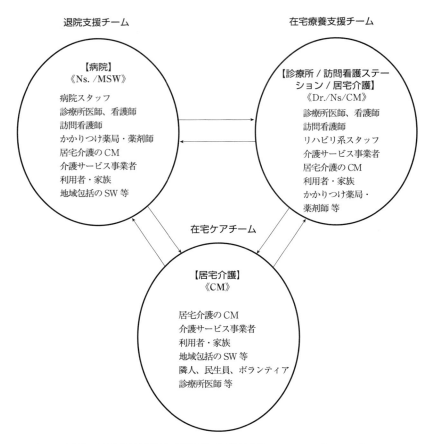

タッフは退院に向けての支援計画を作成する。そして、退院前カンファレンスを開き、病院の主治医や病棟看護師、退院調整担当の看護師、リハビリテーション・スタッフ等の参加と、患者・家族、さらに、ケアマネジャーや訪問看護師、診療所医師、介護サービス事業者等の地域生活の支援者の参加

第4章　多職種チームと多機関チームの実際　　135

も得て、退院支援計画についての確認作業等を行う。

　ケアマネジャーにとって、入院時からの病院スタッフとの情報交換や、退院前カンファレンスに訪問看護ステーションの看護師やかかりつけ医らとともに参加することは、患者退院後のチームである、在宅療養支援チーム、あるいは、在宅ケアチームの土台づくりの機会となる。

　在宅療養支援チームは、医療的処置を必要とする患者の在宅療養生活を支えるチームである。医療依存度が高い患者、ターミナルケアの状態にある患者の在宅療養については、かかりつけ医としての診療所医師、あるいはその意を受けた訪問看護師がチームリーダーを務め、患者・家族との対話を踏まえながら、在宅療養支援の方向性や留意点を提示する。他方、それを介護サービス事業者間で共有し、必要に応じて調整を図っていくというチームマネジメントは、ケアマネジャーが行うことになる。つまり、分散型のリーダーシップによるチーム運営である。

　在宅ケアチームは、主に介護サービスのニーズをもつ利用者の在宅生活を支える、ケアマネジャーをチームマネジャーとしたチームである。主なメンバーは、基本的に、利用者・家族、介護サービス事業者であるが、とくに利用者が認知症高齢者の場合、隣人や民生委員、福祉委員といったボランティアも在宅生活を支える一員となることもある。ケアマネジャーは、利用者・家族を初め、介護サービス事業者とも随時コミュニケーションをとり、また、必要に応じてかかりつけ医や地域のボランティア等とも適宜コミュニケーションをとって、利用者・家族が安心して安全に暮らせるよう支援する。

　在宅療養支援チーム、在宅ケアチームは、典型的なネットワーク型チームであるから、ケアマネジャーとかかりつけ医を初めとする専門職との、また、利用者・家族との日頃のコミュニケーションは、電話やファックス、メールなどを用いて行われる[2]。ただし、ケアマネジャーと各メンバーとの

---

　2)　第2章で触れたように、地域医療の現場を中心に、ICT活用の情報共有が進みつつある。

136　第Ⅱ部　多職種チーム・多機関チーム

1対1のコミュニケーションでは、全体としてのメンタルモデルがメンバー間で共有されにくい。メンタルモデルとは、当該利用者・家族の在宅生活支援のためにメンバーそれぞれに求められている役割が何で、その役割は全体としての在宅生活支援にどのように関連しているのか、他の役割との関係や連携のあり方はどのようであればよいのか、といった当該チームの全体的なあるべき姿のイメージと言ってよい[3]。

　在宅療養支援チームも在宅ケアチームも、一般的には、比較的長期に渡って継続するチームであるから、チームとして動いていく初期の段階で、主要なメンバーが一堂に会し、このメンタルモデルを共有することが望ましい。その場が、サービス担当者会議である。一般的に、チームが機能するためには対面的な相互作用が行える会議が非常に重要であると言われる。会議でのやりとりが重要であるだけでなく、会議の前後に行われるインフォーマルな情報交換、情報共有も重要で、「貧弱なチームミーティングでもないよりまし」とまで言われている[4]。その意味でも、サービス担当者会議は開かれることに意義がある。

　図表 4−1 の在宅ケアチーム、退院支援チーム、在宅療養支援チームの3つ間に双方向の矢印を入れたのは、高齢者の慢性期ケア、急性期ケア、回復期ケア、長期ケア、末期ケアという「ケアサイクル」（長谷川　2015.6）は、一直線に進むのではなく、行ったり来たりしながら進んでいくことを踏まえてのことである。

　では、これらのタイプのチームは、実際にはどのように展開されているのだろうか。また、これらのチームにおいて、効果的なチームワーキングの展開にはどのようなことが重要と考えられているのだろうか。

（2）　退院支援チームにおけるチームワーキング

　国は、医療介護連携を推進するための介護報酬・診療報酬加算を行い、

　3）　メンタルモデルについては、山口（2008）、菊池（2009）を参照のこと。
　4）　West　2012=2014. 163.

第4章　多職種チームと多機関チームの実際　137

「退院支援チーム」による医療と介護の切れ目のない提供体制の実現を推進している。

　ケアマネジャー側への介護報酬加算としては、現時点では、「入院時情報連携加算」、「退院・退所加算」（3回を限度とし、そのうち1回はカンファレンスに参加）、「緊急時等居宅カンファレンス加算」がある。病院側につく診療報酬加算には、「総合評価加算（スクリーニング）」（入院早期）、「退院支援加算（退院支援計画書）」（入院7日以内に着手）、「退院前在宅療養指導管理料」、「退院前訪問指導料」、「退院時共同指導料」、「退院時リハビリテーション指導料」、「退院時薬剤情報管理指導料」、「介護支援連携指導料」、「診療情報提供料」などがある。さらに、訪問看護ステーションには、介護報酬と診療報酬の両方からの「退院時共同指導加算」が、在宅療養支援診療所には「退院時共同指導料」の診療報酬加算がある[5]。

　しかし、『介護報酬改定検証調査（平成26年度実施分）リハビリテーションにおける医療と介護の連携に関する調査研究』によれば[6]、居宅介護支援事業所の利用者のうち、「病院（一般病床）」から退院時に介護支援専門員への引き継ぎがなされていたのは全体の54.3％で、43.6％は引き継ぎがなかった。ただし、「回復期リハ病床」では80.8％が、「療養病床」では71.6％が引き継ぎを行っていた。この割合は、川越が平成22年に介護支援専門員を対象に実施した退院事例調査で明らかにした割合と大きく変わっていない。川越の調査では、退院前ケアカンファレンスの実施率が、「急性期病床」54.9％、「回復期リハ病床」73.8％、「療養病床」78.1％であった（川越　2013.197）[7]。

　こうした数字からは、一般病院のスタッフが、退院時にケアマネジャーに引き継ぎを行う、また、ケアマネジャーを初めとする患者の地域生活を支援

　5）　関東信越厚生局健康福祉部（2017）の資料より。

　6）　介護給付費分科会－介護報酬改定検証・研究委員会資料。
http://www.mhlw.go.jp/file/05-Shingikai-12601000-Seisakutoukatsukan-Sanjikanshitsu_Shakaihoshoutantou/0000078678.pdf

　7）　退院前ケアカンファレンスにおける退院後のリハ継続必要性のケアマネジャーへの指導・助言の実施率は、「急性期病床」33.2％、「回復期リハ病床」79.2％、「療養病床」51.4％であった（川越　2013）。

する専門職との退院前カンファレンスを開く、といったことが容易ではないように見える。

　大学病院の総合診療サポートセンター所属の櫃本は、急性期治療を行う病院では、病院スタッフと地域のスタッフのみなが「顔の見える関係」を作っていくことは非常に困難であると言う[8]。櫃本は、患者の退院後の生活への希望を聴きだし、その実現を関係者が「ミッション」として共有し、その達成に向けて「ベクトル」を同じくして活動していけば、それが「チーム」であるとも述べている（櫃本　2013. 95）。

　関係者全員が「顔の見える関係」でなくても、また、入院時から退院時、退院後しばらくの間までの「束の間の関係」であっても、当該患者の地域生活への移行がうまくいくための退院支援チームであることを意識し、関係者間でその専門性を活かした情報や意見の交換を、また、相互の関連を意識した専門的な役割を担うことは、患者・家族のために必要なことであろう。

　川越は、退院時における病院のリハビリテーション職（以下、リハ職と略記）とケアマネジャーとの協働について実証的研究を行っている。それによると、リハ職がケアマネジャーに協力し、一緒にケアプランを作成した「協働群」は、ケアマネジャーが単独でケアプランを作成した「単独群」に比べ、患者の「ADL 得点」と「うつ尺度得点」が、退院 1 週間後と 3 か月後の 2 時点において有意に改善していた。また、「協働群」では、リハビリ内容としての筋力増強運動、バランス練習、起居・立位動作練習、移動動作練習の導入率が、有意に増加していた。川越は、この結果を踏まえ、病院とケアマネジャーとの連携についてつぎのような提案を行っている。

　急性期病床スタッフは多忙で退院支援に十分な時間を割く余裕がないので、退院支援業務に主に関与する看護師が、自宅の療養環境等情報をケアマネジャーから収集し、リハ職にそれを提示する。リハ職は入院中に ADL や予後を評価し、退院後の自宅環境下でのリハビリの必要性を判断して看護師

―――――――――――――――
　8）　樽矢らも、病棟看護師は退院調整・退院支援の必要性を認識していても、その業務の忙しさや在宅療養のイメージ不足から行動に移すのがむずかしいことを指摘している（樽矢　2015）。

第4章　多職種チームと多機関チームの実際　139

に報告。看護師は、退院前カンファレンスでリハ職の評価結果をケアマネジャーに説明し、在宅サービスに従事するリハ職との相談を促す（川越2013）。

　こうした方法は、在宅療養生活における患者の生活の質によりよい効果をもたらすための、リハ職の専門性を活かした退院支援チームのワーキング方法と言える。

　病棟看護師の退院支援の取り組みについて事例研究した平山らによると、退院を前に、気管内吸引が必要な患者の高齢の妻にその技術指導を行っていた病棟看護師たちは、地域で患者を支援する訪問看護師に来院を求め、ケアマネジャーとともに来院してきた訪問看護師に[9]、患者・家族の目の前で申し送りを行っていた。そして、何か不足していることはないか、在宅での処置を行っていくうえで、間違えた指導はしていないかと尋ねていた。それに対し、訪問看護師は「その方法で大丈夫、安心して在宅で継続してやっていけます」と答え、ケアマネジャーを含めて互いの連携を確認し合っている。そして、妻は、みなの前で吸引行為をやり、訪問看護師から「大体できているので大丈夫」と言われて、「これで安心して退院できる」と笑顔で答えていた。

　平山によれば、この事例のように、医療処置のある患者の場合、退院前に訪問看護師に極力来院してもらい、患者・家族の目の前で申し送りのパフォーマンスを行うことは、患者・家族に安心感をもたらすという重要な意味をもっている。また、介護者の医療処置を訪問看護師が直接見て、肯定的に評価することは、介護者に自信をもたせることにつながる（平山・柿原2016）。こうした病院看護師と訪問看護師、患者・家族のやりとりは、在宅療養支援チームのチームマネジャーを務めることになるケアマネジャーにも安心感をもたらすものになると思われる[10]。

　9）　平山らの論文では、訪問看護師と介護福祉士と記述されているが、文脈からして、介護福祉士は介護支援専門員（ケアマネジャー）と判断した（平山・柿原　2016）。

　10）　今日、介護支援専門員の保有資格は、介護福祉士が59.3％ともっとも多く、社会福祉士が11.1％、看護師が9.6％と、看護師の割合が低い（『平成27年度介護報酬改定の効果

140 第Ⅱ部 多職種チーム・多機関チーム

　樽矢らの調査は、訪問看護ステーションの看護師らが円滑な在宅療養への移行を目指してさらに積極的な役割を果たしている例を明らかにしている。彼らは、病院の10事例の退院前カンファレンスに参加するとともに、そのカンファレンスに参加した訪問看護ステーションの看護師12名を対象に、カンファレンスにおける彼らの視点や判断等を半構造化面接によって聞きだしている。その調査結果によると、訪問看護師らは、退院前カンファレンスにおいて、ア）患者・家族に受け入れられる関係を作り、それを維持できるように備えるとともに、イ）専門職間の協力関係をつくる、ことに気を配っていた。

　ア）については、①患者・家族の気持ちを大事にする、②介護者の負担の重みを理解する、③在宅サービス利用が保険内で収まるようにする（訪問看護より介護サービス中心に）、④入院中に受けているケアを浮きぼりにする、⑤ケア体制作りの過程を見せ、ケアの必要性の自覚を促すことでケアへの参加を導く、⑥在宅療養での成り行きを見立て直し、在宅療養を妨げるおそれのあるトラブルを予測する、⑦在宅サービスによるケアの限界を伝える、⑧病状の悪化に備えるための対応を取り決める、といったことを行っていた。

　イ）については、⑨介護系職種（ケアマネジャーやヘルパー等）に病状や医療的ケアが生活に与える影響をアドバイスする、⑩ヘルパーに日常生活の情報提供を依頼する、⑪医師（かかりつけ医）にケアへの理解と参加を求める、などを重視し、実施していた。こうした訪問看護師の動きは、退院前カンファレンスに参加している患者・家族とのやりとり、また、病院側のチームマネジャーである退院調整看護師や他のスタッフとのやりとりを通して、あるいは、それらを踏まえて行われている。

　ア）に含まれる項目の④〜⑧は、看護師の専門性を活かした行為であり、①〜③とともに、患者・家族の在宅療養生活への移行の円滑化と継続に大き

─────────────

検証及び調査研究に係る調査』）。看護師資格をもたないケアマネジャーにとって、看護師から医療に関する知識や視点を学ぶことは、在宅療養生活におけるケアプラン作成や患者・家族の支援にあたって大いに助かることだろう。

第4章　多職種チームと多機関チームの実際　　141

な影響を与える行為と言える。イ）の⑨〜⑪の項目もまた、訪問看護師だからこそできる在宅療養支援チームづくりと言える。樽矢らも、彼らのこうした動きを、「在宅療養支援チーム員が協力する具体的な体制づくり」の実践であり、「在宅サービス提供者間のチームワークづくりに看護の専門性を発揮していた」と評価している（樽矢　2013）。

（3）　サービス担当者会議におけるチームマネジメント

　先述したように、在宅療養支援チームと在宅ケアチームについては、ケアマネジャーが開催するサービス担当者会議がチームワーキングの最初の場面になる。

　介護保険実施当初、ケアマネジャーがサービス担当者会議を開催していない場合が少なくないことが調査で判明したため、2006年度から、ケアプランの新規作成、要介護更新認定、要介護区分の変更認定の際のサービス担当者会議が開催されない場合、居宅支援事業者のケアプラン作成が減算対象になった。その結果、『居宅介護支援事業所における介護支援専門員の業務および人材育成の実態に関する調査』によれば、2012年には、新規ケースのケアプランを、サービス担当者会議を開催して作成したケースは全体の86.9％、「サービス担当者に対する照会を行って作成」したものが6.7％となった[11]。つまり、ほとんどの新規ケースにおいてサービス担当者会議を開催するようになっている[12]。

　では、在宅療養支援チームや在宅ケアチームが、利用者・家族の在宅療養生活、在宅ケア生活をよりよく支援していけるよう、ケアマネジャーは、サービス担当者会議を活用してどのようにチームマネジメントを行っている

11）　三菱総合研究所（2012年）211。

12）　もっとも、介護保険制度改正によって、サービス担当者会議の開催回数は増加したが、サービス担当者会議への主治医の参加を呼びかけていないケアマネジャーも5割を超えており、主治医の参加という点では改正の効果が現れていないという指摘もある（田城　2008）。また、関係者の情報交換・意見交換のサイトからは、開催が強制されることによって、開催だけが目的であるような内容のない会議も少なからずあるらしいことがわかる。

のか。

　チームマネジメントとは、一般的には、「リーダーシップによってチームワークを育成するアプローチ」と言われる（山口　2008. 160）。医療や介護・福祉における多職種連携を高めるチームマネジメントの知識・スキルを論じる篠田は、チームマネジメントについて、「多職種の教育背景、価値観、考え方の違いを尊重しつつ、相互理解を基盤にして、協働でチームを形成し維持する活動であり、①目標の共有化、②情報の共有化、③相互理解を基盤とした役割分担、の３つの構成要素が必要」と言う。そして、「記録や情報伝達システムといったツールによって、この３つの構成要素が運用され、チームマネジメントが行われる」としている（篠田　2013. 13）。これらを参考にして、改めてチームマネジメントを定義するならば、チームマネジメントとは、チームマネジャーが、チームメンバー間の目標共有と、目標達成を目指した協力活動を推進していくことと言える。

　ケアマネジャーは、在宅ケアチームのチームマネジメントを、サービス担当者会議というツールを使って行う。だが、サービス担当者会議については、その開催方法やファシリテーションの仕方等に関する文献やPDFファイルは多数あるものの、これをチームマネジメントの観点から実証的に研究したものは乏しい。ここでは、その乏しい文献の中から、村社と太和田の調査結果を見ていく。

　村社は、サービス担当者会議が形骸化せず機能していくためのチームマネジメントを明らかにするために、経験豊富な17名のケアマネジャーを対象とした半構造化の面接調査を行っている。主な質問は、「サービス担当者会議が機能し続けるための条件」である。その結果について定性的コーディングを行い、サービス担当者会議前の「チームマネジメントの内容」として、〈会議開催の判断〉〈参加者選択〉〈チームワークへの参加促進〉を、サービス担当者会議時におけるそれとして、〈チームワークの焦点化〉〈役割の自覚化〉〈リーダーシップの学習〉〈チームワークの調整〉のカテゴリーを抽出している（村社　2012）。

　〈会議開催の判断〉というのは、開催の有無・開催時期・開催場所を判断

第4章　多職種チームと多機関チームの実際　143

するということである。ケアプランの新規作成、要介護更新認定、要介護区分の変更認定の際にはサービス担当者会議を開催することになってはいるが、それ以外にも、会議を重ねる必要があると思われる利用者についてどうするか、また、どのタイミングで行うか、利用者宅で行うのか・利用しているデイサービスで行うのか、かかりつけ医のところで行うのかなど、より適切なものを判断する[13]。

　〈参加者選択〉とは、会議に出席してもらいたい参加者の選択である。選択の基準には、職種に多様性があるか、利用者にもっとも適した事業所・最適任者か、会議の目的に沿っているか、などがある。

　この点について補足すれば、ケアマネジャーにとって、利用者・家族が「支援困難事例」と考えられる場合、困難の改善・解決について話し合うためにはどの機関の誰に参加してもらうことが望ましいのか、また、利用者や家族の参加はどうするのか、といったことについて慎重に考える必要がある、ということである。また、利用者と家族のサービス利用に関する意向が異なるとか、片方がいるともう片方がホンネを言えない、というような場合にも、その参加の仕方について工夫が求められる、ということであろう。

　〈チームワークへの参加促進〉というのは、利用者・家族にチームのメンバーとして参加することを自覚してもらうことである。具体的には、事前に利用者・家族の意向を確認するとともに、カンファレンスにおいて彼らが自分の言葉でそれを語ることができるように準備する、利用者・家族にどういう目的でカンファレンスを行うか事前にオリエンテーションを行う、などである。

　〈チームワークの焦点化〉とは、カンファレンスの冒頭で、カンファレンスの目的をみなで共有した上で、ケアプラン案の確認や修正というカンファレンスの課題を確認し、参加者それぞれに支援内容の実現方法等について確認・検討してもらうことである。

　〈役割の自覚化〉は、ケアマネジャーだけでなく、参加者もそれぞれ異な

―――――――――
　13)　カテゴリーの説明は、村社の説明を筆者なりにまとめたものである。

144 第Ⅱ部 多職種チーム・多機関チーム

る専門分野のリーダーとして、その専門性を発揮すること、そして、利用者
や他のメンバーの代弁者としての役割や、メンバー間の調整者としての役割
を担うことである。

〈リーダーシップの学習〉とは、ケアマネジャーだけでなく、参加者もカ
ンファレンスを通して異なる立場の意見や異なる職種の視点を学ぶとともに、他の参加者から期待される役割や評価を把握し、カンファレンスへの適
応力や運営力を身につけていくことである[14]。

〈チームワークの調整〉というのは、ケアマネジャーとして、カンファレ
ンスで出た意見や感想、助言等をもとにケアプランをよりよいものにする、
サービス提供者が参加しているカンファレンスの場で、サービスに対する利
用者・家族の評価を披露してもらう、会議での成果を記録化し、参加者に素
早くフィードバックすることで、メンバーの参加やその発言を尊重している
ことを示す、といったことである。

村社の質的研究で明らかになった、サービス担当者会議を形骸化させず機
能させていくための「チームマネジメントの内容」を改めてまとめておく。

ケアマネジャーは、サービス担当者会議の冒頭で、チームマネジャーとし
て、〈チームワークの焦点化〉を行う。つまり、カンファレンスの目的を明
確化し、参加者にその共有を求める。そして、参加者にケアプラン案を説明
した上で意見を求めていくが、参加者に、〈役割の自覚化〉と〈リーダー
シップの学習〉を求めながら、「リーダーシップの移譲」を図るべく、自身
のリーダーシップの発揮を押さえていく。参加者たちは、自分たちの立場や
視点からだけで物を言うのではなく（自分たちもリーダーシップをとるケア
マネジャーのように）、他機関や他職種の立場や視点を、また、他機関、他
職種、利用者・家族から期待される自分たちの役割を理解した上で発言する

---

14) 〈役割の自覚化〉や〈リーダーシップの学習〉というカテゴリー作成のもとになっ
たデータが記述された表をみる限り、これらは、ケアマネジャーの役割の自覚化やリー
ダーシップの学習というカテゴリーのように見える。だが、本文では、ケアマネジャーだ
けでなく、参加メンバーの役割の自覚化やリーダーシップの学習として解説されているの
で、こうした記述をまとめた。

ように心がける。それにより、チーム内のコミュニケーションが活性化し、カンファレンスにおける意思決定過程が前に進んでいく。ただし、最終的には、ケアマネジャーが、再度リーダーシップを発揮して、〈チームワークの調整〉を、つまり、意思決定過程で出た意見、感想等をまとめ、「全体の調整を図る」。

　これらについては、サービス担当者会議の望ましいファシリテーションの方法と言ってもよいが、参加者に〈役割の自覚化〉と〈リーダーシップの学習〉を求めていくことが、チームとして利用者・家族を支援していくという認識、一体感を参加者にもたらすとともに、チームとして共通目標の達成につながっていくと考えれば、ケアマネジャーの望ましいチームマネジメント方法と言うことができる。

　太和田は、サービス担当者会議における多職種の連携・協働を効果的に行っていく運営方法や条件を明らかにすることを目的に、ケアマネジャー2名に対する面接調査と、サービス担当者会議にメンバーとして参加する経験を豊富にもつ専門職（看護師、理学療法士、栄養士、介護福祉士）7名に対するフォーカスグループインタビューを行っている。

　この2つの調査から、多職種連携が促進されるサービス担当者会議の効果的な運営方法や条件として、太和田は、〈開催のタイミング〉〈事前準備〉〈医師との連携〉〈連携の場づくり〉〈会議の目的〉〈利用者理解〉〈多職種チーム〉〈ケアプランの理解〉〈他専門職理解〉などを導きだしている（太和田　2016）。

　〈開催のタイミング〉は、タイミングのよい開催を考えるということで、村社の〈会議開催の判断〉の中の「開催時期判断」と共通している。

　〈事前準備〉は、事業者等から利用者についての情報を収集し、アセスメントを行う、事業所の困っていることなどを事前に聞く、そうした質問をすることで、参加する専門職が会議での発言を事前に準備できるよう促す、といったことである[15]。

　〈医師との連携〉は、医師との連携の困難を乗り越えるために、連携連絡

票の活用や往診時の会議設定、往診への同行、訪問看護師等の医療系専門職に相談するなど、連携方法を模索する、ということである。

〈連携の場づくり〉は、できるだけ参加者全員が発言できるようにし、みなが会議に加わっている感覚をもちチームを意識できるようにすること、利用者・家族を含め、参加者が意見を言いやすい雰囲気づくりをすること、などである。こうしたことを行うほうがよい理由には、医療系専門職に比べ、介護職や福祉用具貸与事業者などは、専門的意見を求められることが少なく、発言も控えがち、ということがある。

〈会議の目的〉とは、明確な目的を設定すること、参加者が理解できるよう伝達することである。これがなされないと、参加者も何を発言してよいのかわからず、発言にも消極的になってしまう。これは、村社の〈チームワークの焦点化〉の中の「カンファレンスの目的をみなで共有」と重なる。

〈利用者理解〉とは、利用者・家族の意向を確認し理解することで、会議の方向性がはっきりし、意見が言いやすくなるということである。

〈多職種チーム〉とは、ケアマネジャーが利用者の名前をあげて「チーム○○」と言語化することで、同じ利用者の支援で協力し合っている者同士といったチーム意識を感じられる場面をつくるということである。また、特定の事業所や専門職が抱えている課題を他の専門職も共有し、不安を分かち合うことを通して利用者へのお互いの対応を振り返り、利用者への理解をより深める、といったことである。

〈ケアプランの理解〉とは、ケアマネジャーの提示するケアプラン案について、参加者それぞれの専門性の観点から意見をもらい、利用者の望む生活の実現に向けてみなで最終的なケアプランを作成すること、また、ケアプランと連動した個別援助計画を作成してもらうことなどを指す。そのためには、参加者に事前にケアマネジャーが作成したケアプラン案について知らせることが望ましい。

〈他専門職理解〉とは、他の専門職の専門性や役割を理解する、立場を理

15）　カテゴリーの説明文は、太和田の説明を筆者なりにまとめたものである。

解し対等な立場で発言できるよう配慮する、などである。ケアマネジャーは、利用者に利用する介護サービス事業者を推薦することができる。実質的な選択決定の権限を持っているとも言え、事業者はケアマネジャーやケアプランに対して異なる意見をもっていても控えてしまうことがある。それゆえ、こうした配慮が求められる。

　村社と太和田の調査が明らかにしたのは、在宅ケアチームや在宅療養支援チームのチームワーキングを効果的に行っていくための、サービス担当者会議を中心にしたチームマネジメントの方法と言える。これらを第3章で示した多職種チームのチームワーキングの促進要因の図（図表3-5）に当てはめてみると、図表4-2のようになる。

　多職種チームの効果的チームワーキング促進要因を示した図表3-5では、多職種チームのチームプロセスに影響を与えるチームマネジャーの要因としては、リーダーシップを発揮する者の明確化や、分散型リーダーシップがあがっていただけであった。図表4-2を見ると、上記2つの調査が、チームマネジャーの要因の1つとしてのチームマネジメントに焦点を当て、その方法を具体的に明らかにしたことを改めて確認することができる。これらの具体的な方法は、在宅療養支援チームや在宅ケアチームのチームマネジメント・モデルとして、ケアマネジャーのチームワーキングの実践に役立つと考えられる。

　ただし、調査目的から言って当然ではあるが、チームマネジメントに影響を与える要因や、チームマネジメント以外のどのような要因が、チームプロセスやチームパフォーマンスに影響を与えるのかについては検討がなされていない。

　村社も太和田もともに、サービス担当者会議におけるチームマネジメントの実際や多職種連携を効果的に行っていく運営方法、条件等に関する研究が乏しいと指摘していた。チームマネジメントのポイントやその具体的方法が、チームプロセスとしてのタスクワークやチームワークをどのように推進していくのか、つまり、チームマネジメントの方法が、チームメンバー間の

148　第Ⅱ部　多職種チーム・多機関チーム

相互作用の内容や質、その展開過程に及ぼす影響についてより掘り下げた研究がさらに期待される。

　利用者にとってよりよい支援を提供するために行う多職種チームのカンファレンスは、参加する専門機関のメンバーやその所属機関にとっては、資源（時間、エネルギー、費用等）を消費する場である。もちろん、新たな情報や知識、視点、スキルの学習やこれまでの実践への振り返りといった、参加者にとってのメリットもある。だが、できるだけ効果的で効率的なチーム

図表 4-2　サービス担当者会議を中心とした多職種チームのチームワーキング促進要因

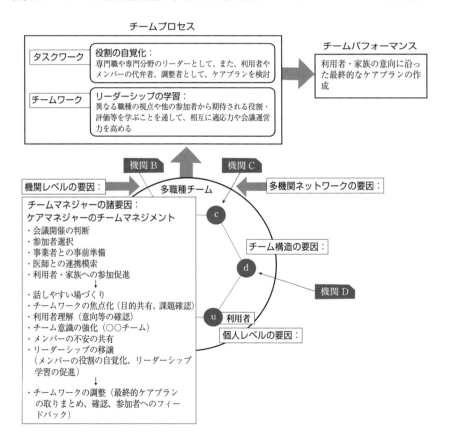

ワーキングを行っていくために、チームマネジメントの研究は必要である。また、効果的なチームマネジメントによるチームワーキングを支援するために、機関レベルや多機関ネットワークレベルでどのような条件や要因が整備されればよいのかについても、検討が求められる。

なお、イギリスの多職種チーム研究で、効果的チームワーキングの促進要因として取り上げられている、チーム構造要因としての「メンバー間の権力構造」「不安からの防衛反応」、タスクワークにおける「曖昧なチーム目標」「不十分なコミュニケーション」などについては、村社や太和田の調査においても指摘されている。ただし、日本では、「医療系専門職と介護職との権力構造」に加えて、「ケアマネジャーと介護事業所職員の権力構造」があり、そこから「不安の防衛反応」としての「発言控え」がある。また、「曖昧なチーム目標」は「発言控え」をもたらし、「コミュニケーションの非活性化」をもたらしている。村社や太和田の調査結果で見る限り、日本のケアマネジャーにとって、チーム内の専門職間の視点や意見対立をどう乗り越えるかよりも、いかに「コミュニケーションの活性化」を図るかが、より大きな課題のように見える。イギリスの研究で重視していた、チームワーキングの阻害要因の1つである「専門職アイデンティティ喪失のおそれ」は、「在宅療養支援チーム」づくりやその運営に訪問看護師がリーダーシップを発揮することにより、看護師資格をもたないケアマネジャー自身がもってしまうのではないか、と想像された。だが、上記2つの調査結果でみる限り、調査対象となったケアマネジャーたちは、訪問看護師等の医療系専門職の専門性をうまく活用し、よりよいケアプランの作成を心がけており、そのおそれをもっているようには見えなかった。

2．複合問題事例と多機関チーム

（1）　高齢者虐待対応チーム

地域を基盤に実践を行うソーシャルワーカーやケアマネジャーが支援に困難を感じる典型的な事例の1つに高齢者虐待事例（虐待のおそれのある事例

も含む）がある。虐待事例は、多様な問題が絡んでいる「複合問題事例」であることが多く、世帯員それぞれが分野横断的ニーズをもち、社会的に孤立している傾向が強い。また、虐待をしている家族だけでなく、虐待を受けている高齢者も、虐待を隠したり、否定したりする傾向があり、ともに外部からの支援に消極的であったり、拒否的であったりする。それゆえ、支援者たちは、介入・支援が必要にもかかわらず、支援がなかなかうまくいかないということで、困難を感じやすい。

　こうした「支援困難事例」に対しては、多機関で関わることになるが、高齢者虐待対応に関しては、多機関協働の中核となる機関が、法律によって規定されている。

　高齢者虐待の防止、高齢者の養護者に対する支援等に関する法律（略称高齢者虐待防止法、2005年成立）は、家庭内で生じる高齢者虐待については、市町村が老人介護支援センター（在宅介護支援センター）や地域包括支援センターと連携協力して対応することとし、市町村は、事実確認や養護者の負担軽減のための措置の全部または一部を地域包括支援センター等に委託することができると規定している（高齢者虐待防止法第16条、17条）。2005年の介護保険改正で誕生した地域包括支援センターは、当初より、その主たる業務の１つに高齢者虐待防止が権利擁護活動の一環として含められている。これにより、市町村の高齢者支援課や市町村直営の地域包括支援センターだけでなく委託型の地域包括支援センターも、事実確認や事例対応に中心的に関わることになった。

　高齢者虐待事例について相談通報があった場合、一般的には、地域包括支援センター（以下、地域包括と略記する）の職員が家庭訪問をして事実確認をし、市町村の高齢者支援課（以下、行政と略記する）にその報告を行い、両機関で一緒に虐待判断を行う。虐待事例と判断されると、高齢者虐待対応チームを立ち上げ、チームでアプローチすることになる。チームのコアメンバーは行政と地域包括であるが、それにケアマネジャーが加わったり、当該事例が利用しているデイサービスやホームヘルプサービス等の事業者の責任者が加わったりする。さらに、弁護士、司法書士、権利擁護センター、警

察、消防署、保健所、診療所医師、障害者相談支援センター、民生員等が必要に応じて参加する。

　行政と地域包括のどちらがチームマネジャーとなるのか、どういうときにチームマネジャーを交代するのか、それとも両者が初めから分散型リーダーシップをとって一緒にチームマネジメントをやっていくのか、どの時点で虐待事例対応としては終結し、ケアマネジャーをチームマネジャーとする在宅ケアチームで支援、見守りをしていくことにするのか。こうしたことは、行政の方針、行政や地域包括職員・ケアマネジャーの力量、事例の特性など、いくつかの要因によって決まる。

　高齢者虐待対応チームが効果的に機能して、その介入、支援が功を奏するためには、この多機関チームの核となる行政と地域包括との関係が重要であるのは言うまでもない。介入・支援過程のどの時点でどちらの職員がチームマネジャーを務めようと、また、共同でチームマネジャーを務めようと、チームのコアとなる両者はうまく、効果的に協働していく必要がある。では実際は、うまくいっているのだろうか。うまくいくための方法、スキルは何か。

（2）　行政と地域包括の協働関係

　高齢者虐待対応をめぐる行政と地域包括との協働の実態を調べたものは乏しい。東京都内の地域包括職員を対象に実施した調査では、高齢者虐待事例への対応における困難を複数回答で尋ねている。その結果の中から、行政と地域包括の関係を示唆するものを選んでみると、委託型地域包括全体の24.9％が、「自治体が老人福祉法の措置に消極的」という回答を、15.5％が、「自治体が成年後見申し立てに消極的」をあげていた[16]。一部の地域包括職員たちではあるが、高齢者虐待対応の重要な局面における自治体との連携・協働について難しさを感じている様子がうかがえる。

　また、都内のある自治体の委託型地域包括と行政職員を対象に、高齢者虐

---

16)　財団法人東京都高齢者研究・福祉振興財団東京都老人総合研究所（2009）41.

152 第Ⅱ部 多職種チーム・多機関チーム

待防止事業に関する実態と意識について問うた面接調査では、地域包括職員は行政が「情報共有に積極的ではない」ことを、行政職員は地域包括からの「同行訪問依頼に対応できない場合が多いこと」を課題としてあげていた[17]。

　機関間の円滑な連携・協働を進めていくには、相手機関の理解、すなわち、機関の役割・機能やその限界、機関方針や組織・職場の文化、担当職員の実践上の困りごとなどの理解だけでなく、自機関の役割・機能やその限界などの理解を求めて他機関に働きかけることも必要である。だが、地域包括の社会福祉士を対象とした『地域包括支援センターにおける総合相談・権利擁護業務の評価に関する研究事業』の調査結果によると、「（地域包括支援）センター運営協議会や地域の関係者・関係機関に対して、センターの取組と課題について理解が深まるように働きかける」ことができているのは委託型地域包括の27.3％で、「市町村に対して、センターの取組と課題について理解が深まるように働きかける」は57.0％にとどまっていた[18]。

　行政職員と地域包括職員は、高齢者虐待対応以外にも多様な事業や業務をめぐって頻繁に連絡を取り合う。コミュニケーションの多さは、それだけでも相互理解を深め、悪くない関係を、さらには、信頼関係を生み出す可能性をもっている。しかし、必ずしもそうとは言えないと考えられる理由がいくつかある。

　たとえば、委託型の地域包括職員にとって、地域の高齢者人口の増加に伴う業務量の増加に加え、行政から委託される業務や事業の年々の増加は、それに見合った人員増がなければ、行政に対する不満を生む。だが、行政と地域包括が委託者と受託者という実質的にはパワーインバランスの関係にあること、また、上記の不満の理由は個別の行政職員の問題ではないことから、地域包括職員がこうした不満を行政職員に対して直接表すことはない。しかし、不満は残る。もちろん、そうした不満があったとしても、個々の行政職員と地域包括職員が悪くない関係、信頼できる関係を、コミュニケーション

---

17)　副田（2009）122,141.
18)　社団法人日本社会福祉士会地域包括支援センター評価研究委員会（2007）81.

を重ねることでつくることはできる。だが、行政職員の異動は多く、地域包括職員の離職も少なくない。新たな職員と、悪くない関係を一から築かなければならないことも多い。

　また、虐待事例対応は、それに携わる者に大きな不安や困難感をもたらす。それゆえ、対応にあたって役割を押し付け合う場面を生むおそれも強い。さらに、虐待事例は問題・ニーズが多様で複雑であることが多いために、アセスメント結果や介入・支援の方向性等に関する意見が異なる場合も少なくない。こうした見方や意見の違いは、事実確認等、被虐待者や虐待者と対面している地域包括職員と、直接対面していない行政職員との危機感の違いによっても生まれる。また、専門的な視点によるアセスメント結果を重視して対応方針や方法を検討する立場と、事例対応の措置結果が法的に問題ないかどうかを重視する立場の違いによっても生じる。事例対応によってすぐに状況に変化が起きることはまれであるから、相手の意見を非難したくなる気持ちも起きやすく、意見対立が感情的な対立にまでになってしまう危険性がある。

　つまり、高齢者虐待対応をめぐる行政と地域包括という、高齢者虐待対応チームの中核機関の職員同士の協働関係は、本質的にむずかしい側面を多く抱えている。

　そうしたなかで、高齢者虐待対応をめぐり、行政職員や地域包括職員が悪くない関係を形成・保持でき、それなりにうまく協働しているとしたら、それを可能にしている協働のスキルはどのようなものか。これが明らかになれば、高齢者虐待事例以外の複合問題事例に対する多機関協働にも役立つと思われる。そこで、高齢者虐待対応がうまくいくための協働スキルを探索するために、筆者たちが行ったグループインタビューの結果を紹介する。

（３）　高齢者虐待対応における協働スキル

　調査は、５つの市区の地域包括職員24名と行政職員15名の計39名に対して行った。いずれも高齢者虐待対応に携わっている職員たちである。地域包括職員の地域ケア歴は２〜16年で平均6.3年、所持資格は社会福祉士70.8％、介

護支援専門員62.5％、介護福祉士29.2％であった（複数回答）。行政職員の地域ケア歴は、2〜16年で平均5.8年、所持資格は保健師33.3％、社会福祉主事33.0％、社会福祉士26.7％であった（複数回答）。インタビューは、地域包括職員と行政職員とは別々に行った。インタビュー時のグループの人数は2〜6人であった[19]。

　インタビューでは、高齢者虐待事例をめぐる行政（ないし地域包括）との連携・協働において、連携・協働がうまくいっている、あるいは、うまくいくようになったということがあれば、それは何がよかったからうまくいっている、あるいは、うまくいくようになったか、という問いを投げかけ、自由に答えてもらった[20]。その録音テープを起こしてトランスプリクトを作成し、これを基に、語り手が連携・協働にあたって必要視あるいは重視している活動方法を抽出し、コーディングした。この作業で作成したコードをいくつかのカテゴリーにまとめたところ、【協働システム構築】【関係づくり】【初期対応】【共同決定・役割分担】【コミュニケーション】【組織マネジメント】の6つのカテゴリーが生成された（図表　4-3）[21]。これらを、高齢者虐待対応における多機関チームの協働スキルと呼ぶ。

　ソーシャルワーク実践においてスキルというと、対人援助における面接技法をイメージする人も少なくないが、コミュニティワークのスキル、ソーシャルアクションのスキルというように、メゾやマクロレベルまで広い意味で使うことも多い。たとえば、Trevithickは、「目的あるいは状況について

---

　19)　調査方法や結果分析の方法の詳細は、副田他（2014）を参照してほしい。なお、協働の実態を事例に即して話す際には、事例経過全体を語るのではなく、協働の実態に係わるエピソードだけを語るよう依頼するなど事例のプライバシー保護や、対象者の個人情報の保護等には細心の注意を払った。本調査は、首都大学東京倫理委員会の承認を得ている。

　20)　この質問の仕方は、最初に対象者に連携・協働がうまくいっている状況を思い浮かべてもらうために行ったもので、他機関の欠点を指摘する形でインタビューが進むことを回避するために採用した。ストレングス視点をもつ解決志向アプローチの質問法を参考にしたものである。

　21)　2014年当時のコーディング作業を改めて見直し、一部のコードをまとめるとともに、コード名、カテゴリー名をよりわかりやすいものに変えている。

第4章　多職種チームと多機関チームの実際　　155

図表 4-3　高齢者虐待対応における協働スキル

カテゴリー	コード	データの一部
【協働システム構築】	担当窓口の明確化	＊それぞれの包括担当者を決めてます。＊虐待防止担当を配置しています。
	マニュアルの共同作成	＊あらかじめみんなと意思統一を図るというか、リスクアセスメントのシートを作成したので、それを共有していくというスタイルができて連携がうまくいくようになったと感じています。＊うまくいったという場合は、初動の時期から関わっていただいた場合で、そういう基準もシステムの中に入れた方がよいということを（マニュアル作成のときに）話しました。
	定例会議の開催	＊担当者同士が定期的に会議も開いておりますので、困ることはない状態ですね。＊行政の方と常に報告だったり支援について話し合う場があります。
	合同研修の共同企画・実施	＊虐待に関わる研修プログラムを一緒に作成して、研修も一緒に行ってきました。
【関係づくり】	当初は意識的にコミュニケーション	＊配属された当初は、知ってもらうために意識して包括によく連絡を入れました。＊ちょっと気になる方は一緒に訪問してくれたり、市のほうからも一緒に訪問しませんか、といってくださったりしているのでよくなってきたかなと。
	要望や課題にできるだけ応答	＊当初は、包括からの要望にできるだけ応えるように努めました。＊包括が言ってくる問題や課題については、できるだけ具体的に応えるようにしています。
	不在時対応の明確化	＊担当者が留守にするときには、どういうふうに対応するか、明確にしておくことが大事ですね。＊タイムラグが少ない状態で連絡がとれるっていう点では、所内での情報共有も大事かなと思っています。＊うまくいっているのは、私達が困らないように情報共有してくれていたのかなと思います。
	相手機関の理解	＊行政の役割や立場の違いを理解しておくことは必要ですね。＊それぞれの包括の違いを知っておくことですね。
【初期対応】	相手を考えて連絡相談	＊センターやセンター職員によって、どのていど具体的に伝えるか、どのていど考えてもらうか、考えながらやっています。＊センターに連絡するとき、誰に連絡をとるのがよいのか、その都度判断しながら連絡しています。
	共同で情報収集・課題整理	＊アセスメントや対応がうまくいっていない包括には、同行訪問をしたり、包括で開かれる会議に参加するなどして、情報を共有したり課題を一緒に整理するようにしたりします。＊包括職員がパニックになっているような場合には、同行訪問して問題・課題を整理し、包括ができることを繰り返し伝えます。

	組織として判断し報告・相談・依頼	*センターとして課題整理と事例の対応方針を統一させてから、行政に連絡するようにしてます。*センターとしては、この事例をどう考えて、どうしていこうと思っているのかと必ず言われますので、、、*早目早目で、包括で対応しても大丈夫なものもあげてくるような場合には、包括のほうで情報収集してくださいとか返したりしています。
	情報は正確に伝達	*事例に関する情報を伝えるときは、シートにきちんと記載して伝えるようにしています。*心配な事例については電話でなくて訪問して報告するようにしています。*本当に虐待なんだろうかというグレーの時点でもまず一報を入れるようにしています。それからリスクアセスメントシートで判断してから報告し、それからチームをつくるという感じです。
	マニュアルに基づいた対応	*（マニュアルにある原則に沿って）訪問して情報を集め、シートを活用するようにしてます。*フローチャートに沿って役割分担しています。
	緊急時は柔軟に対応	*緊急事態のときは、その場で判断して対応して、その後、行政に報告を入れるようにしています。*緊急のときは、とりあえずご相談という感じで、（行政に）電話をします。
	ケースカンファレンスには準備して参加	*会議の前には、包括内で情報と課題の整理をしますね。
	意見をすり合わせて方針等を決定	*行政が一方的に決めたというより、すり合わせたうえで決定しているので、納得はもちろんしています。*会議の中で出した結論も、まったく違うということではなくて、たしかにそのやり方もありだな、というような答えなので、、、*カンファレンスでは、意見をすり合わせて方針や役割分担を決定するようにしています。
【共同決定・役割分担】	機関や職種を理解して役割分担	*家族との関係や、ケアマネとの連絡調整は包括、分離手続きや親族調査、行政の他の部署からの情報収集、公的機関との連絡調整などは行政に、という役割分担は明確にしていますね。*行政にしかできないことや、行政を介したほうが望ましいことを積極的に依頼するようにしています。
	役割が重なる部分はともに実施	*いきなり投げてきて、包括はここまでの仕事、ここから先は行政の仕事というふうな仕切りをされちゃうと、間違うんですよ。それぞれの動きというものはあるはずですが、かならずかぶっているものなんですね。そのところをまず一緒に動くというところからうまく巻き込んでいっていただけると割りと動きやすいと思うんですけれど。
	補完的役割を自発的に実施	*行政ではできないような細かなことは、包括としてやるようにしてますね。

第4章　多職種チームと多機関チームの実際　　157

【コミュニケーション】	相談報告は傾聴	＊包括からの相談や報告については、ていねいに聞くようにしてます。＊報告されたシートについて、判断根拠となる情報があるか具体的に質問して聞きます。
	相手を否定する発言は回避	＊市としては包括とは違う視点でもっているので、判断が違うなと思ったときは、ここの情報をちょっと調べてきてほしいと言ったり、ちょっと介入したり、、、＊包括もいろいろな人がいるし、力量の差みたいなものもありますので、市としても動いていいかどうかの根拠がもてないこともあるので、ちょっと調べてほしい、ここをアセスメントしたいから、この点についてちょっと調べてほしい、という伝え方をしますね。
	簡潔に説明・具体的に質問	＊経過を簡潔に説明して、この点はどうしたらいいでしょうかと具体的に聞くようにしてます。
	ワンダウンポジション	＊意見が大きく違うってことはないし、こうですというふうに決めて結果を出して報告する感じではないですね、どうしましょうか、って報告するほうが強い。＊センターの方針としてはここまで考えたけれども、助言をいただきたいとか、そういうもって行き方もしてますね。
	情報を具体的に伝達	＊包括には、不足している点について、こういう情報を収集してほしいと具体的にお願いしています。＊必要な内容を具体的に言って、情報を出してもらうようにしています。＊行政の担当者と話をすると、こういう情報はある？とかって、そういうやりとりもするので、この部分も集めないと弱いかとか、なんとなくわかってきます。
【組織マネジメント】	困難時の管理職対応	＊担当者レベルでの対応がむずかしいときには、管理職からセンター長や法人の管理職に改善を頼んでもらうことがあります。
	協議して担当者決定	＊センター内のミーティングにかけて、担当者を誰にするか改めて決めて対応しています。＊ケースの展開上で、医療的な専門職がいいとか、女性がいい、男性がいい、という場面もでてきますし、関係づくりでは、今までと違うスタッフがいいといったようなことも起きるので、センターで話し合って決めたりします。
	組織内チームの協力体制づくり	＊上司がセンター内の役割分担を決めたりしますね。＊センター長がチームワークに気を使ってますね。＊包括内でしっかりとした協力体制ができていないとうまくいかないことが多い。
	組織内研修の実施	＊自分たちでも防止マニュアルを使って研修してます。

　行政職員の発言から抽出されたカテゴリー
　地域包括職員の発言から抽出されたカテゴリー
　行政機関および地域包括職員の発言から抽出されたカテゴリー
（　）内は筆者が補足

組織された、または調整された活動」と捉え、ミクロレベルからメゾ、マクロレベルに渡る幅広い多様なスキルを例示している[22]。高齢者虐待対応をめぐり、行政と地域包括のチームの協働がうまくいくために重視されている活動方法も、Trevithick の言う意味でのスキルと捉えることができる。

【協働システム構築】は、コードの「担当窓口の明確化」「マニュアルの共同作成」「定例会議の開催」「合同研修の共同企画・実施」から生成されたカテゴリーである。

これらの活動は、法に基づきながら迅速に対応していかなければならない高齢者虐待対応のインフラストラクチャーを構築・整備するスキルと言える。この実務者レベルの会議で決められたことが、市町村がつくる高齢者虐待防止ネットワークの参加機関の代表者レベルの会議で了承され、虐待対応の協働システムを構成する要素として安定性を得る。

【関係づくり】は、「当初は意識的にコミュニケーション」「要望や課題にできるだけ応答」「不在時対応の明確化」「相手機関の理解」のコードから生成されたカテゴリーである。これらは、両機関の職員たちが配属された当初に意識的に行ったり、虐待事例対応に限らず日頃から心がけている事柄である。直接やりとりをすることになる相手機関や部署、また、担当者のことを知り、関係をつくりながら、相手機関や担当者の理解を試みていく。また、相手から要望があればできるだけ具体的に応え、悪くない関係や信頼関係を作ることを心がける。こうした地道なことが、いざというときのやりとりをしやすくし、円滑なコミュニケーションを促す。つまり、これらは、高齢者虐待事例対応におけるチームワークの土台づくりのスキルと言える。直接的には担当者同士の関係づくりのスキルであるが、実際には、これが職場同士の、ひいては、機関同士の悪くない関係づくりにつながる。

【初期対応】は、「相手を考えて連絡相談」「共同で情報収集・課題整理」「組織として判断し報告・相談・依頼」「情報は正確に伝達」「マニュアルに基づいた対応」「緊急時は柔軟に対応」から生成されたカテゴリーである。

---

22)　Trevithick（2005=2008）.

これらは、虐待事例の相談通報があった後の初期対応に関わるスキルである。

「相手を考えて連絡相談」「共同で情報収集・課題整理」は、行政担当者、とくに専門職としてこれまでもいろいろな面に渡って地域包括を支援してきた職員や、虐待対応で協働した経験を長くもつ行政職員からの発言によるものである。原則として、地域包括が事実確認に行き、課題を整理して行政に報告するという「マニュアルに基づいた対応」をするのだが、そこがうまくいかないのではと心配される地域包括や職員に対しては、また、実際にうまくいっていない地域包括や職員に対しては、地域包括の会議に参加したり同行訪問したりして、行政職員が補助、支援を行う。高齢者虐待対応チームとしてのタスクワークを行うにあたって、その最初の事実確認や課題整理のところがうまくいかなければ、チームとして効果的に動けない。それゆえ、行政職員として補助、支援する。チームワーキングのスキルである。

【共同決定・役割分担】は、「ケースカンファレンスには準備して参加」「意見をすり合わせて方針等を決定」「機関や職種を理解して役割分担」「役割が重なる部分はともに実施」「補完的役割を自発的に実施」から成るカテゴリーである。これらは、事実確認等により一定の情報が集まったところで行われるケースカンファレンスでの方針や役割分担の決定、そして、その後の役割の実施に関するスキルである。

高齢者虐待防止事業は行政の責任だからとして、ケースカンファレンスにおいて、虐待事例対応の方針や役割分担を行政が一方的に決定したり、意見が異なる場合には行政の意見のほうを選択する、といったことをしない。最終的には行政の意見に沿った方針や役割分担に決めるとしても、話し合う、意見をすり合わせるというコミュニケーションをしっかり行う。虐待状況の解消のために適切で妥当な支援プランを作成するというタスクワーク遂行のために必要なスキルであるとともに、チームワークづくりのために不可欠なスキルと考えられる。

ここで注目すべきスキルが、「役割が重なる部分はともに実施」と「補完的役割を自発的に実施」である。虐待事例対応の中で行政と地域包括のやる

べき動き、役割が重なっていく部分が少なくない。つまり、誰がやってもいい動きや役割がでてくる。そこを行政がやるべき、地域包括がやるべき、と切り分けず、一緒にやっていく。あるいは、今回は地域包括がやり、次回は行政がやる、といった形でやってみる。こうしたことは、チーム意識を生み出すことにつながり、チームとしての活動の展開をうまくやっていける。「役割が重なる部分はともに実施」というのは、3章で触れた「役割曖昧化」の実践と重なる。

　また、曜日や時間を変えて家庭訪問をする、近くまで行ったときに様子を見てくる、といった行政職員にはむずかしいことについては、支援プランにおいて役割分担として決められていなかったとしても、地域包括職員が自発的に行う。虐待事例対応に必要なこうした行為を地域包括職員がやることは、行政職員にとっては助かることであり、「自分たちはこの部分をやりましょう」といった行政職員の自発的行動を引き出す可能性をもっている。

　「役割が重なる部分はともに実施」と「補完的役割を自発的に実施」は、どちらも高齢者虐待対応チームとしてのタスクワークを進めるスキルであるとともに、行政職員と地域包括職員の双方にチーム意識や肯定的感情をもたらし、よりよいチームワークを醸成する可能性をもった協働スキルと言える。

　【協働コミュニケーション】は、「相談報告は傾聴」「相手を否定する発言は回避」「簡潔に説明・具体的に質問」「ワンダウンポジション」「情報を具体的に伝達」から生成されたカテゴリーである。これらは、高齢者虐待対応チームとしてのタスクワークを行っていく過程で重要と考えられているコミュニケーションのスキルである。とくに、「相談報告は傾聴」「相手を否定する発言は回避」「ワンダウンポジション」は、相手を尊重する態度を示すもので、チーム内の関係性を悪くしないとか、意見対立や主導権争いをしないためのコミュニケーション・スキルとも言える。

　「相手を否定する発言は回避」は、行政職員の発言から抽出されたもの、「ワンダウンポジション」は地域包括職員の発言から抽出されたものである。行政職員と地域包括職員とは、そもそもパワーに差のある関係である。

上位の地位にいる行政職員が、下位の地位にいる、しかも、虐待に関する情報収集や養護者との関係づくりといった「厄介な業務」を担っている職員に対して、「それだけの情報では、虐待かどうかの判断がつかないですよ」といった相手を否定するような発言をするならば、発言内容自体はまちがっていなくても、地域包括職員の感情を傷つけ、関係性を悪くするおそれがある。だから、行政職員はその点について気をつけているのである。

　他方、下位の地位にいる地域包括職員は、「ワンダウンポジション」という一歩下がった立場に立ち、謙遜の態度を示すスキルを使う。事実確認によって得た情報やそれをもとに行ったアセスメント、対応方針案を行政に報告する際、「～についてご相談させて下さい」「～と思うのですがどうでしょうか」といった言い回しをする。こうした形で、行政が提示するかもしれない別の見立てや方針を否定しようとするものではない、ということを示す[23]。

　【組織マネジメント】は、「困難時の管理職対応」「協議して担当者決定」「組織内チームの協力体制づくり」「組織内研修の実施」から生成されたカテゴリーである。これらは機関としての行政や地域包括が、高齢者虐待対応に携わるそれぞれの職員を支援するために、組織として行うマネジメント・スキルである。チームで対応するといっても、当事者を直接支援する主担当者にとって虐待事例対応は負担が大きく、疲弊してしまう危険性は高い。組織としてそうした担当者をさまざまな面で支えるため、これらのマネジメント・スキルは不可欠と言える。

　高齢者虐待対応チームのコア機関、コアメンバーによる、これらの協働スキルを、ネットワーク型チームのチームプロセスに影響を与える要因を示した図表に当てはめてみると、図表 4-4 のようになる。

---

23)　委託型の地域包括職員がワンダウンポジションをとるのは、民間の自分たちが、虐待かどうかの判断と対応方針決定の最終責任者である行政の決定権を脅かすことはない、ということを示す、あるいはまた、判断と決定は行政の責任であって自分たちではないことを示すという側面があるかもしれない。

162　第Ⅱ部　多職種チーム・多機関チーム

　多職種チームとしての在宅療養支援チーム／在宅ケアチームのチームプロセスに影響を与える要因を示した図表4-2と比べると、多機関チームとしての虐待対応チームの場合は、やはり、多機関ネットワークの要因と機関レベルの要因が、実践者からも重視されていることがわかる。複合問題事例の一つの典型例である高齢者虐待事例への対応においては、これらの要因がなにより重要ということであろう。この点は、高齢者虐待事例以外の複合問題事例についても当てはまると思われる。
　チームマネジャーやチーム構造に関する諸要因について、また、それらの

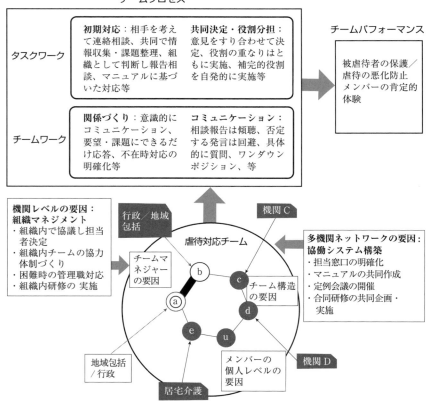

図表4-4　高齢者虐待対応チームのチームワーキング促進要因

中のどのようなものがチームワークやタスクワークとして行われるチーム
ワーキングにどのように影響を与えるのか、チームパフォーマンスに影響を
与えるのはチームワーキングの中のどのような要因なのか、といった点は、
今後の研究課題として残っている。

　以上の協働スキルは、いずれも分野横断的ニーズをもつ複合問題事例に対
応していく多機関チームにおいて、参加機関、とくにその中核となるマネジ
メント機関が、また、チームマネジャーが採用するならば、そのチームワー
キングを効果的に行っていくことが可能となるスキルと言ってよい。
　多機関チームで、多様な複合問題事例に対応していくには、機関同士で
【協働システム構築】のスキルを使い、多機関チームの協働実践を支える条
件整備を行い、日ごろから、事例対応とは関係なく、それぞれの機関の職員
がいろいろな機会に【関係づくり】のスキルを使ってやりとりをし、チーム
ワークの土台づくりを行っておく。そして、事例に共同で対応していくこと
になったときには、チーム参加者が【初期対応】と【共同決定・役割分担】
のスキルを用いて、ともに事例対応のタスクワークを行う。【コミュニケー
ション】スキルの活用は、このタスクワークの効果的推進に寄与する。こう
した多機関チームに職員を送り出す機関は、【組織マネジメント】スキルを
使って、参加機会のある職員、参加している職員を支援する。
　このように協働スキルを使うならば、支援者たちが困難を感じやすい事例
についても、多機関でうまく協働していく可能性が高まると思われる。

　以上、第Ⅱ部では、地域を基盤に働くソーシャルワーカーやケアマネ
ジャーがチームマネジャーとして活動する多職種チーム、多機関チームの
チームワーキングについて、とくに効果的なチームワーキングを促進する要
因について確認してきた。
　つぎの第Ⅲ部では、ネットワーク型チームにおける利用者参画について取
り上げる。ネットワーク型チームは、医療・介護ニーズへの包括的サービス
提供を行なう多職種チームであれ、分野横断的ニーズをもつ複合問題事例へ

の支援を行う多機関チームであれ、そこに利用者が参加することが原則である。

第Ⅲ部　利用者参画

第5章　多職種チームへの利用者参画

1．ケアプラン作成過程への利用者参画

（1）　消費者主義・エンパワメント・パートナーシップ

イギリスの Barnes らによると、イギリスでは、コミュニティケアの進展とともに、利用者が自分の受けるケアを決める過程に、また、ケアサービスの計画や管理の過程に、利用者を参加させていく政策がとられてきた。その政策モデルは、1990年代初めは消費者主義アプローチ、1990年代半ばはエンパワメント・モデル、2000年前後はパートナーシップ・モデルであった。

消費者主義アプローチは、1989年の白書「人々へのケア」で明確にされた。これは、サービス利用者を、相互扶助が期待される市民としてよりもケア市場においてよりよいサービスを選択できる消費者とみなすもので、新自由主義の考え方に基づいたものである。相談支援の専門職とサービス提供者は、利用者のサービス選択に役立つ情報提供を行ったり、選択・決定を支援することが期待された。しかし、ケア市場と言っても準市場で、利用者の選択はほとんど、あるいはまったくできないというのが現状であった。また、相談支援もしばしば決定の後に行われたり、決定とは関係のないことに関して行われたりで、Barnes らに言わせれば、利用者のサービス選択への関与はきわめて限られたものであった（Barnes, *et al.* 2000）。

もっとも、利用者や介護者がケアプランの作成過程でその要求や意向をできるだけ表明していけるよう、自治体には、手話を含む多様な言語や多文化の理解力をもったスタッフを雇う、利用者のためのセルフアドボカシーの技能を訓練するといったことが、また、種々の情報公開等が求められてはいた。ケアサービスの管理に関する利用者参画として、社会サービス監査庁がサービス提供機関の監査に利用者や介護者を関与させ、彼らの意見を収集す

る、病院の退院プランに対する監査に一般市民を参加させ、その結果をわかりやすい形で公刊する、などの「利用者参加制度」も実施することにはなっていた。これは、当時、その大多数が公的セクターの提供であったサービスの質の改善や応答性欠如の改善を目指すためのものでもあった（副田　1997.46-48）。

　それらがどのていど実施されたかは不明である。だが、実施されていたとしても、選択できるサービスが乏しいなかでは、利用者、家族にとってあまり意味をもつものではなかったであろう。

　Barnes によると、90年代半ばになると、障がい者を中心とした利用者たちが自分たちと相談支援者やサービス提供者たちの間のパワーインバランスを指摘し、これを解消する理念と、方法としてエンパワメント（自身の生活や環境をコントロールする能力・権限の回復）を主張した。多くの実践家がこれを受け入れ、従来のパターナリスティクな実践や手順を変え、エンパワメントを促進しようとした。だが、ときに強制的な介入治療を行う精神保健分野では、その実施は困難であった（Barnes, *et al.*　2000）。

　パートナーシップ・モデルは、「第三の道」を追求した労働党の政府文書「パートナーシップ・イン・アクション」（1998年）で強調されるようになったものである。Barnes らの説明によると、パートナーシップ・モデルは、コミュニティケアの実施に、ステイクホルダー、すなわち、利用者、介護者、専門職、サービス提供者、行政機関等の利害関係者たちに、パートナーとして参加することを求める。利用者や介護者は、それぞれの経験に基づく知識やスキルをもった彼らの生活のエキスパートとして位置付けられる。ステイクホルダーたちの間、とくに利用者・家族と専門職との間には、所有する知識やスキル、権威、情報などに差異があり、パワーの違いがある。この違いを理解した上で、それぞれの役割と責任について話合い、交渉し、共同で意思決定を行っていく。これがパートナーシップ・モデルである。

　この過程で重要なことは、利用者の話がきちんと聴かれ、その視点が尊重されること、つまり彼らの観点がケアプラン等の決定に影響力をもつことである。エンパワメントは、この利用者とのパートナーシップの成果であっ

て、それ自体が第一の目的ではないとされた。このモデルは、保健局に採用され、「パートナーシップワーキングは、保健医療とソーシャルケアの統合にとって基本である」とされた（Barnes, *et al.* 2000）。第3章2節において、イギリスでは90年代末に、保健医療とソーシャルケアの間のパートナーシップによる多機関協働が政策主導で推進されたことを指摘したが、この協働には、利用者もパートナーとして参加することが要請されていたわけである。

　イギリスでは、2000年代末から、パーソナライゼーションが成人向けのソーシャルケア政策改革の方法として強調されるようになっている。これは、上記の3つのモデルを越えるもので、サービス利用の需要管理とサービス選択の責任を基本的に利用者自身がもつというモデルである。政府は、すでに1990年代からソーシャルワークやソーシャルケアをより「個別化した（personalized）」システムにし、利用者の選択、自立、サービス・コントロールを強調する政策の導入を図ってはいた。政権が変わった1997年には、障がい者を対象としたダイレクト・ペイメント（Direct Payment）が制度化され、数年後には高齢者にも拡大された。この制度の創設は、直接的には、障がい者の権利運動の成果であるが、利用者を市民としてとらえ、その消費者としての選択の権利を重視していくという当時の政策基調を反映したものでもあった。このダイレクト・ペイメントは、2003年に「パーソナル・バジョット（personal budget）」制度に拡大された。

　ダイレクト・ペイメントは、サービス利用資格を認められた人が現金給付を受け、自分自身のパーソナルアシスタントをボランタリー組織や営利組織から購入するというものである。パーソナル・バジョットは、個人のニーズに合わせたサービスプランに必要な金銭を計算し、その経費を管理運営するというものである。この方法でサービスを利用する場合、利用者は、ソーシャルワーカーや支援機関による援助を受けながら、自身のケアニーズや強み、望み、好みなどを幅広くセルフアセスメントし、ニーズを実現する計画を立てていく。その実現のための経費は自治体が試算する。経費管理は、利用者自身が行う方法であるダイレクト・ペイメントの他に、自治体の実施

170 第Ⅲ部 利用者参画

や、自治体が委託したサービス提供組織等に依頼する方法がある。

このパーソナライゼーションの方策は、利用者の選択、自己決定を最大限重視するものであるが、2012年にイギリス政府が行った調査によると、実際にパーソナル・バジェットを利用している人は目標値の53％にとどまっていた。経費管理形態は自治体によるものが全体としては多く、身体障がいの場合51％、精神障がい者54％、知的障がい者57％で、高齢者では85％であった。また、ダイレクト・ペイメント受給者つまり、利用者自身で給付管理を行っている者の割合は、それぞれ38％、39％、30％、7％であった（渡辺他2013）。高齢者では、大半が経費管理を自治体に委ねている。

パーソナライゼーションは、利用者が自分にわかる方法でサービスを統合し利用していくという、「ボトムアップ式」のサービス統合を進めるものである。Glasbyらは、これが、従来の多機関協働によるサービスの包括的提供といった「トップダウン式」のサービス統合と接合できるならば、それは現行のサービス・デリバリーシステムに大きな変化をもたらすだろうと述べている（Glasby and Dickinson 2014b. 140）。また、パーソナライゼーションの推進が、「『共同生産（co-production）』として知られる、サービス・デザイン・提供・評価への利用者の積極的関与を支援するという新しい協働の方法を発見すること」になっていけば[1]、それは現在のインターエージェンシー・ワークに大きなインパクトを与えることになるとPollandらも指摘している（Polland, et al. 2014）。

障がい者のサービス利用については、こうした予想も可能かもしれない。だが、上記した調査結果からも、高齢者においてパーソナル・バジェット、とくにダイレクト・ペイメントで経費管理を行うスタイルが標準となるとは予想しにくい。高齢者のケアプラン作成過程への利用者参画の形としては、認知能力が低下していたり、不安が強くて思考力が落ちているといった利用者に対しても、その声をていねいに聴き、その意向や選択権を最大限尊重し

1）この表現は、ソーシャルケアの質の改善を目指してサービス機関や専門職等に訓練やコンサルテーションの提供、調査研究等を行っている民間独立機関の SCIE によるものである（Polland, et al. 2014. 19）。

ながら、関係者がみなで話し合って決めていくというパートナーシップ・モデルが、当面は標準スタイルと思われる[2]。

（2） 介護保険下のケアマネジメントにおける利用者参画

　日本の地域包括ケア推進政策では、利用者参画といった用語はとくに取り上げられていない。その理由としては、地域包括ケア政策の焦点が、在宅介護の限界点をあげるための医療と介護の協働と、地域における住民参加のサービス開発・提供にあることが考えられる。また、ケアプラン作成やサービス提供過程への利用者参画については、すでに消費者主義に基づく介護保険の制度化の際に、「利用者本位」「利用者の自己決定」のスローガンで強調し、介護保険下のケアマネジメントによって実現していると、政策主体が認識していることも考えられる。

　では、介護保険下のケアマネジメントは、ケアプラン作成過程に利用者を参画させる仕組みをどのようにとっていただろうか。この点を確認しておきたい。

　介護保険以前の措置制度の下では、利用者やその代弁者としての家族がサービスの必要性を訴えたとしても、そのニーズをアセスメントし、サービスプランを決めるのは行政機関の職員であった[3]。圧倒的なパワーインバランスの関係の下で、利用者や家族ができることは、いかに困った状況にあるのか、切実な問題であるのかを職員に訴えることぐらいであった。

　契約制度に変った介護保険下では、要介護認定を受けた利用者がサービスとサービス提供機関を選択し、契約に基づいてサービスを利用する[4]。その

　2）　障がい者ケアの領域では、知的障がい者を含むすべての障がい者の自己決定について「支援付き自己決定」という新しい自己決定概念が提示されている。それは、家族や友人、パーソナルアシスタント等の支援者との「共同での意思決定」を指す（麦倉　2017.150）。判断能力や決定能力が不十分なよりヴァルネラブルな人々の自己決定に関わる概念である。

　3）　言うまでもなく制度的決定権限は機関の長である。しかし実際には、利用者や利用できるサービスに関する情報をもっとも多く保持している第一線職員が、決定に関する実質的な権限を保有していた。

172　第Ⅲ部　利用者参画

選択が、民間サービス提供機関を拡大させるとともに、そのケアサービスの質を向上させると考えられていた。競争主義に基づくサービス発展の方法である。その利用者のサービス選択を、情報提供や相談に応じるという形で支援するのが介護支援専門員であり、その手法がケアマネジメントであった。

　ケアマネジメントは、ソーシャルワーク実践における利用者支援のアプローチとして登場したものではない。それは、1970年代に分断状態にある諸サービスの効果的、効率的な統合的供給方法を探求するアメリカの行政の試みのなかで登場し、実用的な諸サービスを媒介調整するサービスとして発展したものである。サービスの媒介調整は、従来からソーシャルワークの重要な実践活動の１つであったから、ソーシャルワーク論ではこれを介入方法の１つとして位置づけたが、ケアマネジメントでは、主に、何ができるか／何をしているかという「行為・動作（performance）」のレベルで問題・ニーズをとらえる。利用者が問題・ニーズをどのように認識したり解釈しているのか、どのように感じたりどのように思っているのかといった、ソーシャルワークが取りあげる利用者の意味世界には基本的に焦点を当てない。

　高齢者の長期ケアにおいて、英米を中心に先進諸国でケアマネジメントが発展してきた時代は、新保守主義による福祉国家批判と福祉国家の再編が進められた時代である。理性的人間像を前提に、適切な情報提供があれば、人は自分に合ったサービスを選択できるという消費者主義を基盤とした政策は、情報提供と諸サービスの媒介調整に焦点をあてたケアマネジメントによるサービス提供法を採用した。従来の専門職の専門的視点や知識による問題・ニーズ理解とそれに基づくサービスプランの決定、サービス提供の仕組みは、医療職や福祉職の専門職の専門性追求によりサービスの非効率的提供が行われる傾向が強いとみなされていた。標準のアセスメント様式によって「行為・動作」レベルでニーズをとらえ、そのニーズに応じて定められているケアパッケージを提供するというケアマネジメントの採用は、従来のケア

――――――――――――

　4）　利用者が契約能力を欠いているといった場合、家族が成年後見人として制度的に承認されていなくても代理で契約することが慣行として行われている。

サービス提供の仕組みを変え、効率的な諸サービスの提供と専門職の権限の抑制を図るものと考えられた。

しかし、上記のような効率的サービス提供を第一とする「システム指向モデル」のケアマネジメントでは[5]、標準的なニーズアセスメント・ツールとその結果に応じたケアパッケージが設定されているため、利用者はその決められたサービスの種類を選ぶか選ばないかというだけの選択になる。また、サービス提供全体の計画と管理の責任をもち、ニーズアセスメントを実施する機関と、ケアマネジメントの実施機関とを分離しない。そのため、ケアマネジャーは、サービス全体の提供量を管理する観点から、個々の利用者のサービス利用をコントロールすることになる。つまり、このケアマネジメントでは、サービスの利用決定過程における利用者の選択の自由は限定的で、利用者とケアマネジャーとの関係は、やはりパワーインバランスの関係のままである。

日本の介護保険も、消費者主義に基づく「システム指向モデル」のケアマネジメントの性格が強い制度である。要介護度別に利用可能なサービスの介護報酬限度額が決められており、利用者のサービスの種類や量に関する選択の自由は限られている。

だが、サービス提供全体の計画と管理を行い、要介護認定を実施する機関（保険者＝自治体）と、ケアマネジメントを実施する機関（居宅介護支援事業所）とが制度上分離されたので、ケアマネジメント実施機関（のケアマネジャー）は、原則として、サービス利用の門番役割として要介護認定作業の責任者ではなく、サービス配分役割としてのサービス全体の管理責任ももたない。

その結果、ケアマネジャーたちは、利用者のサービス利用をコントロールする立場に立つことなく、「利用者中心のケア」を目指したサービス調整役割を果たすことができる。利用者や家族からすれば、自分の要望や意向をケ

5）「システム指向モデル」と「利用者指向モデル」のケアマネジメントについては、副田（1997）、副田（2016）を参照のこと。

174　第Ⅲ部　利用者参画

アマネジャーに聞いてもらい、それに沿ったケアプランの作成を要求しやすい[6]。また、ケアマネジャーとしての介護支援専門員の業務には、介護保険法79条2項2号において、サービスの調整だけでなく、「要介護者などからの相談に応じる」ことが含められており、利用者や家族の立場に立ったソーシャルワークの実施も求められている[7]。

　そして、ケアプランを新規に作成する場合や要介護認定変更などの際のサービス担当者会議には、利用者や家族の参加を原則としている保険者が一般的であるから、利用者や家族は、多職種チームとしての在宅療養支援チームや在宅ケアチームにメンバーとして参画し、希望や意見をケアプラン案やサービスの個別支援計画に反映させることが可能である。

　介護保険は、利用者・家族の参画や、ケアマネジャー・サービス提供者等と利用者とのパートナーシップを表立って強調したわけではなかったが、仕組みとしては、それを可能にするものであった。

　もっとも実際には、ケアマネジメント機関がサービス提供機関から独立して存在することが容易にできる仕組みになっていないために、利用者が望んでいないにもかかわらず、ケアマネジャーが自組織や系列組織の提供するサービスをケアプランに組み入れたり、利用者に聞かないまま、自組織や系列組織の提供するサービスだけでケアプランを作成するといった「囲い込

　6）　介護保険実施後に、ケアマネジャーがニーズアセスメントをすることなく、利用者・家族の要望をそのまま受け入れてケアプランを作成する「御用聞きケアマネ」がいると批判されたことがある。これは、個々のケアマネジャーの資質や力量の問題というより、「利用者本位」を追求した制度上の1つの課題であった。

　7）　富樫（2005）は、介護保険法が求めている介護支援専門員の業務としての「相談援助」は、ソーシャルワークに他ならないが、この相談援助業務は介護保険のみならず高齢者福祉分野では、身体障害者福祉法等における更生相談事業が第二種社会福祉事業とされているようには、社会福祉事業と規定されていないと指摘する。介護保険法で相談援助業務が規定されているにもかかわらず、それが社会福祉事業として認められていないこと、それが介護報酬に十分反映されていないことは問題であるとしている。その上で、ソーシャルワークも福祉サービスの1つであることから法的根拠が必要で、クライエントが福祉サービス事業者やソーシャルワーカー等の援助者の利益に誘導されないソーシャルワークを提供するためにも、ソーシャルワークの法整備が必要としている。

み」という「パートナーシップ」とは真逆の事態も起きている。また、要支援の利用者が利用できていた通所介護と訪問介護サービスの2つを介護保険から外して地域支援事業とする、介護老人福祉施設は原則要介護3以上の高齢者の入所とする、一定以上の収入をもつ利用者の費用負担割合を2割とする、といった介護保険法改正によって、利用者が選択できる余地が狭められたり、サービス利用そのものが抑えられてしまう危険性も生じている。

2. 多職種チームにおける利用者参画

（1） 利用者・家族にとっての負担

　利用者や家族は、在宅ケアチームや在宅療養支援チームだけでなく、病院が開催する退院前カンファレンスにも、原則として参加し、退院支援チームのメンバーとして退院計画の作成・確認を行う。

　では、利用者・家族が、退院支援チームに参加し専門職等とともに計画を作成するということは、具体的にはどうすることか。

　病院のスタッフや、ケアマネジャー、サービス提供機関の専門職等は、彼らの専門的な視点からのニーズアセスメントに基づいて、必要なサービスプラン案やその提供方法を考える。これと同じように、利用者や家族も自分たちなりのニーズ理解や、その充足方法についての考えや、希望、好み、意見などをもっている。また、治療や退院後の生活について専門職に聞きたいことがある。専門職はこれらをきちんと聴き、それを受け止めた上で自分たちの考えるプラン案や提供方法を再確認、あるいは修正などして、利用者・家族に提示する。利用者・家族は、それらについての質問や感想、希望、意見などをさらに聴いてもらう。あるいはまた、改めて治療や退院後の生活に対する自分たちの思いや、自分たちにとってのサービス利用の意味について尋ねてもらう。専門職はこれらを踏まえて自分たちの支援やサービス提供の意義を確認する。こうした「対話」を通した、退院計画の作成過程は、入院決定時、あるいは、入院直後から始まり、退院前カンファレンス、さらにその

176　第Ⅲ部　利用者参画

後としばらくの間続く。

　こうした退院支援チームにおける利用者参画や、在宅療養支援チーム、在宅ケアチームにおける利用者参画にはいろいろな課題もある。ここでは、つぎの 3 つを取上げる。①利用者・家族にとっての負担、②利用者の代弁、③利用者と家族の間の意見調整。①については退院支援チームを、②と③については在宅ケアチームを前提に説明する。

　まず、①利用者・家族にとっての負担について。疾病や障がいをもつ高齢の利用者にとって、また、そうした利用者を抱え、看病や介護を担っている家族にとって、病院スタッフとの面接やカンファレンスへの参加は負担になることが考えられる。とくに、退院前カンファレンスへの参加は、医師を初めとする多数の医療系専門職の話を聞き、発言することになるので心理的な負担が大きい。家族によっては、面接やカンファレンス出席のために時間を割くことや、その場に出向くことも負担になるかもしれない。そもそも、現在の高齢者世代には、医師を初めとする専門職に対して「お任せ」意識の強い人が少なくない。こうした人々にとっても、カンファレンスへの参加要請は負担になるだろう。心身の機能が弱っていると、何かよくわからないことへの参加は面倒であり、不安もあるから、できるだけ避けたいものになっても不思議はない。

　だが、退院支援チームのチームマネジャーである、退院調整看護師や医療ソーシャルワーカーらは、利用者・家族の負担をできるだけ軽減する方法をとり、利用者参画を進める必要がある。改めてその理由を言うならば、それは、利用者の自己決定を実現する機会を保障するためであり、利用者・家族ができるだけ自分たちらしく暮らすことを保障するためである[8]。また、利用者・家族が、退院後新たなサービスを活用した生活のイメージをもち、変化した状況に適応しやすくするためである。利用者・家族が、自分たちの生活を関係者のみなが支援してくれているという安心感をもつことによって、

────────────

　8 ）　介護サービス事業所等の統合化、医療法人等による医療介護の複合型の増加、投資ファンドによる医療介護サービス事業所の複合体の増加が進むなら、「囲い込み」やサービスのお仕着せのおそれは強まると思われる。

心身機能や生活のありようの変化がもたらす不安を和らげることが可能となる。

　もちろん、利用者や家族にカンファレンス参加を無理強いすることはできない。だが、利用者や家族が高齢であるから、あるいは、認知症を患っているから、カンファレンス参加は無理であるとか、カンファレンスには参加したがらないだろうと、最初から思い込んだり決めつけることは、利用者や家族の自分たちらしく暮らすための自己決定権を行使する機会を、また、新しい状況への適応準備の機会を奪うことになる。

　利用者・家族の負担軽減の方法はいろいろある。カンファレンスに関連した方法としては、たとえば以下のようなものが考えられる。

　なお、下記のチームマネジャーは、退院調整看護師や医療ソーシャルワーカーを想定している。もっとも、利用者（患者）・家族との直接的コミュニケーション〔以下の、ア）、イ）、ウ）や、後述するカンファレンス後のやりとりなど〕は、病棟の担当看護師に依頼するほうが望ましい場合もある。

ア）　入院決定時や入院直後から、チームマネジャーは利用者・家族に生活の仕方やサービス利用等についての意向や希望を尋ね、その話をよく聴く。

イ）　チームマネジャーは、カンファレンスの前に、その目的・参加者・進行方法等について説明するとともに、利用者・家族が質問したり、希望や意見等を表明する機会のあることを知らせる。

ウ）　チームマネジャーは、利用者・家族がカンファレンスで聞きたいことを尋ね、カンファレンスの場での聞き方を一緒に考えたり、聞きたいことはあるがまだよくわからないということであれば、その明確化を手伝う。

エ）　利用者参加のカンファレンスは、最小限の基本的協働（MEC: Minimum Essential Collaboration）の原則[9]、すなわち、できるだけ少ない人数で、できるだけ短い時間で行う、に従う[10]。

---

9 ）　Hornby　1996. 40.

178　第Ⅲ部　利用者参画

オ）　カンファレンスの場では、利用者・家族が信頼している専門職等に、心理的サポーター役として利用者・家族の隣りに座ってもらう。

カ）　カンファレンスでは専門用語をできるだけ避け、わかりやすい言葉を用いるよう参加する専門職に依頼しておく。専門用語は利用者・家族を不安にしたりプレッシャーをかけることになりやすい。

キ）　カンファレンスの場で利用者・家族が自分たちの希望や意見等を、参加する専門職等にうまく伝えることができないようであれば、チームマネジャーや他の参加者がそれを手伝う。

ク）　カンファレンスの場では、専門職は、利用者の生活上の課題や気になる点、今後予想されるリスクなどについて話す前に、できていることやできるようになったことなど、少しでも肯定的に評価できる点、つまりストレングスについて話すようにする。利用者や家族に前向きになってもらうためである。

ケ）　カンファレンスへの参加をためらう利用者・家族には、チームマネジャーは無理強いをせず、事前に話を十分に聴き、カンファレンスの場で代弁する。

　カンファレンスを短時間、また、できるだけ少ない人数で行うためには、言うまでもなく、事前の十分な準備が不可欠である。上記のア）、イ）、ウ）という利用者・家族との準備だけでなく、チームマネジャーは、病院内のスタッフはもちろん、地域のケアマネジャーや訪問看護師等の専門職と事前連絡を行う。彼らから、利用者・家族に関する情報を訊き、病院内の関係者に伝える。病院側の退院計画の方向性や退院後の諸注意を彼らに伝え、意見交換するなどである。
　一定の準備をして臨んだカンファレンスであっても、種々の理由で利用者・家族が合意に至らないとか、納得する形での結論が出ないということも

10）　これは、参加する専門職の負担も軽減する。ただし、そのためには、後述するような事前準備が一層重要となる。

ある。そのような場合、チームマネジャーは利用者・家族にも、また、他の専門職にも個別に連絡をとり、その話をよく聴く必要がある。不安やためらいを感じながらも、聴かれたのでとりあえず、希望や意向を表明していた利用者・家族は、カンファレンスにおける専門職の話を聞くなかで、不安やためらいが大きくなってしまい、気持ちや考えが変わるということがある。また、サービス提供機関の専門職も、事前に表明していたこととは異なることを公式の会議の中で言わざるを得ないという場合もある。彼らも、それぞれ所属機関の事情や思惑を背負っている。

　チームマネジャーは、カンファレンス終了後には、会議に参加してどうだったかと利用者・家族に感想を聞いたり、ねぎらったりする。こうしたフォローが、利用者・家族の負担感や不安の緩和につながる。

（２）　傾聴とエンパワメント

　個別面接であれ、カンファレンスであれ、利用者・家族に話を聴く際に重要なことは、やはり、傾聴でありエンパワメントである[11]。一般的に言って、利用者や家族は退院にあたり、また、新しいサービスを活用した生活するにあたり、ていどの差はあれ、不安やストレスを抱えやすい。そうしたときに、今後の生活についての思いや要望を的確に表現していくことは、必ずしも容易なことではない。

　そこで、チームマネジャー等に必要となるのは、コミュニケーション・スキルのうちでも、「積極的傾聴（active listening）」とか「集中的傾聴（mindful listening）」と呼ばれるスキルである（Donsky and Polland　2014. 42）。利用者や家族が言おうとしていることや聞いてほしいと思っていることを、ま

　11）　エンパワメントの用語は、ソーシャルワーク実践においては、自分たちの生活に関わる事柄について発言する権利や機会を奪われている人々が、その事態を自覚して事柄の決定に参画し、周囲や社会への影響力を集合的に獲得していく、その過程をソーシャルワーカーが側面的に支援するという意味と、問題解決能力や決定能力が弱まっている状態、また、自己肯定感や自信を喪失している状態にある人々に、ソーシャルワーカーが面接を通して、その力や意欲、自身の回復を促していくという、２つの意味で用いられる（副田　2005. 29-30）。ここでは、後者の意味で用いている。

だ言葉にできていない気持ちも含めて、時間をかけ、意識を完全に集中させて聴く。また、言葉だけでなくボディランゲージによっても表現される不安やストレスなどの感情を受け止め、理解しようと努力する。利用者や家族の生活におけるニーズとその対処については、彼らが専門家であるから、彼らから聴かなければわからない。ていねいに質問をし、生活のなかで工夫してきたことや努力してきた点などが表現されれば、その事柄についてねぎらったり、肯定的な評価を行う。近年は、利用者や家族も、インターネットなどを通してサービスや介護法等に関する知識や情報を自分たちなりに得ていることも少なくない。そうした努力も含めて、日々の生活状況に関する質問をていねいに行い、傾聴し、フィードバックしながら、話を聴いていくことで、問題・ニーズをどのように感じ、理解しているのか、何を必要と考え、どうしたいと思っているのか、について深く知ることができる。

　利用者や家族は、疾患や心身機能の変化が十分に予測できないこと、またそれに伴う看護・介護生活の変化を見通せないこと、多様な専門機関や専門職についてよく知らないこと、退院前カンファレンスを含め、自分たちに対する支援がどのような手順やプロセスで行われていくのか知らないことなどからも不安やストレスを感じる。こうした予測できない、これからのことがよくわからないという未知の不安は、多様な専門職とのやりとりにおける利用者・家族の発言力やその意欲を削いでしまうおそれがある。それゆえ、チームマネジャーが、専門機関や専門職の役割や機能を、また、退院支援の手順やプロセスの概要を事前に、わかりやすい言葉で知らせることは、利用者・家族のエンパワメントになる[12]。

　また、各専門職のそれぞれの視点による情報を統合して利用者・家族が理解できるようわかりやすい言葉でタイムリーに提供することも、サービスの「的確な選択」ができるよう、利用者をエンパワメントすることである。こうしたことは「専門職チーム」としての責任である（Thomas, Polland and

---

　12）　専門職がうっかり使ってしまいがちな専門用語、業界用語は、それを使うだけで利用者・家族をディスエンパワメントしてしまうおそれがあることを、専門職は常に自覚しておく必要がある。

Sellman 2005. 42)。チームマネジャーは、そうした意識をもってチームを運営することが求められている[13]。

（3） 利用者の代弁

判断能力に不安がある利用者については、誰が利用者をサポートしたり代弁するのかという問題がある。ここでは、在宅ケアチームが支援する認知症で一人暮らしの高齢者を例にとって考えてみよう。

認知症高齢者は判断能力や意思決定力が乏しいというのは、言うまでもなく誤解である。中度であっても、自分の希望や意向を表現することは可能である。

認知症が比較的軽度（認知症の日常生活自立度で言えばⅡb程度）で一人暮らしをしており、サポートや代弁役割をする家族がいない、また、成年後見制度による後見人もいない高齢者については、これまでの生活をサポートし、その生活ぶりや思い等を知る、チームマネジャーであるケアマネジャー自身が代弁する、あるいは、介護サービス提供機関の責任者や民生委員、福祉ボランティア、隣人等に、それを期待することになる。インフォーマルなサポーターに話を聞くことは地域包括支援センター職員に依頼することが可能である。インフォーマルなサポーターは、地域の実情や当該高齢者と地域の人々との関係性などの理由から、見つけるのが困難ということも少なからずある。だが、認知症高齢者の発言のサポーター、あるいはその代弁者はできるだけいたほうがよい。というのも、専門職やサービス提供機関は、それぞれ、自分たちは当該高齢者とその置かれた状況をこのように理解してお

---

13) 利用者・家族は、退院後も不安や無力感を抱えがちである。だが、在宅療養支援チームのケアマネジャーも、医療知識が不十分であるだけでなく、業務過多の状態にある。そのため、在宅療養、とりわけターミナルケアの状態にあって強い不安や混乱状態にある利用者や家族の話を十分に聴くことができず、そのニーズや要望を的確に診療所医師に伝えるとか、その意見を代弁して医師と調整を図ることがむずかしいといった状況がある。東京のある福祉系団体では、地域医療を担う診療所医師からこうした状況に関する改善の訴えを受け、これらの役割を果たすソーシャルワーカーの派遣事業を行う非営利法人を立ち上げている。今後、診療所医師からの委託を受けて、事業を実施しようとしている。

り、それに基づいて当該高齢者のためにはこのプランがよい、とパターナリスティックに主張しがちだからである。たとえば、医師は、服薬管理ができず、抑うつ傾向もあるという理由でグループホーム入所を勧め、訪問看護師も同様の意見を主張するが、通所介護サービス事業所の相談員は、デイサービスセンターに毎日通い、センターで服用するようにすればこれまで通りの生活を継続できるのではないかと言う、などである。

だが、そもそも専門職によって、とくに医療系と福祉系では、脆弱性、危険性といった意味での「ヴァルネラビリティ（vulnerability）の観念」が異なっているために（Koubel 2012）、それぞれの視点や理解の正当性を主張し続け、張り合ってしまうことも起きてしまう。こうした縄張り争いのような対立を、Saario は、多機関・多職種によるクライエント対応での「バウンダリー・ワーク（boundary work）」と呼んでいる（Saario *et al.* 2015）。専門職やサービス提供機関間における、利用者を「不在」にした形での、「利用者のための」正当性・妥当性をめぐる「争い」は、認知症高齢者という権利侵害にあいやすいヴァルネラブルな人の場合ほど起きやすい。それを防ぐには、ときどき訪問してくれる親族や知人、隣人、福祉ボランティアなど、インフォーマルなサポーターの「本人は、ずっとここにいたい、（デイサービスの）風呂には行きたいが、毎日は行くのはいやだ、と言っている」といった声が迅速にチームマネジャーたちに届くことが重要である。

（4） 利用者・家族間の意見調整

③利用者・家族間の意見調整：利用者と家族の意向や希望等が食い違うとき、どうするか。

たとえば、利用者は介護サービスを使いながら自宅で暮らし続けたいと主張し、家族は施設のほうがちゃんと見てもらえるから入ったほうがよいと主張していて、意見の調整ができないといった例。こうした例では、食い違いの調整ができないことによって両者の関係がうまくいかなくなることも少なくない。認知症などの理由によって利用者の意向や希望がはっきりしない場合、別居親族が代弁という形をとって自分自身の意見を主張し、同居家族と

第 5 章　多職種チームへの利用者参画　　183

の間で食い違いが起きることもある。

　しかし、こうした食い違いがあるまま、彼らがチームマネジャーの面接や多職種チームのケースカンファレンスに参加すると、話し合いの進行に時間がかかったり、話が混乱してしまい、支援計画やケアプランの合意までに至らないおそれがでてきてしまう。カンファレンスの参加者から「事前に家族調整をやっておいてほしい」とチームマネジャーにクレイムが出されてしまいかねない。

　こうした利用者と家族の関係、家族と親族の関係を、チームマネジャーが互いに理解し合うよう求めたり、アドバイスをするなどして直接意見を変容させることは、言うまでもなくできない。できるのは、両者の間で「折合いをつける」ことができるよう支援することである。

　ソーシャルワーカーの芦沢は、ソーシャルワーカーらの支援者と利用者との関係が、あるいは、他機関との連携がうまくいかず、困難を感じているときに生じているのは、支援者の考えを受け入れない相手の問題でも、相手の考えを受け入れられないこちらの問題でもなく、お違いの間で折り合いをつけられない、こちらと相手との関係（あいだの）問題であると言う。そして、折り合いをつけていくには、それぞれが自分の考えの正当性を主張し、相手にわかってもらおうとするのではなく、分かり合えないことを前提に「対話」することだと指摘している。

　支援者にとってその「対話」とは、利用者や他機関の考えや言い分を聴き、自分自身の中で「対話」することである。たとえば、支援者は当該利用者について精神病院の受診をしたほうがよいと思っているが、利用者はそれを拒否しているといった場合、支援者は「本人が嫌がっても連れていくしかない」と相手をコントロールしようとするのではなく、「困っているのは誰か？」「本人が困っていることは何か？」「本人が困っていることのために、周囲と折り合えることは何か？」「そのために、支援者としてできることは何か」と、自分自身と対話し、「妥協点を探る」。つまり、支援者自身のなかで折り合いをつけるのである[14]。

　では、自分たちでは調整がつけられなくなっている利用者や家族、家族や

184　第Ⅲ部　利用者参画

親族が、自分たちの中で折り合える点を見いだせるよう、支援するにはどうしたらよいか。同じように内なる「対話」を重視する、「未来語りのダイアローグ」を参考に[15]、つぎのような方法を試してみることはできるだろう。

　チームマネジャーは、多職種によるケアカンファレンスの開催前に、利用者や家族、また、親族たちと話合う場を設ける。その場には、当該事例のケアマネジャーや他の支援者、2人か3人に同席を求める。1人には、ホワイトボードやシートなどへの記録を依頼する。ファシリテーターを務めるチームマネジャーは、利用者や家族に、ケアプラン案を巡って、それぞれの考えや言いたいことを1人ずつ話してもらうよう依頼する。そして、話の間は、他の人は何も言わず、ただ関心をもって聴いていてほしいと伝える。チームマネジャーは、当事者がそれぞれ語ることを熱心に聴き、その話の内容についてなにか感想を述べたりコメントすることはしない。当事者に言ったことをそのまま繰り返したり、「こういうことなんですね？」「他には？」などと言って、話の内容はきちんと伝わっている、もっと言いたいことがあればそれについても言ってもらってかまわない、というメッセージを話し手や聴いている人たちに送る。他の支援者たちも、それぞれの話を純粋な関心をもって聴く。うなずくなどして話を受け止めていることが全員に伝わるようにするが、話の途中に割り込んだりしないで、当事者たちに参加態度のモデルを示す。

　人は、自分の話が誰かによって途中で遮られたり、批判的なコメントをされることなく、その場にいる全員によって熱心に聴いてもらっていることがわかると、他人の話を聴くようになる。他人がなぜ、そのような意見をもつのか、その理由や背景を知ることは内省につながり、相手に対する思い込みや自分の意見に固執する態度が和らぐ。それは、自分自身との折り合いを、他者との折り合いを可能にする[16]。

　話しがなされている間、記録係の支援者は、ボードやシートに話された内

---

14)　芦沢（2017）2-5.
15)　「未来語りのダイアローグ」については、第7章でも取り上げる。
16)　言うまでもなく、この方法が万能ということではない。

容を書いていくが、その書く様子や、書かれた内容を参加者は見ることができるので、話し手に視線が集中せず、話し手に与えるプレッシャーを弱めることもできる[17]。また、その内容を見ながらそれぞれが自分の内的対話を進め、「妥協点を探る」こともできる。そして、それを見ながら、みなで今後の方向性について合意していくことができる。

　自分たちでは折り合いをつけられない状態にいる利用者や家族、親族たちでも、第三者としての支援者の入ったこのような場があれば、自分自身との折り合いをつけ、家族間・親族間の折り合いをつけるチャンスがある。

---

17)　長沼は、その他にも参加者の積極性を引き出し、新しいなにかを創造するなどの効用があるとして、福祉領域における話合いや会議の場におけるホワイトボードやシート等の積極的活用を勧めている（副田・土屋・長沼　2012. 111-112）。

第6章　多機関チームと利用者参画

1．インボランタリークライエントの参画

（1）　インボランタリークライエント研究

　分野横断的ニーズをもちながらも、ニーズ充足やニーズを生み出す問題や生活困難状況の改善に意欲をもたず、支援しようとする地域の人々や専門職に対して、消極的、あるいは、拒否的な態度をとる人々がいる。虐待や DV（ドメスティックバイオレンス）などのように、公的機関の法的介入が規定されている事例はもちろん、「ゴミ屋敷」事例や、認知症の老親とひきこもり成人子の同居世帯など、緊急性があるようには見えない事例であっても、社会的介入や支援を要する問題・ニーズがあると判断すれば、当該事例が介入・支援を望んでいなくても相談支援機関は介入する。そして、問題・ニーズ対応のために協働する必要がある機関と連絡をとり、多機関チームで対応をしていく。

　この多機関チームにおいても、利用者参画が原則である。利用者や利用者世帯の問題・ニーズを扱い、その改善・充足を図るよう動いていくチームであるから、当の本人や家族が参加し、その話や言い分を専門職が聴き、今後の支援計画を一緒に作成していく。これは、利用者や家族の自己決定権を保障するとともに、彼らが他者からエンパワメントされたり、自分自身をエンパワメントしていく体験を得る機会となる。

　しかし、そもそも専門職がアウトリーチ、すなわち、訪問して支援の手を差し伸べようとしても、利用者が消極的であったり拒否的な態度をとれば、問題やニーズを確認したり、それについて話し合うことすら困難となる。利用者が、自身の問題状況の改善や多様なニーズ充足を図るという目的を多機関チームのメンバーと共有し、一緒に問題改善・ニーズ充足を検討していく

188　第Ⅲ部　利用者参画

チームメンバーになるには、支援の主担当者との話合いの場面に利用者が登場し、主担当者と会話する必要がある。多機関が集まるケースカンファレンスの場への参画は、その先にある。

　では、関わろうとする主担当者に対して消極的／拒否的な態度をとる人々と、支援担当者はどのようにコミュニケーションし、関係をつくり、問題解決・ニーズ充足のためのパートナーシップを図っていけばよいのか。

　欧米のソーシャルワーク研究では、多様なニーズがあるにもかかわらず自発的に援助を求めない人々、また、援助に対して抵抗する人々をインボランタリークライエントと呼び、その援助方法等について議論を行ってきている。しかし、日本のソーシャルワーク研究においては、この用語を用いた研究は極めて乏しい[1]。「困難事例」をキーワードとする文献はあるていどはあるが、対応策や援助法に言及した論文はあまりなく[2]、言及している文献においても具体的な関係形成の方法までを提示しているものはほとんどない[3]。

　欧米のソーシャルワーク研究におけるインボランタリークライエントに関する文献もさほど多くはないが[4]、日本に比べれば多い。インボランタリークライエント理解の視点、対応策、援助技法等を論じている論文と、それらの論文で比較的多く引用・参照されている Rooney、Ivanoff、Berg、Trotter らの文献を整理すると、インボランタリークライエントとの関係形成や介入の方法を論じたものは、おおまかにつぎの3つのグループに分けること

　1）　わずかしかない文献の1つは、Rooney の実践方策を解説した伊藤（1999）である。以下で、Rooney の論を紹介する際、伊藤の解説を参考にしている。

　2）　CiNii（NII 学術情報ナビゲータ）で検索すると106件のヒットであった（アクセス日2015年3月10日）。

　3）　岩間（2012）は、支援困難事例へのアプローチを解説しているが、基本的にバイステックの援助原則に則ったもので、とくにインボランタリークライエントを想定した記述はない。

　4）　EBSCO が所蔵するデータベースのうちの Academic Search Premier で検索すると51件ヒットした。だが、そのうちの約半数は、犯罪者に関する法律関係の論文、アルコール依存症者へのグループカウンセリングなどのプログラム評価に関する研究、書評などであり、関係形成や介入方法やそれに関連するものを論じたものではなかった（アクセス日：2015年4月29日）。

ができる。

① 自由喪失の脅威などから敵対的な反応を示すインボランタリークライエントに対し、ワーカーはそうした反応を弱め、脅威からの解放といったクライエントの動機をワーカーの援助目標に合わせるよう働きかけるとする Rooney や Ivanoff らの方法論

② 自分自身でコントロールできない感情的問題から敵対的になりがちなインボランタリークライエントに対し、ワーカーは彼らの否定的感情を受け止め、信頼を得ていくことを通して問題解決のための協力関係を作っていく、とする Searing や Howe らの方法論

③ どのようなインボランタリークライエントであっても強みと資源をもっており、将来の行為を自分で選択できる、彼らは抱えている問題の専門家であるととらえ、ワーカーは適切な質問を重ねて協同関係を発展させる、とする Berg や De Jong らの方法論

①については、De Jong らが Rooney や Ivanoff の論を「動機一致論」と呼んでいるので（De Jong, Berg 2001）、これに倣い、動機一致戦略論と呼ぶ[5]。②は、伝統的ケースワーク論が重視してきたワーカー・クライエント関係に再注目するものであるので関係基盤実践論、③は、解決志向アプローチによる実践であるので、解決志向アプローチ実践論と呼ぶことにする

①動機一致戦略論は、インボランタリークライエントとして、保護観察中の人のように援助職と会うことが「法的に義務付けられているクライエント（legally mandated client）」や、アルコール依存症者のように援助職に会うよう関係機関や家族、周囲の人々からプレッシャーをかけられている「ノンボランタリークライエント（nonvoluntary client）」など（Rooney 2009. 4）、犯罪などの逸脱行為や問題飲酒などの迷惑行為を行う人々を想定している。一言で言うならば、こうしたインボランタリークライエントに交渉可能

---

5) なお、De Jong らは、Rooney と Ivanoff の論に触れているが、インボランタリークライエントに関する全体的な研究レビューを行っているわけではない。

な範囲で選択権を認めて、その「リアクタンス（不承不承の態度や不本意を示す行為）」を減じ、彼らの問題の見方や動機などを一定の戦略を用いてワーカー側の援助動機や援助目標に合わせていけるよう導いていく、という方法論である[6]。

圧倒的なパワーインバランスの下で、ワーカーによる誘導を行うわけであるから、保護観察に付されたクライエントのように、面接を法的に義務付けられた場合は妥当かもしれないが、限られた自由の付与で誘導を正当化するのは、ソーシャルワーカーの倫理からすると疑問が残る。また、戦略を実施する上でのスキルは必ずしも明示的ではないため、その発揮には個々のワーカーにそれなりの力量や経験が求められることになる。ワーカーがその戦略スキルに習熟していなければ、クライエントの「リアクタンス」を減じるどころか、それを強化してしまうおそれもある。

Trotter は、こうしたインボランタリークライエントとの関係形成と介入において、権威と権力を適切に用いることの重要性を指摘しているものの、クライエントが問題として定義したものを取り上げ、クライエントの達成しやすい目標をワーカーとともに構築するという「協働的問題解決」が有効であって、ワーカーの目標に焦点を当てた介入はよい結果をもたらさないと述べている（Trotter 2006=2007. 35, 65）。Gallagher らもまた、調査に基づき、こうした「協働アプローチ」が、インボランタリーな利用者のエンゲージメント（関係づくり）にとって重要であると述べている（Gallagher, et al. 2010）[7]。

---

6) 詳細は、副田（2016）を参照されたい。

7) ソーシャルワークではエンゲージメントという用語について2つの使い方をしている。ソーシャルワーク実践過程の初めの段階である援助合意づくりを指す場合と、ソーシャルワーカーが利用者の思いを傾聴し応答しながら、利用者がサービスから何を得たいと思っているのか、その観点をひきだしていくというソーシャルワーカーの関わり方を表わす場合とである（Gallagher, et al. 2010）。本文で引用した Gallagher らの使い方は、後者である。Turnell らの児童虐待を認めない親への対応に関する文献では、エンゲージメントを「関係作り」と訳しており（Turnell and Essex 2006=2008. 33）、本論はそれに倣った。

第6章　多機関チームと利用者参画　　191

　本論の関心は、分野横断的ニーズをもちながらも社会的支援を受けずに地域で暮らし、支援のために関わろうとする専門職に対して消極的／拒否的な態度をとる人々と、支援担当者が法的な権威と権限をできるだけ行使せずに、どのように関係を形成していけばよいのか、その方法にある。そこで以下では、これに対する示唆を得るため、②関係基盤実践論と③解決志向アプローチ実践論について、その内容を検討する。

　なお、以下で取り上げる文献で使用されているソーシャルワーカー、セラピスト、プラクテイショナーという用語は、いずれもワーカーに統一して記述する。

（2）　関係基盤実践論：ワーカー・クライエント関係への再注目

　Trevithick（2003）や Howe（2008=2011）によれば、関係基盤実践（relationship-based practice）というのは、Rogers のクライエント中心療法、Biestek の援助関係論、Hollis の心理社会的アプローチなどが創りあげてきたケースワークの伝統、すなわち、ワーカー・クライエント関係を重視する視点をもつ実践のことである。

　ソーシャルワーク教育においてエコシステム論によるジェネラリストソーシャルワークが中心となった1980年代以降、ワーカー・クライエント関係も心理社会的アプローチも、かつてほどには重視されず、研究も下火になっていた。それが2000年ごろから、リバイバルとでも言える傾向が見られるようになる。語られる文脈は2つある。1つは、現代社会におけるワーカーとの信頼関係がもたらすケア機能の重視、もう1つは、児童保護分野におけるワーカー・クライエントの信頼関係の重要性の再認識である。

　前者の文脈における関係重視論として、たとえば Trevithick（2003）は、サービスが不足するなかで、不安や生きる力を失いがちとなる「ヴァルネラブルな人々」や、差別や排除等によって社会に対して防衛的になってしまった人々に対し、ワーカーは、権利擁護活動とともに彼らの感情を受け止め、傾聴、共感、対話を通して彼らが生活に前向きになっていけるよう支援すべきと述べている。また、Ferguson（2001）は、自分の人生と生活を自己責任

で切り開いていかなければならない社会にあって、ワーカーは、自己実現やマスタリー（熟達）、癒しを促進するようなクライエントとの「滋養的関係」を発達させることに習熟する必要があるとしている。

　後者の文脈、つまり、児童保護分野におけるワーカー・クライエントの信頼関係の重要性の論議が、インボランタリークライエントに対する関係基盤実践に関するものである。1990年代後半、英国の労働党は前政権のニューパブリックマネジメント（NPM）政策を引き継ぎ[8]、利用者参画、パートナーシップやエンパワメントといった概念を強調する政策を展開した。これを反映して、児童保護政策は、クライエントのケースカンファレンスへの参加、プラン決定過程への参画という新しい方法を採用することになった。だが、こうした新しい方法は、ワーカーとクライエントとのパートナーシップの形成やクライエントのエンパワメントに本当に役に立っているのかという疑問が、実践現場や研究者の間に生じてくる。そして、この疑問をもとに行われたいくつかの調査の結果は、その懸念が現実であったことを明らかにした。

　たとえば、児童保護機関のクライエントや家族支援サービスの利用者を対象として[9]、利用者参画やワーカーの対応等に関するインタビュー調査を行ったBuckleyらの結果によると、クライエントたちは、参加したケースカンファレンスについては、「恥をかかされた」「自信を失った」「怖かった」などと述べ、プラン作成については、「説得された」「強制された」などと否定的に評価していた（Buckley, et al. 2011）。また、児童保護ワーカーとそのクライエントに対し、関係形成をめぐる半構造化インタビューを行ったSmithらの結果でも、クライエントたちはケースカンファレンスへの参加は形式的なものだったと述べ、一部のワーカーたちも、そうしたことがクライエントとの「エンゲージメントを阻害するおそれがある」ことを認めてい

　8）　ニューパブリックマネジメントは、行政機関等の公的部門に、民間企業の経営管理方法を導入し、競争原理を働かせて効率化、質の向上を図ろうとする公的部門の新しい管理方法を指す。

　9）　これらのクライエントや利用者は、児童虐待をしている保護者であったり、そのリスクがあるため予防策として種々の家族支援サービスを利用する者である。

た（Smith, *et al.*　2012）。

　一方、クライエントたちがワーカーの援助において重要だと考え、望んで
いたのは、ワーカーの暖かさや親しみやすさ、話しやすさといった態度・コ
ミュケーションスタイル、介入における繊細さや明確な情報提供、家庭訪問
の約束時間の厳守や迅速な折り返し電話などの基本的なエチケットであっ
た。Buckley らは、ケースワークの基本である「こうした当たり前のことを
守れないことが、利用者のワーカーに対する信頼感に否定的な影響を与え、
結果として肯定的な成果の可能性を損ねてしまう」と指摘している。また、
調査結果は、ワーカーとクライエントの関係の質が、児童保護サービスにお
ける対立的な側面を多少なりとも緩和する重要な変数であるという従来の研
究結果を肯定するものだとして、改めて質のよい援助関係形成の重要性を指
摘している（Buckley, *et al.*　2011）。

　Milbourne は、低所得階層の子どもたちが、成績不良や素行不良等の理由
で学校から、地域から排除されていかないように、学校や保健医療サービス
機関、民間の家族支援サービスなど多様な機関が関わり支援していくプロ
ジェクトに関して調査をしているが、そこでも同じような点が指摘されてい
る。つまり、プロジェクト推進のために配置されたリンクワーカー（民間機
関所属）が家庭訪問をし、子どもや親と信頼関係を作り、子どもや親の立場
に立って学校や家族支援機関等の機関をつなぐ、こうしたことが、親と学校
等の支援機関との関係をよいものにし、親の子どもの教育への関心を強める
結果をもたらしている（Milbourne　2005）[10]。

（3）　関係基盤実践論：関係形成の方法

　こうしたケースワークの基本の遵守、良質なクライエントとの関係形成に
加えて、関係基盤実践論が重視するのが、保護者の感情の受容である。
Searing らは、「子どもを守るという中心的義務を見失うことなく、親との

　10）　Boddy らもまた、リンクワーカーがいなければ、保護者が多様な機関のサービス
を利用して、子どもの問題に予防的に関わることは難しいことを、調査を踏まえて指摘し
ている（Boddy and Wigfall　2007）。

効果的な作業関係を発展させるスキルこそ、児童保護の中核にあるべきもの」と言い、その関係を親の感情に焦点を当てて形成すべしと主張している。児童保護の援助対象となる親の中には、子ども期にひどい体験をし、理解され対処されるべき問題を抱えたままの者がいる。そうした親たちは権威者としてのソーシャルワーカーが家庭に入ってきたときアクティングアウトし、問題行動を起こす、ワーカーを攻撃する、といったおそれがある[11]。こうしたことに適切に対処するには、ワーカーはその親の敵意に巻き込まれないようスーパービジョンを受け、精神分析学や愛着理論等によって親のコントロールできない感情を理解する、そして、ワーカーとクライエントのパワーインバランス関係がもたらす問題を認識しつつ、「よき親」としてそうした否定的感情を受け止め、包み込んでいく必要がある（Searing 2003）。

　しかし、クライエントの否定的感情を受け止めていくことは容易なことではない。Turney によれば、親たちは社会から承認されていないだけでなく、ワーカーたちから「悪い親」というステレオタイプで見られていると思い、ワーカーに敵意を感じる。その敵意は、ワーカーの側にもクライエントから認めてもらえない、拒絶されてしまったという思いをもたらす。その体験にまつわるワーカーの負の感情が、再び親に否定的なインパクトを与える。支援する側のワーカーが、こうした否定的感情の「相補的関係のダイナミズム」に気づき、自分の反応に注意深くなければ、クライエントとの「協力関係」を形成することは困難となる。

　しかも、クライエントの協力関係が、「見せかけのコンプライアンス」に過ぎないということもある。ワーカーは「健全な懐疑主義」の態度をもちつつ、子どもや親との協力関係を作ることを求められている。この複雑な要請がもたらす不安や困難感を抱えながら、ワーカーが「より安全で効果的、かつ強制的ではない援助実践」を行うには、ワーカー自身の不安の自覚が欠かせない。それを可能にするのは、実践の振り返りを重視し、ワーカーを支援

　11）　アクティングアウトは、精神分析学の概念で、衝動や心的葛藤などが言葉ではなく、行動で表現されることを指す（村山　1999.5）。

する組織文化が職場になければならない（Turney　2012）。

　だが、Ferguson によれば、現実問題として、児童保護の職場は手続第一主義の文化に染まっており、ワーカーたちが保護者から脅しや暴力を高い割合で受けているにもかかわらず、ワーカーにとって職場が「安全で滋養的な環境」になっていない。その結果、ワーカーたちの「子どもや保護者、また、自分自身との深い関係性を理解し、発展させることへの関心が削がれていく」（Ferguson　2005）。そうしたことは、関係の質を低くし、親とワーカー双方のストレスを高いままにとどめることで、双方の子どものリスクを気にかける力を減じてしまっている（Howe　2010）。

　こうした状況のなかでも、支持的関係に基づいた実践と、権威を用いて子どものニーズや安全確認を確実に行うこととのバランスを取るための工夫はなされてはいる。たとえば、Shemmings らは、ビデオを活用した面接でそれを試みている。不安が強く、未解決のトラウマや喪失だけでなく、メンタリゼーション（他者が自分とは異なる考えや感情をもっているという理解力）の問題を抱えている保護者は、子どものニーズを理解できず、誤解して苛立ち、虐待してしまう。その行為が与える子どもへのインパクトについても理解できない。こうした親とは、親子を撮影したビデオを一緒に見ながら、親のケア行動についてそのよいところを取り上げ、共感やサポートを示しながらその行動を奨励していく、そして、親子でもそれぞれ欲求や感情が異なるということが理解できるよう話し合っていく（Shemmings, *et al.* 2012）。

　関係基盤実践論の特徴は、クライエントのワーカーに対する不安や敵意を、また、クライエントがこれまで抱えてきたコントロールのむずかしい否定的感情を受け止め、理解し、共感して包み込むことを通して、クライエントが安全である、理解されている、といった感覚を得られるようにしていくという点である。しかし、ワーカーにとって、こうした自分にも向けられる否定的感情の受容や共感は、研修やスーパービジョンを受けていても容易なことではない。誠実さを示して信頼関係の形成を図りつつ、他方で「健全な懐疑主義」に立って「みせかけのコンプライアンス」をチェックする、つま

196　第Ⅲ部　利用者参画

り、「信頼しつつ疑う」というのは、クライエントに対するワーカーの倫理として問題はないのか、疑問を感じないではない。また、ケアとコントロールの2つの役割遂行を同時にワーカーに求めることは、相当の困難を強いることであり、有能なワーカーであっても負担は大きく、ジレンマに陥る危険性が高い。こうした状態にワーカーをとどめておくのは、ワーカーに対する所属組織や行政の倫理として問題とも言える。ジレンマ回避のためには、Shemmings らのような工夫がさらに試みられる必要がある。

　Trotter は、共感的なワーカー・クライエント関係は児童保護の分野で効果を示すが、それは一部にとどまる、と関係基盤実践の効果を疑問視している。そして、共感がよい効果をもたらすには、「向社会的モデリング」と強化、つまり、ワーカーが向社会的な表現や行為をモデリングしそれを奨励する方法とともに用いることが重要、と述べている（Trotter　2006＝2007. 42-5）。

（4）　解決志向アプローチ実践論：協同関係の形成

　解決志向アプローチは、人はみなリソース（資源：活用できるすべてのもの、能力、可能性等）やストレングスをもっているという人間観に立っている。また、人の生活環境における1つの領域の小さな行動変化は、さざなみ効果のように他の領域に大きな変化をもたらしていくという、生活のシステム論的理解に基づいたプラグマティックな介入法である。解決志向アプローチの創始者である Berg や De Jong らは、1990年代初頭から、アルコール依存症者、子どもを虐待する保護者、DV 加害者など、その多くがインボランタリークライエントであるような人々を支援する中でこの方法を生み出し、発展させてきた。

　解決志向アプローチは、クライエントは自分の問題や生活についての専門家であるという認識から出発する。それゆえ、ワーカーは「無知の姿勢」、つまり、あなたのことについて知らないので教えて欲しいという純粋の好奇心から、クライエントに問題状況をどのようにとらえているのか質問していく。De Jong と Berg によれば、この質問は、インボランタリークライエントとのエンゲージメントにとってはとくに重要である。クライエントに、

「置かれている状況や自分についての描写をコントロールすること」を求めるものだからである。

　つぎにワーカーは、「紹介者はどうしてここに来るように言ったと思うか」、「それについてどう思うか」、「この状況のなかでどういうことを願っているのか」、「この面接で何が得られればよいと思っているのか」といった質問をしていく。これらの質問は、望まないのに、ここに来るよう仕向けた者とワーカーとは違うということをクライエントに意識させ、「クライエントの望むことに関して協同する方法を共同構築」していくことを可能にする。そして、成功体験を探索し（例外探し）、クライエントの応答にコーピングクエスチョン（対処質問）で間接的なコンプリメント（ねぎらい、感心、肯定的評価等）をするなどして[12]、クライエントのコンピテンス（有能感、潜在的な可能性）を共同構築していく。

　さらに、「この機関が何をすることがあなたの役に立つと思うか」「あなたがOKというためには、何が必要か」「問題がなくなっていて今と違っているということがわかるには、何が起きていればよいか」といった質問によって、クライエントにとってのウェルフォームドゴール、すなわち、問題が解決したときの具体的で明確なイメージを創り出していく。もし、クライエントが自己や他者に対して明らかに害となることを欲したら、無知の姿勢でクライエントの見方がさらに広がるよう質問を重ね、ウェルフォームドゴールを共同構築するチャンスを増やしていく（De Jong and Berg　2001）。

　ウェルフォームドゴール実現のために、過去の成功体験などをもとにしながら話し合い、具体的な行動の形で表現できる小さな課題を設定する。課題達成を話し合うなかでワーカーからコンプリメントを受け、クライエントはつぎの課題に取組んでいく。そうしたクライエントの小さな変化が、生活の多様な領域における肯定的変化を生むというさざなみ効果を及ぼし、次第に

　12）　コーピングクエスチョンとは、たとえば、「そんな大変ななかで、どうやってやりこなしてこられたのでしょう？」といったもの。これは、対処についての質問であると同時に、「よくやってこられましたね」というコンプリメントを間接的に伝える問いになっている。

198　第Ⅲ部　利用者参画

問題が問題ではなくなっていく。社会構成主義に立脚する解決志向アプロー
チは、ワーカーとクライエントの協同関係、すなわちパートナーシップを形
成、発展させながら解決を構築し、問題を解消していく。

（5）　肯定的感情の構築と共感

　解決志向アプローチによる実践が、対立関係になりがちなインボランタ
リークライエントとの関係を協同関係として成立させ、発展させるのは、紹
介者や援助機関の目標に沿ってクライエントの動機を一致させるのではな
く、ウェルフォームドゴールを援助目標にすることを目指して対話が行われ
るからと言える。だがそれに加えて、解決志向アプローチによるワーカーと
クライエントの相互作用は、両者の間に肯定的感情と共感を構築するから、
と考えることもできる。

　たとえば、子どもを虐待した親は、ワーカーとの面接を前に、自分を否定
的に見ているに違いないとか、非難するのではないかといった不信感や不安
をもち、強く緊張した状態にある。その彼らにとって、問題についての自分
の見方を描写することを求められることは、ワーカーは自分を否定的に見て
おらず、一人の親として扱ってくれているという感覚をもたらす。また、自
分を問題について話すことのできる親とみなし、その話を理解しようとして
いる、と感じることができる。こうした感覚は、安堵感や自尊感情の保持に
つながり、これらの感情がワーカーへの不信感や不安を弱めると考えられ
る。そして、その話が否定されることなく、クライエントの見方として肯定
されることで、防衛的態度が緩んでいくと思われる。

　また、あからさまな怒りや敵意を向けてくるインボランタリークライエン
トには、そうした「怒りや敵意をノーマライズ」して少しの間発散させ、少
し落ち着いたら、「プライバシーと自立を守りたいという欲求をもっている
こと」をコンプリメントする（感心を示す、賞賛する）。そして、何をすべ
きかを言わずにクライエントの希望に同意し、いつもそのように自立的に物
を考えているのか、といった間接的なコンプリメントの問いを続ける（Berg
1994=1997. 49–50）。ワーカーが否定的感情に焦点を当てるのではなく、肯定

的感情につながる自尊感情の保持に役立つような応答や質問を行うことによって、結果的にクライエントの怒りや敵意といった否定的感情を弱め、会話の継続を可能にすると考えられる。

ポジティブ心理学では、ポジティブ感情の機能に関する研究を多数行っている。鈴木（2006）によると、その機能の1つに、ネガティブ感情によって高められた、あるいは高められると予想される心理的緊張や生理的覚醒を、素早く元に戻すアンドゥーィング（undoing）効果や軽減効果があると考えられている。実験ではなく、日常のストレス状況においても、また、怒りなどの能動的な感情についても、これが言えると解明されるならば、上記のような考察についてその妥当性が明らかになるだろう。

また、解決志向アプローチには、肯定的感情を積極的に構築していく質問・応答技法が多くある。とくにコンプリメントは多用される。インボランタリークライエントは問題について語りながら、否定的な感情を表出することが多い。しかし、解決志向アプローチでは、問題を理解することと解決することは別のこと、むしろ、困難を解決し満足のいく生活をつくる上で役立つのは、クライエントの有益な過去の経験、すなわち過去の成功であると考え、否定的感情を受け止めつつも、それに焦点を当てるより、過去の成功を見つけ出すような質問を行う。そして、クライエントの応答のなかに成功や、成功をもたらしたクライエントの資源・ストレングスを見つけてコンプリメントを行う。コンプリメントは、「クライエントの言葉からでてきた現実に根ざしたもの」として行われることで、クライエントに口先だけという印象は残らず、クライエントは、その現実を重要なものとして気づくことができる（De Jong and Berg 1998=2000. 53）。

他者からコンプリメントされる経験をあまり、あるいはほとんどもたないインボランタリークライエントにとって、その気づきはまんざらでもない感覚やちょっとした嬉しさをもたらし、自尊感情を多少とでも高める可能性がある。クライエントのこの小さな変化は、表情や態度、また、会話内容に表れ、それに気づいたワーカー自身にも嬉しいといった感情が生まれる。クライエントとワーカーの間に構築されるこうした肯定的感情が、両者の心理的

距離を徐々に縮め、ウェルフォームドゴールについて話し合うという協同関係の成立、発展に寄与すると考えられる。

ポジティブ心理学におけるポジティブ感情のもう1つの機能は、「拡張―形成理論」が示す「思考や行為のレパートリーを広げ、個人的資源を継続的に構築していく」効果である（Frederickson 2001）。この理論を踏まえながら、山崎（2006）は、ポジティブ感情には、認知や処理能力を高めるだけでなく、他者への寛大さや援助、社交性、責任感などの対人的機能を促進する効果があるとまとめている。これらの説を踏まえるならば、共同構築された肯定的感情が、協同関係の成立、発展に寄与するという上記の仮定は妥当と言えよう。

さらに協同関係の成立・発展に寄与すると思われるのが共感である。Turnell ら（1999）によれば、共感とはクライエントが理解されたと思うことで成り立つ。解決志向アプローチでは、ワーカーは、クライエントの問題認識について、また、欲していることや願いについて質問をしていく。これらに対するクライエントの応答から、ワーカーはクライエントの価値観や準拠枠、とくに願いや希望を理解したことを的確に伝える。これによって、クライエントがワーカーから理解されていると感じることができたならば、そこに共感が創出される。自分のことがわかってもらえない、誰もわかろうとしない、と思うことの多いインボランタリークライエントにとって、このわかってもらえたという共感は、肯定的感情と同じように、対話できる関係、協同の関係の形成に寄与すると考えられる。

これまで、解決志向アプローチに対しては、感情を扱っていないという批判があった。たとえばStalker は、解決志向アプローチは伝統的ソーシャルワークが強調するワーカー・クライエントの治療的関係を無視し、肯定的成果をもたらすクライエントのカタルシス（浄化：感情の発散）を制限したと述べ、解決志向アプローチは「感情的要因の重要性を下げた」と批判している（Stalker 2000）。だが、これまでの考察を踏まえれば、解決志向アプローチは、むしろ肯定的感情と共感という感情構築の重要性を明らかにしたと言える。

関係形成に関する解決志向アプローチの特徴の1つは、相手がインボランタリークライエントであって、紹介者から情報を十分に得ていたとしても、ワーカーは無知の姿勢に立ち、つまり、純粋なクライエントへの関心から、クライエント自身やその抱える問題について、クライエント自身が描写するよう求めていくこと、また、彼の欲していることや願いについて質問し、ウェルフォームドゴールを共同構築していくことである。両者のコミュニケーションの繰り返しを通して、両者の間に肯定的感情や共感が構築されていくこと、それが両者の協同関係の形成・発展に寄与していると考えられる点も、このアプローチの特徴である。

ウェルフォームドゴールの共同構築は、ワーカーが設定した目標に向かってクライエントの動機を一致させるよりも倫理的である。また、クライエントの肯定的感情の構築は、ワーカーの肯定的感情の創出でもあり、否定的感情を受容し共感を示すより負担感は少ない。さらに、解決志向アプローチは、誰でも資源・ストレングスをもつという信念に基づいて用いる、コンプリメント、例外探し、コーピングクエスチョン（対処質問）、ミラクルクエスチョン、スケーリング質問など、明確なコミュニケーション技法を提示しており、援助法としてわかりやすい。つまり、解決志向アプローチは、動機一致戦略論よりも倫理的で、かつ、ワーカーにとって関係基盤実践論のアプローチよりも負担が少なく、明快な信念と技法をもっていることで、インボランタリークライエントとの関係形成の構築により望ましいアプローチと考えることができる。

ただし、従来、多くのワーカーは問題志向のメンタルフレーム（思考枠組み）の教育訓練を受けてきており、解決志向のそれに切り替えることは必ずしも容易ではない。さらに、ワーカー個人が切り替えようとしても、職場組織や連携・協働する関係機関が従来のままであれば、ワーカーの姿勢と方法は理解と支持を得にくい。同僚とともに研修を受け実践する、また、管理職の理解を得て職場全体で取り組む、さらに、関係機関の職員との合同研修を行うなど、種々の工夫が必要となる。

202　第Ⅲ部　利用者参画

（6）　解決志向アプローチに基づくプログラム

　解決志向アプローチによるインボランタリークライエントへの介入が効果的であることを示した研究例としては、情緒や行動面で問題があるとして学校からカウンセリングの受講を迫られる青少年を対象とした解決志向アプローチに基づく支援（Franklin and Hopson　2009）、児童虐待のおそれのある保護者への解決志向アプローチを含むストレングス基盤の初期介入プログラム（Katsikitis, *et al.*　2013）、DV 加害者に対する解決志向アプローチ基盤のプログラム実施（Lee, *et al.*　2004）、修復的正義に解決志向アプローチを活用した犯罪者への対応（Lehmann, *et al.*　2012）などがある。

　わが国では、菱川らが、解決志向アプローチを基盤にした児童虐待対応のためのサインズ・オブ・セイフティ・アプローチを児童相談所の児童保護分野に導入し、その実践を積み重ねている。私たちは、支援者がインボランタリークライエントとして遭遇することの多い高齢者虐待事例への対応に、解決志向アプローチとサインズ・オブ・セイフティ・アプローチを援用した安心づくり安全探しアプローチを開発した。

　このアプローチでは、インボランタリークライエントとしての家族との関係づくりの過程と、問題状況やニーズ、そして、資源・ストレングスについてのアセスメントの過程が重なり合って進む。そして、利用者と支援者が問題状況やニーズをともに確認した上で、支援者は的確な質問によって、利用者が当面の目標を設定できるよう支援する。このアプローチの特徴は、こうした面接過程を進めていく上で役に立つツール（記入シート）を複数活用する点である。以下では、インボランタリークライエントとしての家族との関係づくりに焦点を当てて、安心づくり安全探しアプローチを概説する[13]。

　13）　安心づくり安全探しアプローチは、科学研究費補助金（基盤 C　代表：副田）を得て、2009年度から副田、長沼、土屋で研究開発を始めたものである。研究開発を行う研究会のコアメンバーに、2011年度から松本が加わっている。それ以外に多数の現役のソーシャルワーカーやケアマネジャー、行政職員が会員として加わり、研究や研修の実施に協力している（http://www.elderabuse-aaa.com/）。

2. 安心づくり安全探しアプローチ

(1) 虐待する家族との関係づくりのむずかしさ

高齢者虐待の事実がある、あるいは、あるらしいと相談・通報を受けた地域包括支援センターの職員は、被虐待者である高齢者にも、虐待している（おそれありの場合も含む）家族にも話を聞く努力をする。しかし、虐待している家族は支援者と話すのを好まず、消極的、あるいは、拒否的な態度を示しがちである[14]。

他方、家庭内で虐待を受けている高齢者の多くが認知症高齢者である[15]。認知症高齢者であっても虐待を受けていることを訴えたり、支援してほしい旨を表現する高齢者もいる。だが、うまくそうしたことを伝えられない高齢者も多い。また、家族に虐待を受けていることを恥として虐待の事実を隠そうとする高齢者もいる。その反対で、家族が被虐待者である高齢者を支援者に会わせないこともある。

言うまでもなく、被虐待者本人とコミュニケーションがとれない場合には、家族から話を聞く必要が一層ある。そうでなければ、高齢者の保護や支援が困難となる。また、虐待する家族自身が、社会的支援を必要とする状況

---

14) 虐待対応をしている介護支援専門員などを対象とした調査では、「虐待の援助に苦慮している」と答えた者が全体の88％であったが、その苦慮している理由としては、「介入を拒む」「技術的にむずかしい」「立場上むずかしい」というのが複数回答でそれぞれ30〜40％弱あった（医療経済研究機構2004年）また、藤江が行った地域包括支援センター職員を対象とした調査でも、虐待対応に「困難感あり」が91％で、その理由は、「介入を拒む」「援助者としての自分の技術不足」「家庭内という密室性の問題」（それぞれ90％以上）などであった（藤江2009）。

15) 『平成27年度高齢者虐待の防止、高齢者の養護者に対する支援等に関する法律に基づく対応状況等に関する調査結果』によれば、被虐待高齢者16,423人のうち、要介護認定者の割合は66.7％、そのうち、認知症日常生活自立度がⅡⅢ以上の高齢者は87.3％である（これは、被虐待高齢者全体の58.2％である。ただし、被虐待高齢者の中の27.5％を占める要介護認定未申請者および3.0％を占める要介護認定申請中の人の中にも、認知症高齢者は多数いると思われる。被虐待高齢者のうち、要介護認定非該当つまり自立がはっきりしている人は、0.1％にすぎない）。

にあることも少なくない[16]。高齢者のために、また、家族自身のためにも、支援者は家族と話のできる関係をつくる必要がある[17]。しかし、支援者にとってその関係づくりはむずかしい。それは、両者の間で、図表 6-1 のような悪循環が起きるためと考えられる。

　家族が支援者と話すことに消極的で、虐待していることを否認したり、支援者の介入に拒否的な態度をとったりすると、話を聞こうとする支援者としては、「どうすればよいだろう」と悩んだり、これでは「対応していけないのでは」と思ってしまう。そうした困難を感じれば、「できれば虐待事例を担当したくない」といった回避感情が生まれてくるのも不思議はない。しかし、支援者がそうした否定的な感情を持ってしまえば、また、できるだけ表情や態度に出さないようにしたとしても、それは微妙に伝わってしまう。とくに、外部の人間や公的機関に対する不信感をもっている人の場合、支援者の表情や言葉のトーンなどから、支援者の感情をすばやく読み取ってしまい、不信感をさらに強くするということが生じがちとなる。少なくとも不信感を和らげることはなく、拒否感情を強化してしまうおそれがある。

　家族の拒否的な姿勢が強くなると、支援者の支援困難感や不安はさらに強まり、適切な支援に遅れが生じたり、家族が納得していないまま介護サービスを導入する、とりあえず分離する、といった対応をしてしまいかねない。

---

16)　認知症介護研究・研修仙台センターの分析によれば、複数回答で求めた虐待発生の要因のうち、家族に関わるものとして「虐待者（養護者）の障害・疾病」23.0％、「経済的困窮」16.5％、「虐待者（養護者）の性格や人格」7.0％があげられている（認知症介護研究・研修仙台センター　2014）。これは、虐待の調査に入った担当者等の主観的な判断によるのではあるが、養護者つまり家族自身も種々のニーズを抱えていることが伺える。

17)　このように言うと、「危機的状況のときには、そのような悠長なことはしておれない」という指摘がなされる。もちろん、高齢者が虐待を受けて危機的状況にあるときは、高齢者をすぐ保護しなければならない。保護することでとりあえず安全を確保することができたら、その後、養護者と話す関係をつくる努力をじっくり取り組むことができる。ただし、保護する際に、保護することは高齢者の生命・安全を守ることであると同時に、養護者の負担を軽減することでもあること、養護者の大変さの話をこの後、聞かせてもらいたいと伝えるなどして、養護者とのつながりの糸を残しておくこと、つまり、決定的な対立状態を作らないことが求められる。

図表 6-1　支援関係の悪循環

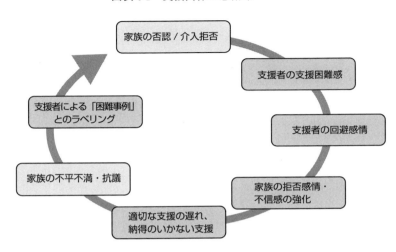

注：副田・土屋・長沼（2012）の図 1-4 を若干改変

納得していない家族は、これには強い不満をもち、抗議をしてくるおそれもある。不信感も募るし、拒否感情もさらに強まるかもしれない。そうなると支援者としては、「やはり難しいケース」「困難事例」とラベリングして、対応がなかなかうまくいかなくてもやむを得ないケースと思い込み、自分を正当化したくなる。しかし、その思い込みは家族に伝わり、家族をさらに頑なにさせてしまうおそれがある。

こうした悪循環を断ち切り、話し合える関係を作っていく。そして、家族が状況改善の必要性の認識や状況改善の意欲をもち、支援者と一緒にその方法を話し合っていくことのできる関係、つまり、パートナーシップの関係を作っていく。その方法としての安心づくり安全探しアプローチは、解決志向アプローチとサインズ・オブ・セイフティ・アプローチの基本的考え方を基盤に面接を進めていくことができるように、いくつかのシートを用意している[18]。

---

18) M-D&D（修正版デザイン・アンド・ディベロップメント）に基づいて行った安

（2） 複眼的視点による情報収集

　地域包括支援センターや行政機関に相談・通報があった時点から使用するシートが、危害リスク確認シートと安全探しシートである[19]。

　虐待状況に関する情報を収集する様式として、危害リスク確認シートだけでなく、安全探しシートの活用も提案するのは、相談・通報を受けるという対応開始時点から、被虐待者である高齢者、虐待している家族、家庭全体のストレングスに関する情報を収集することが重要と考えるからである。

　通常、虐待の相談・通報がなされる場合、もたらされる情報は危険な状況や高齢者・家族に関する問題点、心配な点など否定的なものばかりである。相談・通報を受けるほうも、尋ねるのは危害状況や問題点、心配な点に集中する。これでは、高齢者・家族の情報は否定的なものばかりになる。しかし、すべての人はなんらかの資源・ストレングスをもっている、という解決志向アプローチの信念に立てば、安全につながる高齢者や家族の資源の有無について相談・通報者に質問することができる。ほかにも、高齢者や家族のよい点、悪くない点、まあまあできている点などを尋ねることができる[20]。安全探しシートがあれば、こうした質問を容易にしていくことができ、結果として、高齢者本人や家族、家庭全体について、否定的な面と肯定的な面をバランスよく見ていくことができる[21]。

心づくり安全探しアプローチの開発手順等については、副田（2013）を、シート活用法の詳細は副田・土屋・長沼（2012）を、サインズ・オブ・セイフティ・アプローチから導入した実践原理と権限行使をめぐる違いの説明については副田（2014）を参照されたい。

　19）　これらのシートは、その後の家庭訪問調査などでも活用でき、多機関ケースカンファレンスを開催するときにも活用できる。

　20）　こうした質問は、相談・通報者にも、そうした視点で情報収集をしてほしい、というメッセージにもなり、相談・通報者が新しい視点をもつ可能性がある。

　21）　相談・通報時にはまだ、情報が少なく、シートがほとんど埋まらない場合もある。だが、その場合でも、安全につながる資源・ストレングスを見出す質問をすることによって、相談・通報者にそうした側面についての情報を得たいということを伝えることができる。なお、情報がある程度取集できている段階にあっても、資源・ストレングスがどうしても見つからない、ということであれば、危害リスクがイエローのレベルやそれ以下

危害とリスクに関する情報だけでは、高齢者本人は無力で保護されるべき人、家族は危険で恐ろしい人、あるいは、多様な問題をもった人、家庭全体についても心配なことが多い家庭、といった否定的なイメージが強くなってしまう。そうしたイメージは、家庭訪問に行く支援者に不安と緊張感を与え、身構えさせてしまう。それは、相対する高齢者や家族をも身構えさせ、不安や不信感を強化しかねない。しかし、少しでも資源・ストレングスに関する情報があれば、支援者はその緊張感をわずかでも和らげることができる。また、それらの情報は、家庭訪問の際の会話を進めていくための雑談に活かすことができる。相手のストレングスを活かした雑談は、「私はあなたの敵ではない」「害を与える者ではない」ことを示し、相手の緊張感や警戒心を和らげる。そして後日、安全と思える状態を本人や家族と作り出していく際に、つまり目標とその達成課題の共同構築の際に、こうした資源・ストレングスを活かすことができる。

　相談・通報後の初回の家庭訪問は、一般的に、事実確認のための調査と位置付けられている。だが、安心づくり安全探しアプローチでは、家庭訪問を、事実確認とともに関係づくりの機会として重視する。関係づくりを重視するのは、話ができる関係が成立しなければ、確実な情報収集、正確な事実確認は行えないからである。その関係づくりと事実確認に役立ち、結果として埋もれていたニーズの発見や支援の糸口を見いだすことも可能となるのが、タイムシートを用いた面接である。高齢者本人や家族と対面することができ、雑談等を交えながらある程度の会話が可能となったら、これを行う[22]。

　タイムシートとは、高齢者本人の起床から始まる一日の生活、家族の起床から始まる一日の生活と世話・介護について時間を追ってていねいに訊き、その内容をかれらの目の前で記述していくシートである。このシートは生活

───────────────

の場合であっても、危険とみなして集中的な対応を考えたほうがよい。
　22）　もちろん、家庭訪問の際に緊急対応が必要な場合にはそれを行い、当面の安全が確認できた後に、タイムシート活用面接を行う。本人や家族と対面することができるまでの対応については副田・土屋・長沼（2012）の第4章、第7章1を参照のこと。

危害リスク確認シート

相談・通報のあった高齢者：氏名（　　　　　　　　　　　　　　　　　）性別（　　　　　）
　　　　　年齢（　　　　　）要介護度（　　　　　）日時：　　　年　　　月　　　日
①〜⑨について、該当するものがあれば[ ]に○印を入れ、該当項目を○で囲みます。記入者（　　　　　　　　）
１回目（相談・通報時点）と２回目（調査時）以降の記入は、異なる色のペンを使用しましょう。

★危害状況（虐待の事実、おそれ）の確認

<table>
<tr><td rowspan="4">レッド</td><td>① 被虐待者は意思疎通が可能ですか？
[ ]できない（　　　　　　　　　　　　　　　　　　　　　　　　　　　　　　　　　　　　　）</td></tr>
<tr><td>② 当事者が保護を求めていますか？
[ ]被虐待者自身が保護を求めている（　　　　　　　　　　　　　　　　　　　　　　　　　）
[ ]虐待者が高齢者の保護を求めている（　　　　　　　　　　　　　　　　　　　　　　　　）</td></tr>
<tr><td>③ 当事者の訴える状況が差し迫ったものですか？
[ ]「殺される」「○○が怖い」「何も食べていない」等の訴えあり（　　　　　　　　　　　　）
[ ]「何をするかわからない」「殺してしまうかもしれない」等の訴えあり（　　　　　　　　）</td></tr>
<tr><td>④ すでに重大な結果が生じていますか？
[ ] 頭部外傷（血腫　骨折）　腹部外傷　意識混濁　重度の褥そう　重い脱水症状　脱水症状の繰り返し
　栄養失調　全身衰弱　強い自殺念慮　その他（　　　　　　　　　　　　　　　　　　　）</td></tr>
</table>

レッド：①が○で②、③に○が１つでもある場合、もしくは、④に○が１つでもあれば、緊急対応が必要

<table>
<tr><td rowspan="3">イエロー</td><td>⑤ 今後、重大な結果が生じるおそれの高い状態が見られますか？
[ ]頭部打撲　顔面打撲・腫脹　不自然な内出血　やけど　刺し傷　きわめて非衛生的　極端な怯え　その他</td></tr>
<tr><td>⑥ それ以外にも危害の状態はありますか？
[ ]暴力・暴言（具体的に：　　　　　　　　　　　　　）[ ]ネグレクト（具体的に：　　　　　　　）</td></tr>
<tr><td>⑦ ④や⑤あるいは⑥は、これまでにも繰り返し見られましたか？
[ ]頻繁に見られた　　[ ]ときどき見られた　　[ ]まれにみられた　　[ ]まったくなかった
繰り返しあったのはいつ頃からでしょうか？　：　　　　　　年　　　　月頃から
[ ]虐待者の認識：　虐待の自覚なし　認めたがらない　援助者との接触回避（　　　　　　　　　）</td></tr>
</table>

イエロー：①〜④に○はないが⑤と⑦に○がある場合、安全探しシートの結果を踏まえて保護もしくは集中的援助

★リスク（状況を複雑化する要因）の確認

<table>
<tr><td>⑧虐待を受けている高齢者の状態
[ ]認知症程度：I　　IIa　　IIb　　IIIa　　IIIb　　IV　　M
[ ]行動上の問題：徘徊　暴力行為　　昼夜逆転　不穏興奮　失禁　その他（　　　　　）
[ ]寝たきり度：　J1　　J2　　A1　　A2　　B1　　B2　　C1　　C2
[ ]性格的問題（偏り）：衝動的　攻撃的　粘着質　依存的　その他（　　　　　　　　）
[ ]精神疾患（　　　　　　　　　）依存症（　　　　　　　　　）その他（　　　　　　）</td></tr>
<tr><td>⑨虐待をしている養護者の状態
[ ]虐待者の精神的不安定・判断力の低下　非現実的な認識　その他（　　　　　　　　）
[ ]被虐待者への拒否的感情や態度　[ ]重い介護負担（　　　　　）[ ]介護疲れ
[ ]長期に渡る介護（　　年）　　　[ ]認知症や介護に関する知識・技術不足（　　　　　）
[ ]性格的問題（偏り）：衝動的　攻撃的　未熟性　支配的　依存的　その他（　　　　）
[ ]障害・疾患：　知的障害　精神疾患（　　　）依存症（　　　　　　）その他（　　　）
[ ]経済的問題：　低所得　失業　借金　被虐待者への経済的依存　その他（　　　）</td></tr>
<tr><td>⑩家庭状況
[ ]二人のみの暮らし（　　　　　　）　[ ]副介護者なし　[ ]サービス利用なし／少（　　　　）
[ ]長期にわたる虐待者・被虐待者間の不和の関係　　[ ]虐待者・被虐待者の共依存関係
[ ]虐待者が暴力の被害者（　　　　　　　　　　　　　　　　　　　　　　　　　　　　　）
[ ]その他の家族・親族の無関心（　　　　　　　　　　　　　　　　　　　　　　　　　　）
[ ]住環境の悪さ：狭い　被虐待者の居室なし　非衛生的　その他（　　　　　　　　　　）</td></tr>
</table>

©AAA（安心づくり安全探しアプローチ研究会）
注）副田・土屋・長沼（2012）36ページの図3-2を若干改変

安全探しシート

相談・通報日時：

日時：　　　　　年　　　　月　　　　　日　　　　時
お名前（　　　　　　　　　　　　　　　　）担当者：（　　　　　　　）
相談・通報者：（　　　　　　　　　　　　）

　　CM　サービス事業者　　近隣住民・知人

　　民生委員　　被虐待者本人　　家族・親族

　　虐待者自身　　行政職員　　警察

　　その他　　　不明（匿名を含む）

相談・通報契機：

自分で見聞きした（　　　　　　　　　　）

　　他の人の話から（　　　　　　　　　　）

　　うわさで（　　　　　　　　　　）

```
┌─────────────────────────────┐
│  エコマップ（ジェノグラムを含む）  │
│                             │
│                             │
│                             │
│                             │
│                             │
└─────────────────────────────┘
```

心配と対応：

他にも心配している人がいますか？（　　　　　　　　　　　）

これまでも同じようなことがありましたか？（　　　　　　　　　　　）

これまではどうしていましたか？（　　　　　　　　　　　）

★安全探し

⑨虐待を受けている高齢者のストレングス

○自己資源

[　]コミュニケーションができる

[　]自分の意思を表示できる

[　]自分で避難できる

[　]経済的に自立している

[　]精神的に自立している

[　]その他（　　　　　　　　　）

○援助資源

[　]養護者以外に支援してくれる家族・親族がいる（　）

[　]気にかけてくれる隣人・友人等がいる（　　　）

[　]民生委員やボランティアの訪問がある（　　　）

[　]ケアマネジャーが訪問している（　　　　　）

[　]サービスを利用している（　　　　　）

[　]趣味をもっている（　　　　　　）

[　]その他（　　　　　　　　）

⑩虐待をしている養護者のストレングス

○自己資源

[　]虐待や放置をしていない時がある

[　]介護する意欲はある

[　]介護知識や技術を学ぶ気持ちはある

[　]高齢者に対して気遣いがある

[　]支援を求めている

[　]その他（　　　　　　　　）

○援助資源

[　]支援してくれる家族・親族がいる（　　　　）

[　]相談や話しのできる友人がいる（　　　　）

[　]サービスを利用している（　　　　　）

[　]息抜きできる時間や場をもっている（　　　）

[　]趣味をもっている（　　　　　）

[　]その他（　　　　　　）

⑪　家族全体のストレングス

○内的資源

[　]ふたりの仲はもともと悪くない

[　]家庭の雰囲気はもともと悪くない

[　]その他（　　　　　　　　）

○外的資源

[　]気にかけてくれる親族がいる（　　　　）

[　]みながかわいがるペットがいる（　　　　）

[　]住環境は悪くない（　　　　）

[　]その他（　　　　　　）

©AAA（安心づくり安全探しアプローチ研究会）

出典：副田・土屋・長沼（2012）37ページ

時間様式研究会（代表　小林良二）が作成した様式を、許可を得て若干の修正の上、使用させてもらっているものである。

　虐待の事実確認のために介護状況を把握しようとして、まず、「介護は大変ですか？」「介護で困っておられることはありませんか？」という質問をした場合、「別に、いつものことだから」「困っていることは何もない」と答えられてしまうと、その先を問うことがむずかしくなる。しかし、「お世話や介護の様子について教えていただけますか。お母さんが目を覚まされるのは、大体何時ごろですか？」と具体的な事実について尋ねると、支援者に対する不信感がまだ残っている家族であっても、「5時ごろかな・・・」と答える。そうすれば、「そのとき、何かお手伝いなさいますか？」「それから？」と事実を訊いていくことができる。

　ていねいに訊いていくと、家族が努力しているところ、できているところ、工夫しているところ、外部の資源を活用しているところなど、家族のストレングスが見えてくる。そうすれば、支援者も「頑張っているな」と自然に共感できるから、その事実について、「○○については、よくなさっていますね」といったねぎらいの言葉（コンプリメント）を容易に返すことができる。タイムシートの記載例と、質問およびコンプリメントのフィードバック例を掲載しておく。

　一般的に言って、介護をしている人は、介護することが当たり前になっていて、ねぎらってもらう体験をもたない人が多い。虐待や不適切介護をしている家族は社会的に孤立している場合が多いので、そうした体験をもつ機会がさらに少ない。また、当の家族自身も、怒鳴ったり、ときに叩いたりしていることをまずいと思っている。そういう家族に、訊いてわかった、できていること、工夫していることなどの事実をもとに、支援者が「この点はよくやっている」「いいな」と思った肯定的な気持ちを、思ったらその都度、そのままフィードバックをする。これは、家族にまんざらでもない気持ちと、この支援者は自分のことを非難しに来たのではないらしい、という多少の安堵感をもたらす可能性がある。

　そうした感情は、防衛的態度を弱め、話の流れの中で、虐待や不適切な行

為が起きる場面についても家族が自然な形で話をすることを容易にさせ得る。支援者は、そうした場面やそのときの家族の感情や思いを聴くとともに、そうした場面の「例外」、すなわち、起きていたかもしれない虐待や不適切行為が起きなかったとき、あるいは、起きたけれどもひどくはなかったときについて訊く。「例外」が訊きだせたら、その「成功」はどうして生まれたのかと訊いて「成功分析」を行う。家族の努力や工夫などが訊きだせたらコンプリメントを行い、「例外」が訊きだせなかったなら、そうした大変な状況にこれまでどうやって対処してきたのか、といった対処質問を行う。

　このように、タイムシート面接は、たんなる事実確認のための面接ではない。ていねいな質問を重ね、事実に基づいたコンプリメントを返していくことで、虐待する家族と支援者の間で肯定的な感情を創り出し、家族をエンパワメントするとともに、両者の間で必要なことについて話し合える関係を創り出していく面接である。

　タイムシート面接では、生活状況、介護状況をていねいに尋ね、訊いた事実を家族の目の前で記入していくので、生活の細部を理解できるようになる。また、生活の全体像も見えやすくなる。「見える化」によって、家族が気づいていなかったニーズや、虐待・不適切な介護が起こりやすいパターンも見えてくる。清書したシートをつぎの訪問の際に家族に渡すことを理由に、あるいは、1時間ていどの面接では、1日のほんのわずかな時間帯しかお話しが聴けなかったから、と言って、次回の訪問の約束を取り付けることもできる。次回の訪問の際に、シートの記載事項について話し合い、虐待する家族が、心配なこと（虐待や不適切行為）を認めているようであれば、つぎに、安全探しシートで一緒に支援計画を作っていく場面に移行できる[23]。

---

23)　安心づくりシート活用面接については、副田・土屋・長沼（2012）の第5章を参照されたい。

タイムシート（記入例）

ご本人のお名前（　　　　　）担当者（　　　　　）記入日（　　　　）
ご本人とご家族の生活の様子をお伺いします

	標準的な1日・負担を感じやすい1日			標準介護項目
	ご本人の生活	ご家族のお世話の状況	サービス・社会資源	介助項目例
5：00	目覚め・排尿	排泄介助　後始末		排泄介助 体位交換
6：00				起居動作介助 移動介助
7：00	排尿	排泄介助　後始末		歩行介助
	起床 洗面・整髪・着替え	起床介助、洗面、整髪、 着替え手伝い、ごみまとめ、ごみ出し		食事摂取介助
8：00	朝食 歯磨き	朝食準備　食事介助 歯磨き介助　朝食片づけ		水分摂取 更衣介助
9：00	排尿	排泄介助　後始末 洗濯		入浴介助 清拭
10：00	テレビ	掃除		着替え 洗面
11：00	排尿・排便	排泄介助　後始末 昼食準備		整髪 身だしなみ
12：00	昼食 歯磨き	昼食介助　昼食片づけ 歯磨き介助　着替え介助		散歩介助 外出介助
1：00	排尿	買い物に出かける	訪問介護	家事項目例
2：00	リハビリ目的の散歩		排泄介助、散歩 介助、水分摂取	介助物品の準備 買い物
		買い物より戻る		掃除
3：00	排尿	排泄介助　後始末		整理・整頓 洗濯、取り込み
4：00	パズル　塗り絵 （認知症予防）	塗り絵の手伝い 夕食の準備		食事づくり 配膳
5：00	排尿	排泄介助　後始末 夕食の準備		
	＜途中略＞			
23：00	排尿　就寝	排泄介助　就寝介助		
0：00				
1：00	排尿	排泄介助　後始末　就寝		
2：00				

Ⓒ生活時間様式研究会（代表　小林良二）

注）副田・土屋・長沼（2012）68ページの表を若干改変

質問の例

○○さんの一日の生活の様子とご家族のお世話の様子を教えていただけますか？
ご本人の目覚めは何時ですか？
それから？
排泄ですね。どんな手順でなさるんですか？トイレまで誘導して？大変ですね。
ていねいになさってますね！
それから？？
7時にも排尿？2時間おきですか？一日中？その都度、トイレまで？大変ですね、
よくなさってますね。
それから？
7時に起床で、起床介助、洗面、整髪、着替え手伝い、ごみまとめ、ごみ出し、1
時間で？手早いですね。
8時から食事作り？食事介助、いつもどんなもの召し上がっているんですか？
ご飯とみそ汁と、お魚、お浸し‥‥たくさん、ご用意されるのですね、毎日ですか？
すごいですね！よくやってらっしゃいますね。

パズルですか？それはどうして？認知症予防？よく思いつかれましたね。そうで
すか、いろいろ研究されたのですね。素晴らしいですね。お母さんはどんなですか？
すぐに飽きてしまう？そうすると、イライラして怒鳴ったり、手を挙げてしまう？
そうですか・・・。お母さんを悪くしたくないから？認知症を治してあげたい、
そう思っているのですね。認知症については、専門医にかかっているのですか？
先生は何とおっしゃっていますか？役に立たない？それは？治らないといわれて
しまった？そうですか。それで、精神科の受診を控えて内科しかいっていないの
ですね。そうだったのですね。

＜途中略＞

1時まで起きておられるんですか？一度寝てしまうと起きられなくなるから・・・
そうですか、それで、1時の排泄介助まで、がんばっておきているんですね。そう
ですか、よくなさってますね・・・。

一日の疲れがたまっている時間帯ですね…、お母さんはすぐに休まれますか？夜中
に食事を食べていないと、何度もおっしゃるのですか？そうですか、つい、大声が
出てしまうのですね。そうですか。そういう状況というのは、毎晩ですか？大丈夫
な時もある？そうですか、大丈夫なのはどういうときですか？

214 第Ⅲ部 利用者参画

（3） 有 用 性 評 価

　安心づくり安全探しアプローチ（以下、AAAと略記する）が、インボランタリークライエントとしての家族との関係づくりに、また、家族の状況変化に対する意欲の創出や向上に役立つかどうか、経過記録調査とインタビュー調査によって調べた。ここでは、経過記録調査の結果を紹介する[24]。

　経過記録調査は、Ａ４の用紙１枚（両面）から成る経過記録シートを、面接実施ごとに記録してもらうというものである。シートのオモテ面には、面接で実施することが求められる項目、つまり、AAAを学ぶ研修で強調した点を実施したかどうかを問う質問を、ウラ面には、家族との関係性、家族の状況変化への意欲等に関するスケーリング質問を載せている。いずれも支援者が行ったこと、支援者が気づいたり、判断したことを問うものであり、当該事例の個人情報はもちろん、プライバシーに関する情報はほとんど記載しないですむよう工夫している。

　オモテ面の質問は、つぎの３つである。

①　AAAが重視する面接での視点や技法を用いた面接や電話相談を実施したかどうか（「介護者支援を念頭に置いて面接する」「本人・介護者が今後どうしたいのか尋ねる」）

②　家族との話の中で、安心づくりシートを用いて尋ねる内容について取り上げたかどうか（「心配なことが起こりやすいパターン」「心配ごとが生じてもおかしくない状況でもなんとかうまくやれた場面」「これまでの家族関係」「高齢者や家族が譲れないと思っていること、大事にしていることなど」）

　24）　家族の状況変化への意欲がでてくれば、解決像をイメージすることができるようになり、支援者と一緒に自分なりの無理のない活動プランを創っていくことができる。支援者にとっての支援計画となるこのプランが実施され、その成果を評価することができれば、虐待対応アプローチとしてのAAAの有用性を明らかにすることができる。だが、成果を確認するに至るまでは一定の長さの時間が必要となる。今回の調査法では、そこまで明らかにするのは困難であるので、対応の初期段階と言える、関係づくりと意欲変化に焦点を当てている。

③　面接を通して虐待を受けている高齢者、家族、家庭全体について、資源・ストレングスを発見したかどうか（発見した場合には、用意した6つの記述欄にその内容を簡単に記述してもらう）

ウラ面の質問は、つぎの3つである。

④　虐待する家族と話し合える関係になれたかという虐待者との関係性について、現状を評価するスケーリング

⑤　虐待する家族は今の状況を変えていく気持ちをもっているかという、虐待者の状況変化に関する意欲の現状を評価するスケーリング

⑥　当該ケース対応に関する支援者の自己効力感を評価するスケーリング

これらのスケーリングについては、その評価点についての根拠を尋ねる設問と、次回の面接でその評価点を1点だけ上げるには何がやれていればよいか、という次回面接の目標を尋ねる設問を置いている[25]。

　経過記録調査の協力者は、私たち安心づくり安全探しアプローチ研究会が実施する AAA 研修に参加し、調査協力に同意してくれた15か所の地域包括支援センター職員21名（女性14人、男性7人）と、4つの自治体の高齢者虐待担当職員4名（いずれも女性）である[26]。経過記録シート記入の負担を考慮して、調査期間は2010年9月末から2011年3月末までの6か月間とした。

　虐待事例の相談・通報件数は、全国的に増加傾向にあるものの、地域包括支援センターによっては、相談・通報があまり多くないというところもある。調査期間を9月末からの6か月間としたため、経過記録シートを1枚以上記入した協力者は13人にとどまった。1事例について2人で担当した例もあったので、経過記録シートを用いた事例として提出されたのは11事例であ

---

25)　最初の設問に答えることで、評価点の根拠を改めて考えてもらい、それをもとに、つぎの設問について考えることで、次回の面接における小さな目標を設定してもらう、という狙いである。経過記録シートの記入作業が、調査協力という目的のためだけではなく、面接の振り返りと当面のゴール設定を考える機会になればと考えて設定した。

26)　調査協力者の選定や調査方法、結果の詳細は、副田（2013）の4章3節を参照されたい。なお、2つの調査とも、首都大学東京の研究倫理審査委員会の承認を得て実施している。

経過記録シート

登録番号（ 　　　　　　　　　　　 ） 　担当者（ 　　　　　　　　　　　　　 ）
面接日： 　　年 　　月 　　日 　　記入日： 　　年 　　月 　　日

1. この日の介護者の方とのやりとり（面接や電話相談など）で、実施した項目があれば番号に○をつけてください。なお、項目が並んでいるからといって、毎回の面接ですべての項目を実施しなければならない、と考える必要はありません。項目にないことを実施されていれば、それを簡単に記述してください。

1.	介護者支援を念頭に置いて面接する
2.	危害状況（虐待の事実・おそれ）について確認する
3.	新しい強み／資源を発見する
4.	関係づくりに「雑談」を活用する
5.	状況について客観的な事実を丁寧に聞く
6.	高齢者本人が状況についてどのように考えているか尋ねる
7.	養護者が状況についてどのように考えているのか尋ねる
8.	困ったときの対処や介護の工夫などの具体的事実を聞き、それをもとに本人や介護者をねぎらう
9.	本人・介護者が今後どうしたいのかを尋ねる
10.	その他（1〜9以外のこと）を簡単に記述してください：

2. 介護者の方との話の中で、取上げた項目があれば、番号に○をつけてください。項目にないことを取り上げていれば、それを簡単に記述してください。

1.	心配なことが起こりやすいパターン
2.	心配ごとが生じてもおかしくない状況であるにもかかわらず、なんとかうまくやれた場面
3.	これまでの家族の関係
4.	本人や養護者が「譲れない」と思っていること、大事にしていること、尊重している人など
5.	その他（1〜4以外のこと）を簡単に記述してください：

3. 今回の面接で、高齢者ご本人・ご家族（介護者）・家庭状況について、「自己資源（強み、長所、能力等）」や「援助資源（支援者、ペット、宝物等）」を発見することはできましたか？発見したもの／ことを記述してください（家庭状況＝高齢者・家族双方に関わるもの；「安全探しシート」を参照してください）。

	「自己資源（強み、長所、能力等）」	「援助資源（支援者、ペット、宝物等）」
高齢者 ご本人		
ご家族 （介護者）		
家庭状況		

4．以下の質問について、点数に○をつけてください。

(1) 養護者の方と話し合える関係になれましたか？まったく話し合える関係ではない状態を0点、十分話し合える状態を10点とすると、今の状態は何点でしょう？

0点　1　2　3　4　5　6　7　8　9　10点

何があるから（あったから）上記の点数とされたのでしょうか？
（　　　　　　　　　　　　　　　　　　　　　　　　　　　　　　　　　　　　　　）

次回の面接で、養護者との関係が具体的にどうなっていたら（例1：今回はご本人に挨拶できた程度だったので、次回は養護者に会いお困りのことは何かを聞いてみる、例2：今回ちょっとだけ話してくれたので、次回はもう少し聞いてみる）、今の点より1点上がった、あるいは、上向きそうな兆しが見られる、と考えられるでしょうか？
（　　　　　　　　　　　　　　　　　　　　　　　　　　　　　　　　　　　　　　）

(2) 養護者の方は今の状況を変えていく気持ちをもっておられるでしょうか？まったくと言ってよいほどもっておられない状態を0点、十分もっておられると言える状態を10点とすると、今の状態は何点でしょう？

0点　1　2　3　4　5　6　7　8　9　10点

何があるから（あったから）上記の点数とされたのでしょうか？
（　　　　　　　　　　　　　　　　　　　　　　　　　　　　　　　　　　　　　　）

次回の面接で、養護者の状況変化に対する気持ちや意欲は具体的にどうなっていたら（例1：今回、介護保険利用の話しに応じる様子がなかったので、次回、これについて話合いに応じてくれること、例2：今回は聞く耳をもたなかったが、次回、施設入所について少しでも話し合えるようになること）、今の点より1点上がった、あるいは、上向きそうな兆しが見られると考えられるでしょうか？
（　　　　　　　　　　　　　　　　　　　　　　　　　　　　　　　　　　　　　　）

(3) あなたは、このご家族のケースに対して、自分にできることはやれていると思いますか。「まったくやれていないと思う」を0点、「十分にやれていると思う」を10点とすると、今の自信の程度は何点でしょうか。下記のスケールで当てはまる数字を○で囲んでください。

0点　1　2　3　4　5　6　7　8　9　10点

何があるから（あったから）上記の点数とされたのでしょうか？
（　　　　　　　　　　　　　　　　　　　　　　　　　　　　　　　　　　　　　　）

次回の面接で具体的にどうなっていたら、ご自身の対応にかんする評価は、今より1点だけあげてよいと思えるでしょうか？
（　　　　　　　　　　　　　　　　　　　　　　　　　　　　　　　　　　　　　　）

5．今回の面接の前に関係機関等とのカンファランスを実施されていれば、その日付けを記入し、参加された方を○で囲んでください。

実施日：　　　　　　年　　　　　　月　　　　　　日
参加者：　地域包括職員　　行政職員　　居宅介護支援事業所CM　　サービス事業所責任者
　　　　　ご本人　　　　　養護者　　　その他の家族・親族
　　　　　その他（　　　　　　　　　　　　　　　　　　　　　　　　　　　　　　　）

©AAA（スリーエー）
出典：副田編（2013）94～95ページ

218　第Ⅲ部　利用者参画

る。これらの事例には、調査実施の前から虐待対応としての関わりがあった事例（4事例）や、関わっているなかで虐待が発生した事例（1事例）が含まれる[27]。なお、1事例については基本情報の記載がなかったのでそれを除いたが、No10は、身体的虐待と心理的虐待をする夫と、適切な介護をせずネグレクト状態を放置している息子に2名の職員がそれぞれ面接していった事例であるため、最終的に分析した事例数は11となった。

　面接回数は、少ないもので1回、多いもので6回であったが、AAAが重視する面接での視点や技法は、その実施した数に違いはあるものの、11事例のすべての面接で使われていた。また、被虐待者である高齢者や虐待している家族、家庭全体に関する資源もその見出した数に違いはあるものの、ほとんどすべての面接で発見されていた。安心づくりシートに基づく「例外」と「対処」を尋ねる質問は、該当する半数以下の事例でしか使われていなかったが、それ以外の質問や留意すべき質問の仕方についてはかなりの頻度で使われていた。

　関係性についてのスケーリングは、虐待者とまったく話し合える関係ではない状態を0点、十分に話し合える状態を10点とすると、面接後の状態は何点とつけるかというもので、家族の状況変化への意欲については、まったくといってよいほどもっていない状態を0点、十分もっているといえる状態を10点とすると、今の状態は何点とつけるか、というものである。これらの評価は主観的なものであるから、それらを事例ごとに比較しても意味はなく、2回以上面接した事例において、面接ごとにこれらの数字がどのように変化したかを見ている[28]。

　関係性の形成に関する結果は、a：面接の継続に伴い点数が上昇した事例

　27）　調査開始後しばらくの間、新規の虐待事例をもたない協力者が少なくなかったので、すでに多少の関わりのあった事例についても、シート活用を含めたAAAによる対応を始めてもらい、経過記録シートを記載してもらうことにした。
　28）　なお、今回のフォローアップ調査においては、担当者に点をつけてもらったが、対応の初期段階より関わっている機関が他にもあれば、そこの専門職にも何回かスケーリングをやってもらい、その変化の方向性が担当者のそれと同じであれば、それは客観的な結果に近いものとみなすことができよう。

第6章　多機関チームと利用者参画　　219

図表 6-2　虐待事例の基本情報

	No1	No2	No3	No4	No5
被虐待者性別	男性	男性	女性	女性	女性
年齢	80歳代前半	80歳代前半	90歳代前半	80歳代前半	70歳代前半
要介護度	要支援2	要介護3	要支援1	要介護4	要支援2
認知症自立度	自立	Ⅲ	自立	自立	Ⅰ～Ⅱ
同別居	同居	近隣別居	同居	同居	同居
世帯類型	未婚の子と同居	単身世帯	未婚(独身)の子と同居	既婚の子と同居	夫婦二人世帯
虐待者性別	男性	男性	女性	男性	男性
年齢	50歳代	50歳代	60歳代後半	50歳代	80歳代前半
続き柄	息子	息子	娘	娘の配偶者	夫
介護担当	主たる介護者	主たる介護者	主たる介護者	副たる介護者	主たる介護者
相談·通報者	CM	CM	虐待者自身	CM	虐待者自身
虐待種類	身体的虐待	身体的虐待	身体的虐待	身体的虐待 心理的虐待	身体的虐待 心理的虐待
	No6	No7	No8	No9	No10
被虐待者性別	女性	女性	女性	女性	女性
年齢	60歳代	70歳代後半	80歳代後半	70歳代前半	80歳代後半
要介護度	要介護1	要支援1	要介護4	要介護1	要介護4
認知症自立度	自立	Ⅲ	Ⅲ	Ⅰ～Ⅱ	Ⅲ
同別居	同居	同居	同居	同居	同居
世帯類型	夫婦二人世帯	既婚の子と同居	既婚の子と同居	未婚の子と同居	夫と未婚の子との同居
虐待者性別	男性	男性、女性	男性	男性	男性
年齢	70歳代後半	ともに50歳代	60歳代前半	30歳代	90歳代と60歳代
続き柄	夫	娘とその配偶者	娘の配偶者	息子	夫と息子
介護担当	主たる介護者	主たる介護者、副たる介護者	副たる介護者	介護せず	主たる介護者、副たる介護者
相談·通報者	虐待者自身	CM	CM	NA	医療機関
虐待種類	ネグレクト	ネグレクト 身体的虐待	身体的虐待	心理的虐待	身体的虐待、ネグレクト 心理的虐待

注：CM＝介護支援専門員
出典：副田編（2013）97ページ

220　第Ⅲ部　利用者参画

が５例、ｂ：面接の継続に伴いいったん点数が下降した後、再び上昇した事
例が３例、ｃ：面接の継続に伴い点数が下降した事例はなかった。ｂも一応
よい方向への変化と考えてよいから、調査期間中に２回以上の面接を行った
事例については、みな関係性はよくなっているととらえられていた。評価の
点数が上がったときの評価の根拠としてあげられていたものをいくつか拾っ
ておく（面２というのは２回目の面接の意）。

　　No１：面２「また新たな話を聞けた。」

　　No３：面３「話の口調より、センターへの感謝の気持ちが伝わってき
　　　　　　　た。」

　　No５：面３「こちらの思いを話すことができ、聞いてもらえるように
　　　　　　　なっている。感謝の言葉を言われた。」

　　No６：面接２「介護疲れの話や認定結果の遅れへの不満が表現され
　　　　　　　た。」

　　No７：面５「介入を拒否していた娘さんと初めて話すことができた。
　　　　　　　数日後に母親が検査入院すること、今後は介護保険の認定審査を
　　　　　　　希望するとのこと。」

　　No９：面３「高齢者本人の状態の報告と退院後の生活について、自分
　　　　　　　から相談に来所された。」
　　　　　　面６：「本人の施設入所についての提案に対して、以前のような
　　　　　　　拒否的な反応が示されず、関係性が良好に保てている。」

　　No10-１：面４「これまで話したがらなかった自身の家庭の金銭的な話
　　　　　　　を自分からしてきた。」

　　No10-２：面接２「本音でのやりとりがおおむねできている。」

　家族の意欲については、ａ：面接の継続に伴い点数が上昇した事例が３
例、ｂ：面接の継続に伴いいったん点数が下降した後、再び上昇した事例が
４例、ｃ：面接の継続に伴い点数が下降していった事例が１例であった。こ
ちらもｂは、一応よい方向への変化と考えてよいから、虐待者の状況変化
への意欲は、１例を除き、みな上向いているととらえられていた。

図表 6-3 関係性と意欲の変化

	No1（新）		No2（継）		No3（継）		No4（継）		No5（継）		No6（新）	
	関係	意欲	関係	意欲	関係	意欲	関係	意欲	関係	意欲	関係	意欲
1回目	5	10	5	5	6	7	4	3	7	10	4	3
2回目	6	7			5	4			7	7	6	6
3回目	7	5			6	6			8	8	6	6
4回目												
5回目												
6回目												
変化パターン	a	c			b	b			a	b	a	a

	No7（新）		No8（新）		No9（新）		No10-1（継）		No10-2（継）	
	関係	意欲	関係	意欲	関係	意欲	関係	意欲	関係	意欲
1回目	6	6	7	6	3	6	8	8	3	3
2回目	2	3			7	7	6	6	8	8
3回目					7	7	6	6		
4回目	3	1			7	7	8	7		
5回目	5	5					8	7		
6回目	6	5					9.5	8.5		
変化パターン	b	b			a	a	b	b	a	a

注：（新）＝新規事例、（継）＝継続事例　　数値は、面接事のスケーリングの点数
出典：副田編（2013）

　点数が上がったときの評価の根拠として記述されていたのは、以下のようなものである。

　　No 3：面 3「自ら手を上げてしまったことを相談した自分の行動を、自分自身で受容する発言が見られた。」

　　No 5：面 3「変えていく必要性のあることについては、変わらなきゃいけないと発言する。」

　　No 6：面 2「『大変だ、来てもらったときより状態が悪くなっている。』と自分から電話してきてくれた。」

　　No 7：面 5「高齢者本人が入院し検査を受けることになったが、その後、家族は必要に応じて対応をとろうとする積極性を示した。」

222　第Ⅲ部　利用者参画

　　　No 9 ：面 2 「退院後の介護サービスについて一緒に考えていこう、と
　　　　　　　　いう気持ちが感じられた。」
　　　No10- 1 ：面 4 「心身の状態が安定している。ただし、そのことでこれ
　　　　　　　　まで確認し合ってきた老健への入所に異を唱える可能性もある。」
　　　No10- 2 ：面 2 「しがらみの多い家族関係を少しでも健全な方向に持っ
　　　　　　　　て行こうとする言動が見られた。」

　以上、わずかな事例からではあるが、支援者たちの AAA の視点と方法を
用いた面接の実践は、支援者と虐待する家族との関係性の形成・発展に、ま
た、虐待する家族の状況変化に関する意欲の形成、向上に役立っていること
が示唆された。
　オープンダイアローグや未来語りのダイアローグを提唱している Seikku-
la と Arnkil は、心理学的な技法そのものが誰かを援助したり治したりする
のではないと言う。そうではなくて、あらたな心理学的技法を学んだ支援者
は、クライエントにますます興味をもつようになる、また、「自分自身と自分
の行為への見方」が変わり、「クライエントへの振る舞い方」が変わる、こ
うした支援者の変化が、クライエントの困難な状況に立ち向かう意欲等に好
ましい効果をもたらすだろうと述べている（Seikkula and Arnkil　2006=2016.
193-194）。
　この推測に従えば、従来とは異なる新しい視点、すなわち、虐待という、
あってはならない問題を抱えた人々に対しても、危害リスクの視点だけでな
くストレングス視点をもつ、そして、資源・ストレングスを見出したり、訊
き出して、その事実に基づいてコンプリメントという応答を行っていく。こ
うしたことを学んだ支援者たちのクライエントに対する見方や態度、接し方
などが変わったことが、虐待する家族との関係性や状況改善に対する家族の
意欲に好ましい効果をもたらしたと考えることができる。

　実際の虐待事例への対応に AAA のシートを使ってみた経験と感想を語っ
てくれた地域包括支援センターのある職員の話も、そのことを裏付けてい

第6章　多機関チームと利用者参画　　223

る[29]。

　ある虐待事例への対応で行き詰っていたとき、当該事例を訪問することが心理的にきつくなっていた。他の職員も同じような状況だった。それは、問題は何か、ということに注目していて、本人や家族の気持ちを見ることができなくなっていたからだと思う。そのとき、ＡＡＡのタイムシートを使ってみようと思い、タイムシート面接を行ってみた。研修で学んだように、サポーティブな態度で、ていねいに質問をしていったら、知らなった事実が見えてきて、「ああ、この人も人なんだ」と思えた。それで「よくやってこられたじゃないですか」と自然にねぎらうことができ、一緒に、笑顔になることができた。そして、ここの時間帯なら、こういうことも、ああいうこともできるのではないか、と話し合うことができ、実際にそれを行うことで、暴力が減った。この経験から、虐待する家族への印象やイメージが変わり、家族が護りたいものは何だろうと考えるようになり、虐待する家族に興味がもてるようになった。

　タイムシートを活用した面接は、生活の流れを聴きながら、課題を見つけることができるので、虐待事例以外でもいろいろなケースに使っている。

　ＡＡＡの一番のポイントは、ネガティブな感情から、よいコミュニケーションの循環に変えていくことができ、家族が心を開いてくれるようになること、それによって、こちらの気持ちが楽になり、バーンアウトの防止につながることだと思っている。

---

29)　当該職員は、ＡＡＡ研修を数回に渡って受講している。

第7章　多機関ケースカンファレンスへの
　　　　利用者参画

1．多機関ケースカンファレンス

（1）　多機関チームとケースカンファレンス

　問題を複合的に抱え、分野横断的ニーズのある利用者や家族に対し、多機関チームで対応していく際、情報共有や共同プランニングを行うには、やはりケースカンファレンスの開催が効果的であり効率的である。チームのマネジメント機関となる機関の専門職が、チームマネジャーとして、関係する他機関の職員と1対1のやりとりをして情報の収集や伝達を行うならば、時間がかかるだけでなく、情報の漏れや情報のゆがみを生じさせかねない。また、その情報が収集された際の文脈やニュアンスなどが伝わらず、適切な支援プランの作成に支障をきたすおそれがある。さらに、1対1のやりとりでは、それぞれの機関が他の機関のことはよく考えずに、自己本位に意見を主張しかねない。そもそもネットワーク型のチームであるから、他機関のことを、また、その担当者のことをよく知らないことも少なくないからである。これでは、多機関が関わっていながら、チームとして有効に機能することができない。そこで、関係機関の担当者たちが一堂に会する、多機関ケースカンファレンスの開催が必要となる。

　ネットワーク型チームである多機関チームにとって、関係者が一堂に会するカンファレンスが重要であるのには、もう1つ理由がある。それは、それぞれ独立した異なる機関が、それぞれの境界を越えて経験を共有し、ともに活動を展開していくための、「枠組みを横断するマネジメント構造」を創り出す必要があるからである。それは、それぞれ異なるパースペクティヴをもつ者が、皆で集まり顔を合わせて対話を行うことで、「それぞれの行為者の限界を超えたパースペクティヴを達成できるようにする」ような「場」を創

226 第Ⅲ部 利用者参画

ることである（Seikkula and Arnkil 2006=2016. 195-196）。多機関ケースカンファレンスが、こうした「場」になっていけば、問題を複合的に抱えた利用者や家族への対応にむずかしさや大変さを感じがちであった参加者たちの間にも、一体感や効力感が生まれ、対応に前向きになることができる。

　高齢者虐待事例への対応に際しても、多機関ケースカンファレスが開催される。ケアマネジャーなどからの相談通報を受けた地域包括支援センターが、家庭訪問による情報収集をもとに、「虐待のおそれあり」と見立てた事例であればケアマネジャーなどと、他方、すでに虐待が起きていて「集中的な介入支援の必要あり」と見立てた事例であれば行政の高齢者支援課と、まずは密に連絡を取り合う[1]。地域包括支援センターとケアマネジャー、地域包括支援センターと高齢者支援課という、それぞれ2つの機関は、虐待対応以外でも日ごろから協働関係にあるが、虐待事例対応としては、まずこの段階で、地域包括支援センターとケアマネジャーの多機関チーム、あるいは、地域包括支援センターと高齢者支援課の多機関チームとしてスタートとする。

　そして、今後の支援計画を検討するために、介護サービス事業所や、かかりつけ医、福祉事務所、民生委員等、すでに事例に関与している機関や、今後、関与を求めることになりそうな権利擁護センターや障害者相談支援センター等の機関に呼びかけて、ケースカンファレンスを開催する。この段階で、地域包括支援センターとケアマネジャー、あるいは、地域包括支援センターと高齢者支援課のチームは、他の諸機関が参加する多機関チームに拡大することになる。多機関ケースカンファレンスは、この拡大した多機関チームが有機的に動いていくための、つまり、効果的なチームワーキングを醸成するための場である。

────────────

　1）　このような虐待事例の深刻度に応じた対応は、そうした傾向が見られるということであって、虐待のおそれありという深刻度の低い事例についても、最初から高齢者支援課、地域包括支援センター、ケアマネジャーがチームを組んで対応する場合もある。なお、地域包括支援センターが、ケアマネジャーとだけで当面、対応していく場合でも、高齢者支援課に事例について報告しておくことが多い。

（2） AAAのケースカンファレンス

　既述したように、高齢者虐待事例の当事者、とくに虐待する家族はインボランタリークライエントであることが多い。虐待していることも否認しがちで、状況改善への動機づけをもっていないことが多いため、情報共有と対応方針の検討を目的として、多機関チームが比較的早期に行うケースカンファレンスには、参加しない／できない場合が一般的である。

　そこで、私たちはまず、利用者や家族が参加していない、専門職だけのケースカンファレンス、ただし、利用者や家族が参加していてもケースカンファレンスを進めていくことができるカンファレンス用シートを作成した。

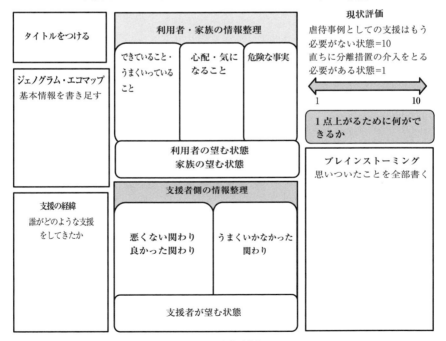

図表7-1　AAAケースカンファレンス・シート（2013年版）

注）：副田・土屋・長沼（2012）の113ページ、図6-2を若干改変

228　第Ⅲ部　利用者参画

これは、安心づくり安全探しアプローチ（ＡＡＡ）に基づき、危害リスクと資源・ストレングスという複眼的視点による問題および当事者理解、ならびに、支援者の当事者への関わり方に焦点を当てて作成したもので、ＡＡＡケースカンファレンス・シートと名付けた[2]。

　ＡＡＡケースカンファレンス・シート（2013年版）では、最初に、事例報告者から事例の基本情報と支援の概要を報告してもらった後、当事者たちの資源・ストレングス（できていること／うまくいっていること／悪くないところなど）について情報を整理するよう参加者に求める。

　一般的に言って、虐待事例や「支援困難事例」に関与している者は、当事者たちのできていないこと、危ないこと、心配なことなどに関心を集中させる。そのため、ケースカンファレンスにおいても、参加者それぞれが事例に関する否定的な側面ばかりを語りがちになる。そうなると、支援の糸口は見出しにくくなり、やはりむずかしいケースだという認識が参加者の間で共有されてしまい、適切な対応策がなかなか浮かばなくなってしまう。

　だがまず、当事者がまあまあできていること、悪くないところについてそれぞれが情報を出し合い、シートに書き込む作業をしていくと、それまで気づかなったプラスの面が言葉で表現され、事実として見えてくるようになる。当事者たちがその場にいれば主張したかもしれない自分たちの資源・ストレングスを、あるいは、当事者たちも気づいていないそれを、支援者たちが「代弁」していくことで、支援の糸口も見えてくる可能性がある。そうなると、支援者たちの対応のむずかしい困難事例、厄介な事例といった認識が薄らいでくる[3]。

　つぎは、利用者や家族の望みや意向を確認する欄である。高齢者虐待や

　2）　ＡＡＡケースカンファレンス・シートを用いたケースカンファレンスの詳細なやり方については、副田・土屋・長沼（2012）の第6章を参照のこと。
　3）　危害状況は深刻なものではなく、危害状況を複雑にするリスク要因も多いというわけではないが、当事者たちに資源・ストレングスがほとんど見いだせないといった事例であれば、今後が心配な事例としてみなで対応していかなければならないという認識が共有される。

「支援困難事例」への対応では、専門職がアセスメントして対応を決定するのであるから、利用者や家族の望みを聞くという発想をもっていない実践家もいる。しかし、記述欄があるので、支援の主担当者は利用者や家族から訊きだし、カンファレンスの場でそれを代弁することになる。また、デイサービスセンターの相談員など、担当者以外の参加者でも、当事者たちが漏らしていた望みを聞いていれば、それを代弁して伝える。

　利用者と家族についての情報を整理した後は、支援者たちの対応についての情報を整理する。ここでもまず、うまくいった点を先に整理する。通常、虐待事例への対応については、主担当者はうまくいかないとか、これでいいだろうか、と当事者たちへの関わりに関して不安を抱えているから、ケースカンファレンス実施前は、自分の対応を批判されるかもしれないのであまり話したくない、という気分に陥りやすい。しかし、対応についてうまくいった点、悪くない点、まあまあ OK と言える点をみなで整理していくと、主担当者が思っているよりも多くの悪くない点が明確になり、主担当者は自信を回復し、「なんとかやれるかもしれない」という対処可能感を向上させる可能性がある。また、あらためてうまくいった点等を洗い出してみることで、支援の糸口がみつかることもある。その上で、当事者への関わりがうまくいかなかった点、失敗した点についても確認することで、今後、まずい対応を避けることができる。こうした関わり方の振り返りは、当事者たちの生活や好み、価値観等を理解することにも役立つ。

　そして、主担当者が当該事例について、こうであったらよいと考えているようであれば、それを述べてもらった上で、これまでのすべての情報をもとに、支援者の関わりスケールでスケーリングを行う。虐待事例としての支援は必要がない状態を10点、直ちに分離措置の介入をとる必要がある状態を1点として、現状は何点だと思うか、参加者全員に、利用者・家族のできている点、うまくいっている点と心配な点、危険な点を含めた、これまでの情報を踏まえて、評価してもらう。その際、付けた点数の根拠、理由についても言ってもらう。同じ情報を得ていても、異なる機関の専門職の多様な視点からの評価やその根拠・理由は、バラけるのが一般的である。それを、統一す

230 第Ⅲ部 利用者参画

る必要はない。そうした違いが、それぞれの参加者の見方や考えを超えたアイデアをもたらす可能性がある。

　参加者全員で異なる点数や理由を受け止め、共有した上で、何が起きたら、今述べた点数が1点上がるのか、つまり、ほんの少しでも状態がよくなるために何が起きる必要があるのかについて、ブレインストーミングを行う。この時点で、利用者や家族の望みがわかっていれば、また、主担当者が望む状態を述べていれば、それらを考慮に入れて、それらに少しでも近づくには、何が起きていればよいのか、アイデアを出し合う。そして最後に、主担当者を初めとして、参加者それぞれに、これからやってみようと思うことを発言し、支援計画としてまとめる。

　安心づくり安全探しアプローチでは、虐待する家族が問題状況について触れたり、語ることができるようになったら、主担当者は安心づくりシートを活用した面接によって、家族自身が望んでいる状態とそれに向けてできそうな課題を今後のプランとして作成していけるよう支援していくことを求めている[4]。

　その作業の前、あるいは、その作業と並行して、AAAケースカンファレンス・シートを用いた多機関の専門職によるケースカンファレンスを実施する。これは、これから家族と今後のプランを話し合う、あるいは、今話し合っている主担当者の不安緩和に役立つ。主担当者だけでなく、その他の支援者たちもそれぞれに不安を抱えている場合が少なくないが、本シートを用いたカンファレンスによって、みなで対応していくという安心感をもつことができ、主担当者を支援するための役割分担も行いやすくなる。主担当者は、参加者から心理的なサポートや、情報・アイデア等の提供、今後の対応における役割分担という具体的な支援を受けて、利用者や家族に対応していく。図表7-2のモデルAのイメージである。

────────────

　4）　安心づくりシート活用面接の詳細については、副田・土屋・長沼（2012）の第5章を参照のこと。

第 7 章　多機関ケースカンファレンスへの利用者参画　　231

　ケースカンファレンスに当事者が参加するのは原則である。だが、既述したように、彼らにケースカンファレンスへの参加を呼びかけることはむずかしい。児童虐待対応におけるように、法律上の権限や手順を活用して面接やケースカンファレンスを設定し、ともかく当事者がその場に出てこざるを得ない状態を作り出すという方法もある。だが、安心づくり安全探しアプローチでは、そうした強制力をできるだけ使わないやり方を追求している[5]。

　また、関与する機関や専門職の間で、利用者や家族の状況やニーズに関する情報共有が進んでいない場合、また、関与する機関や専門職の間で問題やニーズに関する認識や理解に大きなズレがあるような場合には、関与する機関の専門職のみのケースカンファレンスを、当事者参画のケースカンファレンスに先行して行うことが望ましいとも考えられる。「利用者の存在がオープンな情報共有を妨げ、結果として不適切な行為がもたらされるおそれがある」からである[6]（Galpin and Hughes　2011）。

　従来の高齢者虐待事例への対応は、モデル A の形で始まってそのまま終結まで続き、利用者や家族が多機関チームのケースカンファレンスに参加することはない、というのが一般的であった。私たちもそれを前提にカンファレンス・シートを作成してきた。だが、やはり、利用者や家族が問題やニーズについて語ることができ、今後の生活のことを話し合える状態であれば、また、そういう状態になれば、ケースカンファレンスに直接参画し、発言することが望ましい。図表 7-2 のモデル B のイメージである。

　困難を抱えた生活状況を変えていくのは、生活主体としての彼ら自身であるから、その変化を支えるプランづくりに関与することは当然のことである。また、多様な機関の専門職に自分たちの話を傾聴してもらえることで、心理的な負担を伴う状況変化という課題へのモチベーションをあげる可能性もある。さらに、関わる多様な機関の支援者たちは、どのように支援してい

　5）　その理由については、副田（2014）を参照のこと。
　6）　ただし、そうしたことが、パターナリステックな決定や利用者のディスエンパワメントをもたらさないよう留意しなければならないと Galpin らは指摘している（Galpin and Hughes　2011）。

232　第Ⅲ部　利用者参画

くのがよいのか、彼らの話を彼らのことばで直接聴くことで、より実行性や実効性のあるアイデアをだしていくことが可能になると考えられる。

　では、AAA 多機関ケースカンファレンス・シートを活用したケースカンファレンスを当事者参加で行う場合、それが形式的なものにならないように、上記のような成果が出せるようにするために、留意すべきことは何だろうか。クライエント参加のネットワーク・ミーティングの方法である「未来語りのダイアローグ（Anticipation Dialogue）」を参考にして、その点を確認する。

２．　クライエント参加のケースカンファレンス

（１）　多機関協働としての「未来語りのダイアローグ」

　「未来語りのダイアローグ」は、多機関の連携・協働の過程で生じがちな、相手をコントロールする、しなければならないことを相手に押し付けるといった「どん詰まりに活路を見出すため」に作られた（Seikkula and

図表 7-2　多機関チームのケースカンファレンスと利用者参画

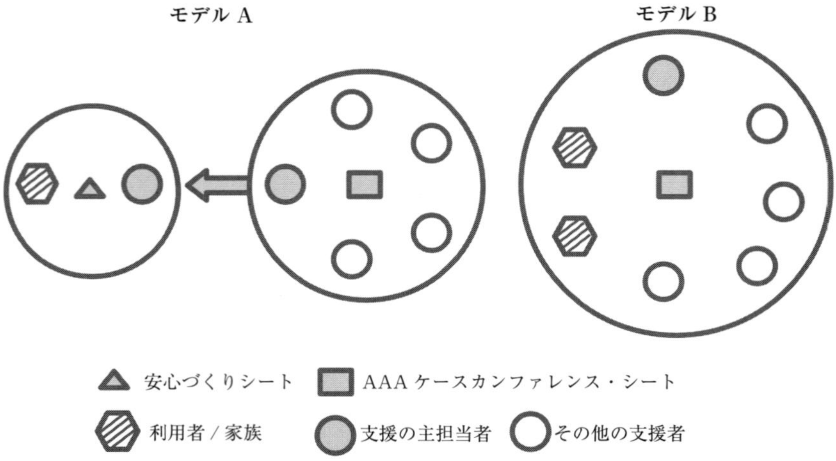

モデル A　　　　　　　　　　　　　　　　　　　モデル B

▲　安心づくりシート　　■　AAA ケースカンファレンス・シート
⬡　利用者／家族　　●　支援の主担当者　　○　その他の支援者

Arnkil 2006=2016. 15)。

　Arnkilらによると、未来語りのダイアローグは、当初は、クライエント
の対応がうまくいかないと感じている、多様な専門機関の専門職が集まる
セッションとして、クライエントを入れない形で行われた。参加する専門職
に、事例に関与していないファシリテーターが、「何もしなかったらどうな
るか？」「援助のためには、今までとは異なったどのようなやり方があるの
か？」「それをしたらどうなるか？」という3つの質問を行い、参加者がそ
れに交代で答えるというものである。参加者は、互いに相手の発言にコメン
トせず、ただ聴いている。近い未来を予測することで、互いの予測の違いが
はっきりするが、この違いが参加者一人ひとりの内的対話を豊かにし、その
思考や相互作用のパターンを広げることに役立っていく。参加者は、それま
で知らなかったクライエントのインフォーマルなネットワークへの関心をも
ち、その可能性について話し合いを始める。そして、その話し合いは、最終
的に役割分担と言える「行動を表現する言葉」にまとめられていく（Seikku-
la and Arnkil 2006=2016. 18-20）[7]。

　これまでの一般的なケースカンファレンスのやり方は、参加者が情報を共
有した上でそれぞれが自由に意見を述べる、というものが多い。このやり方
では、参加者の所属機関や職種のヒエラルキー、経験年数やジェンダーの違
いなどが、発言の回数や主張の強さの程度などに違いをもたらすおそれがあ
る。また、自分の意見の正当性を主張したり、相手の意見を変えようとして

　7） オープンダイアローグのミーティングの中でも、専門職はクライエントグループ
を初めとする参加者の話を聴きながら専門職としての自分と、個人としての自分が感じた
り考えたことをめぐり内的対話を行なう。Holmeslandらによると、これにより気づきや
あたらしい視点をもつことが可能となる。そしてこの気づきが他者の経験への関心をもた
らし、応答していく動機付けになる。Holmeslandらは、メンタルヘルスの問題を抱える
若者を対象としたオープンダイアローグのミーティングに参加した医療関係者、地域の福
祉関係者、教育関係者にフォーカスグループインタビューを行い、傾聴、沈黙、自己の内
なる対話といった合同の対話（joint dialogues）に貢献する要因に焦点を当てていくこと
が、複雑な問題に対する「ニード適合的解決（need-adapted solutions）」を創造していく
専門職や専門システムの能力を増すことになる、と述べている（Holmesland, Seikkula
and Hopfenbeck 2014）。

234　第Ⅲ部　利用者参画

批判的なコメントを行う、あるいは、責任を負うことを避けるためにできる
だけ発言を控える、といった「パワーゲーム」が生じるおそれがある。

　これに比べると、リフレクティング・プロセスの考えを取り入れた未来語
りのダイアローグのやり方、すなわち、参加者が交代で話す、話しがなされ
ている間、参加者はみな聴くだけでコメントしない、順番が来たらそれまで
に話した人々の話の内容を受けて、自分の思いや考えなどを述べていく、と
いう方法は、対等性と率直な発言を可能にする[8]。

　対応がうまくいっていないときに、今後のこと、つまり、未来について訊
かれると、参加者は程度の違いはあれ、みな不安を感じているから、他の人
はどう言うだろうかと他の人の話をよく聴くことになる。人の話を聴けば、
「あの機関の人はあのように思っているのだ」とか、「自分はこう思っていた
のだが、あの人がああ言うのなら少し違っていたかもしれない」、「いや、や
はり自分の考えでいいのではないか、でもどうしてああ言うのだろう」など
と自分の中での対話を進めることになる。それは、他機関や他職種に対する
理解を進め、他人や自分自身の考え・意見について柔軟な態度をもてるよう
促し、支援計画の共同作成を円滑に行っていける可能性を高くする。

　未来語りのダイアローグによるネットワーク・ミーティングは、「パワー
ゲーム」を回避し、率直に話し合える可能性の高い、魅力的な多機関連携方
法のように見える。

（2）　クライエント参加の「未来語りのダイアローグ」

　では、この「未来語りのダイアローグ」で行われるネットワーク・ミー

　8）　リフレクティング・プロセスというのは、ノルウェーのアンデルセンたちが開発し
たセラピーの方法である。セラピストとクライエントが面接を行った後、それを見ていた
支援者チームのメンバーがその面接について自由に話し合い（リフレクション）、その
間、セラピストとクライエントは、黙って観察し、聴くことに専念する。その後、セラピ
ストがクライエントに、そのリフレクションについてのコメントを求めるところから面接
を続けるというもの。リフレクションの間の自由な話し合い（対話）を通して、クライエ
ントはさまざまなアイデアを得ることで、自分から変化していくことができると考えられ
ている。（三澤　2008、Andersen　1991=2015）

ティングにクライエントが参加する場合はどうなるか。

　Arnkil らは、クライエントがミーティングの場にいるという状況に遭遇して、ファシリテーターの質問内容をガラリと変えることを求められることになったと述べている。それは、つぎのように行われることになった。

　ミーティングは、クライエントが参加していないときと同じで、クライエントやその家族に関わっている機関の専門職が、多機関の専門職同士の協調やクライエント・家族との協力がうまくいかないので、なんとか解決したいと思ったときに招集される。ただし、その専門職は、ミーティングの前にクライエントや家族に対し、援助職自身の心配について援助がほしいから、とミーティングを提案する必要がある。これにより、彼らのためにミーティングを行うといった恩着せがましさや、彼らを非難するようなニュアンスを避けることができる。ミーティングの冒頭でも、自分たちの不安を軽減するために、参加者たちが集まってくれたことについて感謝の意を表明する（Seikkula and Arnkil　2006=2016. 72-74）。

　その後、クライエントや家族と直接関わりのない部外者で、訓練を受けた２人のファシリテーターが、ミーティングにおけるファシリテーションと記録をそれぞれ担当する。ファシリテーターは、参加者たちが交互に話を聴くように対話を構造化し、参加者の思考を促し、考えがまとまるよう援助していく。クライエントやその家族、友人などのグループと専門職のグループは、分かれて別のテーブルに座る。

　ファシリテーターはまず、クライエント・グループへ質問を行っていく。事前に、クライエントとどのていど先の未来を見るのが適当か話し合って決めておいた年数を踏まえ（たいていは１年先）、ファシリテーターは、「１年が過ぎて、あなた（あなたの家族）はとてもうまくいっている。あなたがとくにうれしいと思うのはどんなことか？」と、質問をし、クライエント・グループのそれぞれに自分の観点から答えてもらう。そして、ファシリテーターは、それを注意深く聴き、「あなたは、……と言ったように聴こえたが、それでよいか？」といった、発言内容をきちんと受け止めていることが伝わるような応答を行う。解釈やコメントは一切しない。発言者は、ファシ

リテーターに向かって答えるが、「すべての参加者がすべての発言を聴いているということを皆がわかっている状況の中で」、発言を行っていくことになる（Seikkula and Arnkil　2006=2016. 77-83）。

　2つ目の質問は「うまくいったのはどうしてだろう？あなたは何をして、誰がどんなふうにサポートしてくれたのか？」というものである。この質問は、クライエント・グループの発言者が自分自身のことについて話すようにしたものであるが、他の人のサポートについて話す場合でも、誰がどのように私をサポートしてくれたかという「私の視点」で語られる。そのため、参加する専門職が、「他の人たちは何を考え、何を行うべきか」ということばかりを決めようとする事態を食い止めることができる。参加者は、発言者の話にコメントをせず、聴きながら自身の内的対話を行う。

　3つ目の質問は、「『1年前』に悩んでいたことと、その悩みを軽減させたものを想起してほしい」というものである。うまくいった1年後の時点から見た「1年前」、すなわち、今現在の悩みを、解決した時点から眺めてみるというこの質問は、さまざまな人間関係を気にせず、自由に今の悩みを話すことを可能にする。そして、ファシリテーターは、「何があなたの悩みを解消したのか？」「解消するために何をしたのか？」と補足的な質問をすることで、クライエントたちが自分なりによいと思う行動計画を立てられるように援助することができる（Seikkula and Arnkil　2006=2016. 86-88）。

　専門職たちへのファシリテーターの最初の質問は、「1年経った。聴いてもらったように、事態はとてもよくなった。この好ましい状況になるのを支援するにあたって、あなたはどのようなことをしたのか？あなたの支援を誰かがたすけてくれたか？」というものである。専門職はすでにクライエントたちの話を聴いているので、クライエントや家族が語った話の内容の中に、それぞれが関わりの糸口をみつけ、支援を考え、発言することができる。

　2つ目の質問は、「『1年前』あなたは何を悩んでいて、どうやって解決したのか」というものである。悩みが解消した未来の時点から振り返って現在の悩みを話すことになるので、悩みを打ち明けることでクライエントたちを不安がらせたり、今の問題状況にとらわれていることを恐れる必要がなくな

る。専門職たちの発言の際にも、ファシリテーターは、その内容を繰り返すなどして発言をきちんと受け止めたことを伝え、その上で、「あなたの言っていることはうまく受け止められているか？」といった要約的なフィードバックを行う。これは、専門職たちの考えをさらに深めることになる（Seikkula and Arnkil 2006=2016. 90-92）。

　最後に、ファシリテーターは、参加者が想像された未来から戻って、各参加者の発言が書かれたフリップチャートの記録を見ながら、みなで一緒に支援の計画を立てることを求める。それまでの参加者たちの発言をとおして、場の雰囲気は非常に創造的なものになっているので、ファシリテーターは、「次に誰が誰と何をするのか」という活動計画ができるよう参加者を手助けすればよい。その際、重要なのは、「あなたの悩みを解決するのに何が役立ったか」という質問への答えを活かした、つまり、不安についての質問に対する応答が、計画の土台になっていることである（Seikkula and Arnkil 2006=2016. 94-95）。

　クライエント参加の未来語りのダイアローグでは、ファシリテーターがうまくいった近い未来を言葉によって創りだすことを求め、あなたは何をし、他の人は何を支援してくれたからうまくいったかと、未来からの振り返りを求める。クライエントは、参加者全員が聴いている場でそれに答え、コメントされずそのまま受け止めてもらうことを通して自分の希望と力を創り出す。そして、未来から今の悩みを定義づけ、その軽減に役立ったことを語るよう求められることで、同席している人々に何をどのように支援してほしいのかを間接的に伝えることができる。

　また、未来語りのダイアローグでは、専門職たちは、聴いていたクライエントの話のなかから支援の糸口を見出すことができる。また、未来の解決した状態から振り返える形で今の悩みを語ることができるので、安心してそれを語ることができる。それに、他の専門職の悩みやそれをどうやって解決したのかについても聴いているので、他の専門職への理解とともに、それを参考にして自分の中で解決法を考えることもできる。

238　第Ⅲ部　利用者参画

　以上のことから、未来語りのダイアローグは、Arnkil らが言うように、クライエントを初めとするネットワーク・ミーティング参加者をエンパワメントする優れた方法と言える（Seikkula and Arnkil　2006＝2016. 71）。

　ただし、解決した未来を具体的に想定することや、その解決した未来のために、自分はどのような貢献をしたのか、誰がどのような支援をしてくれたのかという問いに答えることは、誰にでもすぐできるようなものではない。また専門職が、当事者の話やそれまでの他の専門職の話を聴いても、自分のなかで内的対話を行わず、自己中心的な話をしてしまうおそれもある。話し手の語りを適切な質問で引き出す、専門職が自己中心的にならないよう適切な質問で誘導するなど、未来語りのダイアローグのミーティングがうまくいくには、ファシリテーターの力に依存するところが大きい。Arnkil らがファシリテーターのトレーニングを重視するのはそのためである。

（３）　AAA 多機関ケースカンファレンス・シートと利用者参画

　AAA ケースカンファレンス・シートを活用したケースカンファレンスでも、情報や話の整理、時間管理のためにファシリテーターは必要であり、あるていど慣れていたほうが、また、ファシリテーター以外にもシートについて理解している参加者が１人以上いたほうが、シート活用のケースカンファレンスを円滑に進めていきやすい。だが、シートに記載してある各パートの項目に沿って、順に情報提供や意見を出し合っていけば、十分な訓練を受けた熟練のファシリテーターがいなくても、最終的には、参加者で対処可能な支援計画をまとめることができる。このように、私たちは考えている。

　だが、本シートを活用したケースカンファレンスに、利用者や家族等、状況改善の当事者たちに参加してもらって話を進めていくには、やはり、ファシリテーターに、カンファレンスが彼らをディスエンパワメントしないよう配慮することが求められる。その配慮は、未来語りのダイアローグにおけるファシリテーションに学び、つぎのように言うことができる。

　まず、利用者・家族等の当事者に参加を呼びかける際に留意すべきことがある。ケースカンファレンスに参加を、と言うと、虐待する家族だけでなく

虐待されている家族も、大勢の人の前で晒しものになるのではないか、非難されるのではないかと、不安を強く感じるおそれがある。あるいはまた、自分たちのために多くの人に負担をかけ申し訳ないという気持ちを抱かせるかもしれない。そこで、主担当者は、「私だけでは十分なご支援ができるかどうか不安なので、ご家族と、デイサービスの○○さん、ケアマネジャーの○○さんたちみんなで、○○さんの支援についての話し合いの場をもちたいと思います。ご一緒していただけませんか?」というように呼びかける。当事者の不安を和らげるためには、サービス担当者会議のように、多機関のなかでもキーとなる複数の機関の何人かの専門職が家庭を訪れて、そこで話し合うという方法も考えられる。

カンファレンスのファシリテーターは、事例に直接かかわっていない支援者が務める。ファシリテーターは、ケースカンファレンスに参加する支援者たちに、当事者たちは大きな不安をもちながらもケースカンファレンスに参加してくれるので、その勇気に敬意を払ってほしいこと、その発言を途中で遮ったり、その発言内容を直接否定するような発言は控えてほしいことなどを事前に伝えておく。

ケースカンファレンス開始にあたって、ファシリテーターは、その目的を伝えるとともに、これから、シートに沿いながら、当事者たちにも支援者たちにも話をしてもらうが、人が話しているときは関心をもって黙って聞いてほしいと伝える。そして、高齢者や家族のできていること、よいことをまず本人たちから、つぎに、支援者たちからあげてもらう。支援者の発言の後に、再度、当事者たちに、「他には?どうでしょう?」と尋ねる。書記役の支援者は、みなの発言内容を、みなの前でそのまま順次、シートに書き込んでいく。支援者たちは人の話を聴きながら、非言語コミュニケーションを使って受け止めていることを示す。できていること、よいことを話しているときに、「でも、この点はちょっと……」などと言って、当事者たちの発言内容を否定するような発言をしないようにする。

未来語りのダイアローグにおいては、最初にクライアントが語る、うまくいったうれしい状態、未来の解決した状態が起点となり、その後は、その状

240 第Ⅲ部 利用者参画

態が起きていることを前提として話がなされていく。クライエントの語る未来の解決した状態が、別の参加者からみて望ましいものかどうかなどは問われない。だが、高齢者虐待防止のための多機関チームは、虐待の悪化防止、虐待状況の解消を最終目標としているから、当事者の望み、目標だけでなく、支援者それぞれの視点からの目標も語られる必要がある。それは、当該事例にとっての近い未来の安全像として語られる。ファシリテーターは、まず、利用者や家族に、今より少し先に実現していたらよいと思える、安心して安全で暮らせている状態とはどんな状態かを具体的にイメージしてもらう。生活が安定してまあまあうまくいっている状態、今よりすこしでもましな状態のイメージでもよい。その後、他の参加者たちに、それぞれの視点から、当事者が安心して安全に暮らせている状態を1人ずつ発言してもらう。その際、参加者の中に、当事者の発言をあまり踏まえないで発言する者がいるようであれば、ファシリテーターは、それを踏まえた発言ができている参加者から先に発言することを求め、支援者としての発言のモデルになってもらう。当事者の発言を直接聴くことにより、支援者たちは、「虐待がなくなった状態」といった確認困難な安全像や、「どこから見ても安全と言える状態」という絶対的な安全像ではなく、今の当事者の生活状態や気持ち、望みを踏まえた上で、それぞれの専門的視点から考える必要最小限の条件をクリアした状態を安全像として語ることができる。

　こうした安全像であれば、当事者が萎縮したり、反発するおそれは低くなる。ファシリテーターは、当事者を含めた参加者それぞれが、互いの目標イメージの違いとその理由を意識しながら、目標に近づくためにやったほうがよいこと、やれることを考えてもらい、順番に1人ずつ発言していくことを求める。こうした過程を通して、当事者を含む参加者それぞれが、他者の発言に触発されて自分の要望や意見、考えや感情をめぐって自分自身との対話を行い、他者の意見や考えを踏まえて発言していく。

　ＡＡＡ多機関ケースカンファレンス・シート（2016年版）とその使い方を説明した『ＡＡＡ多機関ケースカンファレンス・シート活用のためファシリテーションガイド』は、こうした利用者参画のケースカンファレンスも実施

可能なものとして作成された。私たちは、本シートとガイドを使ったケースカンファレンス研修を2016年度から全国各地で実施している[9]。また、研修に参加した地域包括支援センター職員等に、実際の虐待事例のケースカンファレンスでこのシートを活用してもらい、その使い勝手や有用性についての感想・意見をもらう作業を行っている。感想・意見を得られた件数はまだ少ないが、その中には、新しいシート活用のケースカンファレンスに当事者参加を呼びかけて実施したという地域包括支援センター職員から以下のような報告があった。

　虐待者と被虐待者がともに参加した2度目の多機関ケースカンファレンスでシートを使用したところ、2人とも本シートに沿って話すことができ、支援者と一緒に今後の取り組みアイデアやその実施の見通しについても話し合うことができた。また別の事例で、虐待を受けている家族と親族たちが参加した多機関ケースカンファレンスでシートを活用したところ、それぞれの発言がシートに記載され、それをみなで見ながら共有していくことで話が進んだ。当初、今後の方向性について意見が異なっていた親族の間で意見の歩み寄りがみられ、最終的にみなが納得できる支援計画ができた。親族から「いい話し合いだった」という感想が出された。

　また、別機関の職員の報告では、複数の機関の支援者たちによるケースカンファレンスで本シートを使い、利用者・家族のストレングスや安全像、安全到達度についての話し合いを通して、情報共有と今後の展開の方向性について意思統一を図ることができた。カンファレンスの後、この支援者チームで家庭訪問をし、家族の話を傾聴、家族とも方向性やプラン案について話

　9）　研修参加者からは、つぎのような感想が寄せられている。「ストレングスから語ることで話がしやすい。支援の糸口をみつけやすい。」「視覚化されているので情報共有がしやすい。」「何について話していけばよいのか手順がはっきりしていて、カンファレンスが進みやすい」「それぞれの意見を言い合い、聴き合うことで相互の理解が進む。」「判断の根拠をみなで作ることができ、ひとりよがりではない支援ができるようになる。」「段階を追って話を進めていくことで、役割分担が容易にできるようになる。」なお、研修におけるアンケート調査の分析結果（2016年度分および2017年度分）は、安心づくり安全探しアプローチ研究会のホームページに概要を掲載している。

ＡＡＡ多機関ケースカンファレンス・シート（2016年版）

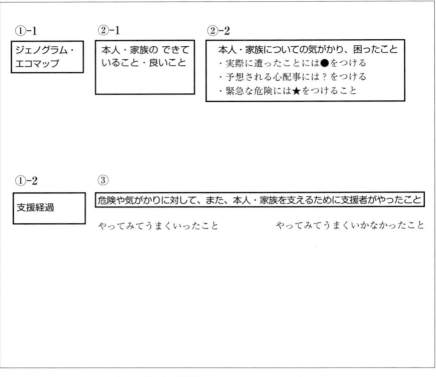

ⒸＡＡＡ研究会　多機関ケースカンファレンス・シート　P.1

し、合意を得ることができたということであった。この報告をしてくれた支援チームのチームマネジャーに、最初から家族参加のカンファレンスを設定することはできなかっただろうかと質問したところ、家族が問題状況について自覚をしていて、支援者と話し合う気持ちをもっている場合でも、支援者チームでの情報共有と意思統一ができていないとむずかしい、情報共有などに時間がかかると家族に負担がかかるのでむずかしい、という回答であった。

　やはり、高齢者虐待事例に関しては、情報共有という多機関チームづくりの最初の段階は、専門機関でケースカンファレンスを行い、その後、当事者

第7章　多機関ケースカンファレンスへの利用者参画　243

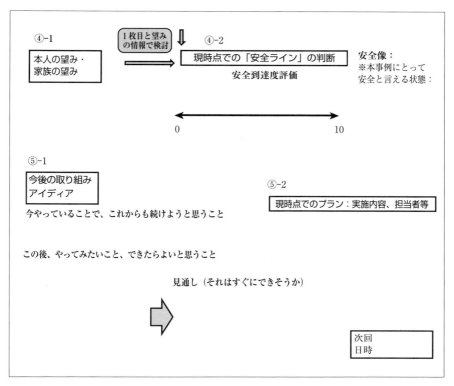

ⒸAAA研究会　多機関ケースカンファレンス・シート　P.2

が参加可能な状態であれば、また、その状態になったならば参加してもらう、というのが、一般的なやり方と言える。だが、AAA多機関ケースカンファレンス・シートを活用した当事者参加のケースカンファレンスが、当事者から評価される結果をもたらす可能性も示唆された。

　現在、私たちは当事者参加をより意識したファシリテーションができるよう、2016年版のシートを、「本人・家族協働ケースカンファレンス・シート」と「多機関ケースカンファレンス・シート」の2つに分け、それぞれのファシリテーションガイドを作成して、その研修を始めたところである[10]。高齢者虐待事例への対応の早い段階から、当事者参加のケースカンファレンス開

催の可能性を検討してもらい、可能ということであれば「本人・家族協働ケースカンファレンス・シート」を用いて、それを迅速に実施してもらえればと思っている。

これらのシートは、虐待事例以外の「支援困難事例」、とくに、主担当者の関わり方がむずかしい事例、関係形成が困難な複合問題事例に対して活用していくことができると考えている[11]。

---

10) 「本人・家族協働ケースカンファレンス・シート」は、これまでもケースカンファレンス・シート作成を中心的に担ってきた、長沼によって作成された。

11) 実際、本稿執筆後に、シートを活用してみたと報告を受けた事例は、ひきこもりの成人子と認知症高齢者の世帯、障がい者虐待のおそれありの世帯、障がい者への支援のあり方で複数の機関のスタッフが悩んでいる事例、ケアマネジャーが他機関との調整ができず困っている事例、要介護高齢者に関わる多機関に支援方針のズレがあり、高齢者本人に不利益が生じている事例、生活困窮世帯に関わる関係者の間に感情的対立が生じてしまった事例など、高齢者虐待事例以外の複合問題事例が、高齢者虐待事例よりも多かった。AAA多機関ケースカンファレンス・シートの有用性に関する研究結果については、AAAのホームページを参照してほしい。

引用・参考文献

Aarons, A. Gregory Fetters, D. and Hurlburt, M. *et al.* (2014) "Collaborations, Negotiations and Coalescence for Interagency-Collaborative Teams to Scale-Up Evidence-Based Practice", *Journal of Clinical Child and Adolescent Psychology,* 43-6, 915-928.

秋山薊二 (2011)「エビデンスに基づく実践 (EBP) からエビデンス情報に基づく実践 (EIP) へ――ソーシャルワーク (社会福祉実践) と教育実践に通底する視点から―」『国立教育政策研究所紀要』140, 29-44.

Anderson, Tom (1991) *The Reflecting Team (The Reflecting Process),* W.W. Norton & Company. (=1995, 鈴木浩二訳『リフレクティング・プロセス：会話における会話と会話』金剛出版.)

Arnkil, Tom, E. and Eriksson, E. (2009) *Taking up One's Worries: A Handbook on Early Dialogues,* www.julkari.fi/bitstream/handle/10024/80315/d4782cad-3b09-471b-b80c-bb42f6f07ee6.pdf. (アクセス日：2016年6月10日)

Atkinson, Mary, Jones, M. and Lamont, E. (2007) *Multi-agency working and its implications for practice: A review of the literature,* CfBT Education Trust, 1-108. http://www.nfer.ac.uk/publications/MAD01/MAD01.pdf (2016年10月22日アクセス)

Balgopal, Pallassana, R., Patchner, M. A. and Henderson, C.H. (1989) "Home Visits: An Effective Strategy for Engaging the Involuntary Client", *The Haworth Press,* 11-1, 65-76.

Barnes, Diana, Carpenter, J. and Bailey, D. (2000) "Partnership with service users in interprofessional education for mental community health: a case study", *Journal of Interprofessional Care,* 14-2, 189-193.

Beresford, Peter and Trevillion, S. (1995) *Developing Skills for Community Care: A Collaborative Approach,* Medium Book.

Berg, Insoo, K. (1994) *Family-Based Services: a Solution-Focused Approach,* W.W. Norton & Company. (=1997, 磯貝希久子監訳『家族支援ハンドブック：ソリューション・フォーカスト・アプローチ』金剛出版.)

Berg, Insoo, K. and De Jong, P. (1996) "Solution-Building Conversations: Co-Constructing Sense of Competence with Clients", *Families in Society,* 77-6, 376-391.

Boon, Heather, Verhoef, M. and O'hara, D. *et al.* (2004) "From parallel practice to integrative health care: a conceptual framework", *BMC Health Service Research,* 4-15.

www.biomedcentral.com/1472-6963/ 4 /15 （2015年 9 月24日アクセス）

Boddy, Janet and Wigfall, V. (2007) "A new role in social work", *Community Care,* 1677, 24-25.

Brady, Mike (2012) "The nature of health and social care partnership", *NURSING MANAGEMENT,* 19-9, 30-35.

Briggs, Margaret (1999) "Systems for Collaboration: Integrating Multiple Perspectives", *COMPREHENSIVE PSYCHIATRIC ASSESSMENT OF YOUNG CHILDREN,* 8-2, 365-377.

Buckley, Helen, Carr, N. and Whelan, S. (2011) " 'Like walking on eggshells' : service user views and expectations of the child protection system", *Child & Family Social Work,* 16, 101-110.

Cameron, Ailsa and Lart, R. (2003) "Factors Promoting and Obstacles Hindering Joint Working: A Systematic Review of the Research Evidence", *Journal of Integrated Care,* 11-2, 9-17.

Cingolani, Judith (1984) "Social Conflict Perspective on Work with Involuntary Clients", *Social Work,* 29-5, 442-446.

Collins, Fiona and McCray, J. (2012) "Relationship, learning and team working in UK services for children", *Journal of Integrated Care,* 20-1, 39-50.

Conklin, Jeff (2006) *Dialogue Mapping: Building Shared Understanding of Wicked Problems,* John Wiley & Sons.

Cooper, M. Evans, Y. and Pybis, J. (2016) "Interagency collaboration in children and young people's mental health: a systematic reviews of outcomes, facilitating factors and inhibiting factors" *Child: care, health and development,* 42-3, 325-342.

Corcoran, Jacqueline (1999) "Solution-Focused Interviewing with Child Protective Services Clients", *Child Welfare,* 78-4, 461-479.

Couturier, Yves, Gagnon, D. *et al.* (2008) "The interdisciplinary condition of work in relational professions of the health and social care field: A theoretical standpoint", *Journal of Interprofesional Care,* 22-4, 341-351.

Crawford, Karin (2012) *Interprofessional Collaboration in Social Work Practice.* Sage Publication Ltd. London.

Cynthia, Osborn (1999) "Solution-Focused Strategies with "Involuntary" Clients: Practical Applications for the School and Clinical Settings", *Journal of Humanistic Education & Development,* 37-3, 16-28.

D' Agostino, Clara（2013）"Collaboration as an Essential School Social Work Skill", *Children & School*, 35-4, 245-251.

D' Amour, Danielle, Ferada-Videkla, M., Rodriguez, M. and Beaulieu, M.（2005）"The conceptual basis for interprofessional collaboration: Core concepts and Theoretical frameworks", *Journal of Interprofessional Care*, 5-1, 116-131.

Daniel, Harry, Leadbetter, J. and Warmington, P.（2007）"Learning in and for multi-agency working", Oxford Review of Education, 33-4, 521-538.

De Jong, Peter and Miller, S.（1995）"How to Interview for Client Strengths", *Social Work*, 45, 729-736.

De Jong, Peter and Berg, I. K.（1998）*Interviewing for Solutions*, Brooks/Cole Pub.（=2000, 玉真慎子・住谷祐子監訳『解決のための面接技法』金剛出版.）

De Jong, Peter. and Berg, I. K.（2001）"Co-Constructing Cooperation with Mandated Clients", *Social Work*, 46-4, 361-374.

Dickinson, Helen and Carey, G.（2008）*Managing and Leading in Inter-agency Settings*, second edition, Policy Press.

Dickinson, Helen, Glasby, J. and Miller, R.（2014）"The challenges of delivering integration", *Journal of Integrated Care*, 22-4, Editorial From.

Donsky, Anne-Laure and Polland, K.（2014）"Interprofessinal working with services users and cares.", Thomas, Judith, Polland, K. and Sellman, D. eds., *Interprofessional working in Health and Social Care*, Palgrave Macmillan, 35-46.

Eckel, Catherine and Grossman, P.（2005）"Managing diversity by creating team identity", *Journal of Economic Behavior & Organization*, 58, 371-392.

Ellins, Jo and Glasby, J.（2011）"Together we are better? Strategic needs assessment as a tool to improve joint working in England", *Journal of Integrated Care*, 19-3, 34-41.

Engeström, Yrjö（2004）"New forms of learning in co-configuration work", *Journal of workplace leaning*, 16-1, 11-21.

Ferguson, Harry（2001）"Social Work, Individualization and Life Politics", *British Journal of Social Work*, 31, 41-55.

Ferguson, Harry（2003）"Outline of a Critical Best Practice Perspective on Social Work and Social Care", *British Journal of Social Work*, 33, 1005-1024.

Ferguson, Harry（2005）"Working with Violence, the Emotions and the Psychosocial Dynamics of Child Protection: Reflections on the Victoria Climbie Case", *Social Work Education*, 24-7, 781-795.

Ferlie, Evan, Fitzgerald, L., McGivern G. Dopson, S. and Bennet, C.（2011）"Public Policy Networks and 'Wicked Problems': A Nascent Solution?", *Public ad-*

ministration, 89-2, 307-324.

Finlay, Linda and Ballinger, C. (2008) "The challenge of working in teams", Fraser, Sandy and Matthews, S. eds. *The Critical Practitioner in Social Work and Health Care*, The Open University, Sage Pub., 149-168.

Franklin, Cynthia and Hopson, L. (2009) "Involuntary Clients in Public Schools: Solution-Focused Interventions", Rooney, Ronald, H. ed. *Strategies for Work with Involuntary Clients, second edition*, Colombia University Press, 322-347.

Fredrickson, Barbara (2001) "The Role of Positive Emotions in Positive Psychology: The Broaden-and-Build Theory of Positive Emotions", *American Psychologist*, 56, 218-227.

藤江慎二「高齢者虐待の対応に困難を感じる援助者の認識；地域包括支援センターの援助者へのアンケート調査をもとに」『高齢者虐待防止研究』5-1, 103-111.

福山和女 (2009)「ソーシャルワークにおける協働とその技法」『ソーシャルワーク研究』34-4, 4-16.

Gallagher, Michael, Wilkinson, H., Smith, S. and Flueckiger, J. (2010) "Engaging with involuntary service users in social work: Key themes from the research".
http://www.socialwork.ed.ac.uk/__data/assets/pdf_file/0011/37874/engaging_briefing.pdf（アクセス日：2017年7月31日）

Galpin, Dian and Hughes, D. (2011) "A joined up approach to safeguarding and personalization: a framework for practice in multi-agency decision-making", *The Journal of Adult Protection*, 13-3, 150-159.

Glasby, Jon (2005) "The Integration Dilemma: How Deep and how Broad to go ?", *Journal of Integrated Care*, 3-5, 27-30.

Glasby, Jon (2007) *Understanding Health and Social Care*, The Policy Press. University of Bristol.

Glasby, Jon. and Dickinson, H. (2014a) *a-z Inter-agency working*, Palgrave Macmillan.

Glasby, Jon. and Dickinson, H. (2014b) *Partnership working in health and social care: What is integrated care and how can we deliver it ?*, Policy Press.

Glasby, Jon, Dickinson, H. and Miller, R. (2014) "No one ever said it was going to be easy: the importance of people and relationship in creating integrated care", *Journal of Integrated Care*, 22-5, 6.

Glasby, Jon and Miller R. (2015) "New conversations between old players?: The relationship between general practice and social care", *Journal of Integrated Care*, 23-2, 42-52.

Graham, John and Barter, K. (1999) "Collaboration: A Social work Practice Method", *Families in Society, 80-1,* 6-13.

Halliday, Joyce and Asthana, S. (2004) "The emergent role of link worker: a study in collaboration", *Journal of Interprofessional Care,* 18-1, 17-28.

Hardy, Brian, Mur-Veemanu, I., Steenberfen, M. and Wistow, G. (1999) "Interagency services in England and the Netherlands: A comparative study of integrated care development and delivery", *Health Policy, 48,* 87-105.

長谷川敏彦（2013）「地域連携の基礎理論としてのケアサイクル論」高橋紘士・武藤正樹共編『地域連携論―医療・看護・介護・福祉の協働と包括的支援―』オーム社，2-25.

平野方紹（2015）「支援の「狭間」をめぐる社会福祉の課題と論点」『社会福祉研究』122, 19-28.

平岡公一（1997）「サービス調整のための組織の現状と展望―「高齢者サービス調整チーム」を中心に」大山　博・嶺　学・柴田　博編著『保健・医療・福祉の総合化を目指して：全国自治体調査をもとに』光生館, 111-133.

平山恵美子・柿原加代子（2016）「医療処置を必要とする患者・家族への在宅療養に向けての退院支援」『国際情報研究』13-1, 72-79.

菱川　愛・渡邉　直・鈴木浩之編（2017）『子ども虐待対応におけるサインズ・オブ・セーフティ・アプローチ実践ガイド―子どもの安全を家族とつくる道すじ―』明石書店.

櫃本真聿（2013）「急性期病院の地域連携機能強化の試み～愛媛大学総合診療サポートセンター創設への実践～」高橋紘士・武藤正樹共編『地域連携論―医療・看護・介護・福祉の協働と包括的支援―』オーム社, 90-103.

Holland, Thomas (1995) "Organization: Context for Social Service Delivery." NASW & Oxford University *Encyclopedia of Social Work 20th,* NASW & Oxford Press, 1787-1794.

Holmesland, Anne-Lise, Seikkula, J., Nilsen, O., Hopfenbeck, M. and Arnkil, T. (2010) "Open Dialogue in social networks: professional identity and transdisciplinary collaboration", *International Journal of Integrated Care,* 10-16, 1-14.

Holmesland , Anne-Lise, Seikkula, J. and Hopfenbeck, M. (2014) "Inter-agency in Open Dialogue: the significance of listening and authenticity", *Journal of Interprofessional Care,* 28-5, 433-439.

Hopson, Laura and Kim J. S. (2004) "A Solution-Focused Approach to Crisis Intervention with Adolescents", *KIDS AND VIOLENCE THE INVISIBLE SCHOOL EXPERIENCE,* 93-110.

www.haworthpress.com/web/JEBSW（アクセス日：2015年11月10日）

Hornby, Sally and Atkins, J. (1996) *Collaborative Care: Interprofessional, Inter-*

agency and Interpersonal, Blackwell Scientific Pub.

Howe, David（2008）*A Brief Introduction to Social Work Theory,* Palgrave Macmillan.（=2011, 杉本敏夫監訳『ソーシャルワーク理論入門』みらい.）

Howe, David（2008）*The Emotionally Intelligent Social Worker*, Palgrave Macmillan.

Howe, David（2010）"The Safety of Children and the Parent-Worker Relationship in Cases of Child Abuse and Neglect", *Child Abuse Review*, 19, 339-341.

Hudson, Bob（2000）"Inter-agency collaboration: a skeptical view", Brechin, Ann, Brown, H. Eby, M., eds. *Critical Practice in Health and Social Care*, Sage Pub., 253-274.

Hurburt, Michael, Aarons, G.A., Fettes, D. *et al.*（2014）"Interagency Collaborative team model for capacity building to scale-up evidence-based practice", *Children and Youth Service Review*, 39, 160-168.

井元真澄（2001）「高齢者サービス調整チームの奇跡と今後の展開～大阪市平野区における10年間の取り組みより～」『梅花女子大学文学部紀要 人間福祉』4, 55-73.

井上孝徳・川崎順子（2011）「地域包括ケアシステムの構築をめざしたソーシャルワークの実践的課題の一考察」『九州保健福祉大学研究紀』12, 9-19.

伊藤富士江（1999）「自発的に援助を求めないクライエントに対するソーシャルワーク実践―ルーニィによる具体的方策の検討―」『社会福祉学』39-2, 100-117.

伊藤周平・日下部　雅（2015）『改定介護保険法と自治体の役割―新総合事業と地域包括ケアシステムへの課題―』自治体問題研究所.

Ivanoff, Andre, Blythe, B.J. and Tripodi, T.（1994）*Involuntary Clients in Social Work Practice: A Research-Based Approach,* Aldine De Gruyter.

岩間伸之（2012）『支援困難事例へのアプローチ』メディカルレビュー社.

Jabbar, Amina（2011）"Language, power and implications for interprofessional collaboration: Reflections on a transition from social work to medicine", *Journal of Interprofessional Care,* 25-6, 447-448.

Jelphs, Kim and Dickinson, H.（2008）*Working in teams*, The Policy Press.

Katsikitis, Mark., Bignell, K., Rooskov, N. *et al.*（2013）"The family strengthening program: Influences on parental mood, parental sense of competence and family functioning", *Advances in Mental Health,* 11-2, 143-151.

川越雅弘（2008）「わが国における地域包括ケアシステムの現状と課題」『海外社会保障研究』162, 4-15.

川越雅弘（2013）「退院支援／退院時ケアマネジメントの現状・課題と改善策」西村周三監修・国立社会保障・人口問題研究所編『地域包括ケアシステム―「住

み慣れた地域で老いる」社会をめざして—』慶應義塾大学出版会, 191-214.

川向雅弘（2017）「「狭間」に取り組むソーシャルワーカーの「越境」の課題—地域を基盤とするソーシャルワークに求められる連携・協働とは—」『ソーシャルワーク実践研究』5, 12-21.

川越正平（2016）「地域における医療・介護の統合に向けたネットワークの構築—多主体連動によるまちづくりに向けた松戸市における実践から—」『保健医療学』65-2, 114-119.

Keeping, Celia（2010）"The Processes Required for Effective Interprofessional working", Thomas, Judith, Pollard, K. and Sellman, D. eds. *Interprofesional Working in Health and Social Care,* Palgrave Macmillan, 22-34.

菊池和則（1999「多職種チームの 3 つのモデル—チーム研究のための基礎的概念整理—」『社会福祉学』39-2, 273-328.

菊池和則（2000）「多職種チームの構造と機能—多職種チーム研究の基本的枠組み—」『社会福祉学』41-1, 13-25.

菊池和則（2004）「多職種チームのコンピテンシー—インディビデュアル・コンピテンシーとチーム・コンピテンシーに関する基礎的概念整理—」『社会福祉学』44-3, 23-31.

菊池和則（2009）「協働・連携のためのスキルとしてのチームアプローチ」『ソーシャルワーク研究』34-4, 17-23.

小林良二（1988）「高齢者サービスの総合調整について」東京都立大学人文学部紀要『人文学報』202, 67-85.

小林良二（2001）「生活時間記入様式による高齢者ケアアセスメントについて」東京都立大学人文学部紀要『人文学報』319, 121-139.

厚生省高齢者介護対策本部事務局監修（1995）『新たな高齢者介護システムの構築を目指して』ぎょうせい.

Kodner, Dennis and Spreeuwenberg, C.（2002）"Integrated care: meaning, logic, applications and implications a discussion paper", *International Journal of Integrated Care,* 2-14, 1-6.

草野千秋（2016）「プロフェッショナルのチームワークに関する考察～チーム医療のインプットからプロセスに向けたチーム・マネジメント～」『経営論集』26-1, 65-83.

Koubel, Georgina and Bungay, H. eds.（2012）*Rights, Risks and Responsibilities: Interprofessional Working in Health & Social Care,* Palgrave Macmillan.

小林甲一・市川　勝（2012）「「高齢者保健福祉」から「地域包括ケア」への展開—医療・介護の連携をめぐって—」『名古屋学院大学論集社会科学篇』 1, 1-20.

Lacey, Penny（2001）*Support Partnerships: Collaboration in Action,* David Fulton Pub.

Lawson, Hal. (2008) "Collaborative practice." NASW & Oxford University *Encyclopedia of Social Work 20th*, Oxford Press, 341-347.

Leathard, Audrey (2003) "Introduction", Leathard, Audrey ed. *Interprofessional Collaboration: From Policy to Practice in Health and Social Care*, Brnner-Routledge, 4-11.

Lee, Mo.Y., Uken, A. and Sebold, J. (2004) "Accountability for Change: Solution-Focused Treatment With Domestic Violence Offenders", *Families in Society*, 85-4, 463-476.

Lehmann, Peter, Jordan, C., Bolton, W. *et al.* (2012) "Solution-Focused Brief Therapy and Criminal Offending: A Family Conference Tool for Work in Restorative Justice", *Journal of Systemic Therapies*, 31-4, 49-62.

Leutz, Walter (1999) "Five Laws for Integrating Medical and Social Services: Lessons from the United States and United Kingdom", *The Milbank Quarterly*, 77-1, 77-109.

松岡千代 (2009)「多職種連携のスキルと専門職教育における課題」『ソーシャルワーク研究』34-4, 40-46.

松岡千代 (2013)「多職種連携の新時代に向けて：実践・研究・教育の課題と展望」『リハビリテーション 連携科学』14-2, 181-194.

McAuliffe, Donna (2014) *Interprofessional Ethics: Collaboration in the social, health and human services,* Cambridge University Press.

Mclean, Sara (2011) "Barriers to collaboration on behalf of children with challenging behaviors: A large qualitative study of five constituent groups", *Child & Family Social Work*, 17, 478-486.

Mead, Geoffrey and Ashcroft, J. (2005) "Collaboration.", Mead, Geoffrey and Ashcroft, J., *The Case for Interprofessional Collaboration in Health and Social Care,* Blackwell Publishing, 15-34.

Miers, Margaret (2010) "Professional Boundaries and Interprofessional Working", Polland, Katherine, Thomas, J. and Miers, M., *Understanding Interprofessional Working in Health and Social Care: Theory and Practice*, Palgrave Macmillan, 105-120.

Milbourne, Linda (2005) "Children, Families and Inter-agency work: experiences of partnership work in primary school setting", *British Educational Research Journal,* 31-6, 675-695.

Minkman, Mirella (2012) "The current state of integrated care: an overview", *Journal of Integrated Care,* 20-6, 346-358.

三澤文紀 (2008)「リフレクティング・プロセスのコミュニケーションに関する研究」『茨城キリスト教大学紀要』42, 257-268.

三沢　良・佐相邦英・山口祐幸（2009）「看護師チームのチームワーク測定尺度の作成」『社会心理学研究』24-3, 219-232.

三隅一人（2014）「ソーシャル・キャピタルと市民社会」辻　竜平・佐藤嘉倫編著『ソーシャル・キャピタルの蓄積と格差社会』東大出版会, 35-51.

Mitchell, Rebecca, Parker, V. and Giles, M.（2011）"When do interprofessinal succeed? Investigating the moderating roles of team and professional identity in interprofessional effectiveness", *Human Relations,* 64-10, 1321-1343.

水口由美（2008）「社会的入院に関する総合的レビューとその要因モデルの構築」『KEIO SFC JOURNAL』8-2, 161-176.

Molyneux, Jeanie（2001）" Interprofessional teamworking: what makes teams work well? ", *Journal of interprofessional Care*, 15-1, 29-35.

Moran, Patricia, Jacob, C. and Bifulco, A.（2007）"Multi-agency working: implications for early-intervention social work teams", *Child and Family Social Work,* 12, 143-151.

Moxley, David（1995）" Interdisciplinarity", NASW & Oxford University *Encyclopedia of Social Work 19th*, Oxford Press, 468-472.

麦倉泰子（2013）「ケアと依存をめぐる二つの衝突：イギリスにおける障害者運動とダイレクト・ペイメント導入の影響に関する考察」『関東学院大学人文科学研究所報』37, 159-174.

麦倉泰子（2017）「障害者権利条約からみた新たな意思決定支援」岡本智周・丹治恭子編著『共生の社会学—ナショナリズム、ケア、世代、社会意識—』太郎次郎社, 139-165.

村山正治（1999）「アクティングアウト」恩田　昭・伊藤隆二編『 臨床心理学辞典』八千代出版.

村社　卓（2012）「サービス担当者会議におけるチームマネジメント機能—利用者主体を基盤としたリーダーシップの移譲とチームワークの拡大—」『ソーシャルワーク学会誌』24, 29-40.

村社　卓（2012）『介護支援専門員のチームマネジメント—リーダーシップの移譲とチームワークの拡大—』川島書店.

Nancarrow, Susan and Borthwick, Alan（2005）"Dynamic Professional boundaries in the healthcare workforce", *Sociology of Health and Illness*, 2005, 897-919.

永田　裕（2015）「社会福祉における「住民参加」の進展と課題」『社会福祉研究』123号, 19-27.

中澤　伸（2016）「地域包括ケアのための全世代型相談支援の挑戦〜神奈川県川崎市川崎区内における地域共生支援〜」『地域ケアリング』18-13, 14-19.

Nelsen, Judith, C.（1975）"Dealing with resistance in social work practice", Social Casework, December, 586-591.

254 引用・参考文献

二木　立（2014）『安倍政権の医療・社会保障改革』勁草書房.

二木　立（2015）『地域包括ケアと地域医療連携』勁草書房.

二木　立（2017）『地域包括ケアと福祉改革』勁草書房.

認知症介護研究・研修東京センター，認知症介護研究・研修大府センター，認知症介護研究・研修仙台センター編（2011）『センター方式の使い方・活かし方：認知症の人のためのケアマネジメント』中央法規出版.

小田兼三監訳（1991）『英国コミュニティ・ケア白書：コミュニティ・ケア改革と日本の保健医療福祉への示唆』中央法規出版.

小川喜道（2013）「イギリスの障害者福祉に関わる Self-Directed Support の動向」『障害学会第10回大会報告要旨』

岡田朋子（2010）『支援困難事例の分析調査―重複する生活課題と政策とのかかわり―』ミネルヴァ書房.

太田貞司（2011）「地域社会を支える「地域包括ケアシステム」」太田貞司・森本佳樹編『地域包括ケアシステム：その考え方と課題』光生館，1-38.

大竹恵子（2006）「ポジティブ感情の機能と社会的行動」島井哲志編著『ポジティブ心理学：21世紀の心理学の可能性』ナカニシヤ出版，83-98.

太和田雅美（2016）「サービス担当者会議における多職種連携の実態と課題について」『飯田女子短期大学紀要』33，171-195.

Payne, Malcom（2000）*teamwork in multi-professional care,* Palgrave Macmillan.

Peck, Edward and Dickinson, H.（2008）*Managing and leading in inter-agency settings,* The Policy Press.

Petch, Alison（2013）"Partnership working and outcomes: do health and care partnerships deliver for users and cares? ", *Health and Social Care in the Community,* 21-6, 623-633.

Platt, Dendy（2012）"Understanding parental engagement with child welfare services: and integrated model", *Child & Family Social Work,* 17, 138-148.

Polland, Katherine（2010）Introduction: Background and Overview of the Book, Polland, Katherine, Thomas, J. and Miers, M., eds. *Understanding Interprofessional Working in Health and Social Care: Theory and Practice,* Palgrave Macmillan, 1-7.

Polland, Katherine, Sellman, D. and Thomas, J.（2014）"The Need for Interprofessional Working", Thomas, Judith, Polland, K. and Sellman, D. eds. *Interprofessional Working in Health and Social Care,* Palgrave Macmillan, 9-21.

Quinney, Anne and Letchfield, T.（2012）*Interprofessional Social Work: Effective Collaborative Approach, Second Edition,* Sage Foundation.

Riddle, Sheila and Tett, L.（2001）"Education, social justice and inter-agency working: joined-up or fractured policy?", Riddle, Sheila and Tett, L. eds. *Edu-*

cation, Social Justice and Inter-agency Working: Joined-up or fractured policy?, Routledge, 1-13.

李　永喜（1999）「高齢者サービス調整会議の機能に関する一考察」『関西学院大学社会学部紀要』82, 171-180.

Ritchie, Martin, H. (1986) "Counseling the Involuntary Client", *Journal of Counseling and Development*, 64, 516-518.

Rittel, Horst, Webber, M. (1973) "Dilemma in a General Theory of Planning", *Policy Science*, 4, 155-169.

Robinson, Mark and Cottrell, D. (2005) "Health professional in multi-disciplinary and multi-agency teams: Changing professional practice", *Journal of Interprofessional Care,* 19-6, 547-560.

老人保健福祉法制研究会編（2003）『高齢者の尊厳を支える介護』法研.

Rooney, Ronald, H. (2009) "Initial Phase Work with Individual Involuntary Clients", Rooney, Ronald, H., ed. *Strategies for Work with Involuntary Clients*, second edition, Colombia University Press, 117-166.

Saario, Siepa. Juhila, K. and Rautakari, S. (2015) "Boundary work in inter-agency and interprofessional client transitions", *Journal of Interprofessional Care,* 29-6, 610-615.

佐藤晴美（1997）「総合化におけるケアマネジメントの位置づけ」大山　博・嶺　学・柴田　博編著『保健・医療・福祉の総合化を目指して：全国自治体調査をもとに』光生館, 135-153.

Searing, Hilary (2003) "The continuing relevance of casework ideas to long-term child protection work", *Child and Family Social Work*, 8, 311-320.

Seikkula, Jaakko. and Arnkil, T. (2006) *Dialogical Meetings in Social Network,* Karnac Books Ltd.（＝2016, 高木俊介／岡田　愛訳『オープンダイアローグ』日本評論社.）

Shemmigs, David, Shemings, Y. and Cook, A. (2012) "Gaining the trust of 'highly resistant' families: insights from attachment theory and research", *Child and Family Social Work*, 17, 130-137.

篠田道子（2013）『多職種連携を高めるチームマネジメントの知識とスキル』医学書院.

真行寺　功（1999）「カタルシス効果」恩田　昭・伊藤隆二編『臨床心理学辞典』八千代出版.

Smith, Mark, Gallagher, M. *et al.* (2012) "Engaging with Involuntary Service Users in Social Work: Findings from a Knowledge Exchange Project", *British Journal of Social Work*, 42-8, 1460-1477.

副田あけみ（1996）「在宅介護支援センターにおけるケースマネジメント」『社会福

祉研究』66, 127-133.

副田あけみ（1997）『在宅介護支援センターにおけるケアマネジメント』中央法規出版.

副田あけみ（2000）「介護保険実施直前の在宅介護支援センター」東京都立大学人文学部紀要『人文学報』310, 87-153.

副田あけみ（2003）「協働：対人間・職種間・組織間」古川孝順他編『現代社会福祉の争点（下）』中央法規出版, 89-123.

副田あけみ編（2004）『介護保険下の在宅介護支援センター：ケアマネジメントとソーシャルワーク』中央法規出版.

副田あけみ（2005）『社会福祉援助技術論—ジェネラリスト・アプローチの視点から—』誠信書房.

副田あけみ（2008）「ソーシャルワークのアイデンティティ—ケアマネジメントの展開が及ぼした影響—」首都大学東京人文社会系紀要『人文学報』394, 83-110.

副田あけみ（2009）『高齢者虐待防止事業に関する形成的評価研究（平成19-20年度科学研究費補助金基盤研究C研究成果報告書』

副田あけみ（2010）「総合的・包括的な援助と多職種連携」大橋謙策他編『相談援助の基盤と専門職』ミネルヴァ書房, 182-200.

副田あけみ（2012）「長期ケアサービスのデリバリー・システム」日本社会福祉学会編『対論社会福祉学 3 社会福祉運営』中央法規出版.

副田あけみ・土屋典子・長沼葉月（2012）『高齢者虐待防止のための家族支援—安心づくり安全探しアプローチ（AAA）ガイドブック』誠信書房.

副田あけみ編著（2013）『高齢者虐待にどう向き合うか：安心づくり安全探しアプローチ開発』瀬谷出版.

副田あけみ（2014）「安心づくり安全探しアプローチ（AAA）開発の理論的背景と導入の工夫」『ソーシャルワーク研究』40-3, 5-11.

副田あけみ・松本葉子・長沼葉月・土屋典子（2014）「高齢者虐待対応における機関間協働のスキル—行政と地域包括支援センターの場合—」『高齢者虐待防止研究』10-1, 95-104.

副田あけみ（2015）「地域包括ケアシステムと介護支援専門員等の機能」『ケアマネジメント学』14, 20-26.

副田あけみ（2016a）「ケースマネジメントとケアマネジメント」社会福祉学習双書編集委員会編『社会福祉援助技術論Ⅱ』全国社会福祉協議会, 135-154.

副田あけみ（2016b）「インボランタリークライエントとのソーシャルワーク—関係形成の方法に焦点を当てた文献レビュー—」『関東学院大学人文科学研究所報』39, 153-171.

副田あけみ（2017）「統合ケアと多職種チーム—効果的チームワーキングの促進要

因・阻害要因—」『関東学院大学人文科学研究所報』40, 43-64.

Stalker, Carol, A., Levene, E. J. and Coady, N.F.（2000）"Solution-Focused Brief Therapy: One Model Fits All?", *Families in Society,* 85-5, 468-477.

杉岡直人（2015）「地域福祉における「新たな支え合い」が問いかけたもの」『社会福祉研究』123, 28-35.

炭谷　茂（1997）「保健・医療・福祉の総合化の政策理念」大山　博・嶺　学・柴田　博編著『保健・医療・福祉の総合化を目指し―全国自治体調査をもとに―』光生館, 29-42.

須永直人・若島孔文（2007）「感情という名の言語―解決志考アプローチにおける感情という言語の論文から―」若島孔文編著『社会構成主義のプラグマティズム―臨床心理学の新たな基盤―』金子書房, 99-123.

Suter, Arandt, J., Arthur, N., Parboosingh, J. *et al.*（2009）"Role understanding and effective communication as core competencies for collaborative practice", *Journal of Interprofessional Care,* 23（1）, 41-51.

鈴木直人（2006）「ポジティブな感情と認知とその心理的・生理的影響」島井哲志編『ポジティブ心理学：21世紀の心理学の可能性』ナカニシヤ出版, 66-82.

武川正吾（1997）「保健・医療・福祉の統合化の意義とその課題」大山　博・嶺　学・柴田　博編著『保健・医療・福祉の総合化を目指し―全国自治体調査をもとに―』光生館, 1-28.

田中千枝子（2016）「保健医療領域における「連携」の基本的概念と課題」『ソーシャルワーク研究』42-3, 5-16.

樽矢裕子・濱本洋子・佐藤鈴子（2015）「退院前カンファレンスにおける訪問看護師によるケアの継続に向けたアセスメントのプロセス」『日本看護研究学会雑誌』38-4, 25-35.

田城孝雄（2008）「介護保険改正のサービス担当者会議への影響―神奈川県と尾道市の比較調査―」『介護経営』3-1, 10-22.

Taylor, Pat, Jones, K. and Gornan, D.（2008）"Partnership working as a best practice: Working across boundaries in Health and Social Care", Jones, Karen, Cooper, B. and Ferguson H. eds. *Best Practice in Social Work: Critical Perspectives,* Palgrave Macmillan, 235-250.

多田羅浩三（2008）「イギリスにおける地域包括ケア体制の地平」『海外社会保障研究』162, 16-28.

Teixeira, Ana, D.（2011）"Integrated Family Assessment and Intervention Model: A Collaborative Approach with Multi-challenged Families", Contemporary Family Therapy, 33, 400-416.

Thomas, J., Polland, K. and Sellman, D. eds.（2005）*Interprofessional Working in Health and Social Care: Professional Perspectives,* Palgrave Macmillan.

258   引用・参考文献

Thomas, J. and Polland, K.（2010）"Care in the community", Polland, Katherine, Thomas, J., Miers, M., *Understanding Interprofessional Working in Health and Social Care*, Palgrave Macmillan, 13-23.

富樫ひとみ（2005）「社会福祉実践におけるソーシャルワークの法的位置について ―介護保険制度を中心として―」『法政論叢』42, 15-29.

遠矢純一郎（2015）「地域連携を支える ICT 基盤」高橋紘士・武藤正樹共編『地域連携論―医療・看護・介護・福祉の協働と包括的支援―』オーム社. 59-73.

所　道彦（2008）「イギリスのコミュニティケア政策と高齢者住宅」『海外社会保障研究』164, 17-25.

Trevithick, Pamela（2000）"Effective relationship-based practice: a theoretical exploration", *Journal of Social Work Practice*, 17-2, 163-176.

Trevithick, Pamela（2003）"Effective relationship-based practice: a theoretical exploration", *Journal of Social Work Practice*, 17-2, 163-176.

Trevithick, Pamela（2005）*Social Work Skills, 2nd edition*, Open University Press.（＝2008, 杉本敏夫監訳『ソーシャルワークスキル〜社会福祉実践の知識と技術〜』みらい.）

Trotter, Chris（2002）"Workers Skills and Client Outcome in Child Protection", *Child Abuse Review*, 11, 38-50.

Trotter, Chris（2006）*Working with Involuntary Clients*, Allen & Unwin.（＝2007, 志水隆則監訳『援助を求めないクライエントへの対応―虐待・DV・非行に走る人の心を開く―』明石書店.）

辻　哲夫（2015）「高齢者ケア政策の実践―柏プロジェクトからの報告―」『医療と社会』25-1, 125-139.

Turnell, Andrew. and Lipchik, E.（1999）"The Role of Empathy in Brief Therapy: The Overlooked but Vital Context", *Australian and New Zealand Journal of Family Therapy*, 20-4, 177-182.

Turnell Andrew and Essex, S.（2006）*Working with Denied Child Abuse: The Resolution Approach*, Open University Press.（＝2008, 井上　薫・井上直美監訳『児童虐待を認めない親への対応』明石書店.）

Tuner, John C.（1987）*Rediscovering The Social Group*: A Self-Categorization, Blackwell Pub.（＝1995, 蘭　千壽他訳『社会集団の再発見―自己カテゴリー化理論―』誠信書房.）

Turney, Danielle（2012）"A relationship–based approach to engaging involuntary clients: the contribution of recognition theory", *Child and Family Social Work,* 17, 149-159.

筒井孝子（2014）『地域包括ケアシステム構築のためのマネジメント戦略―integrated care の理論とその応用―』中央法規出版.

Øvretveit, John（1993）*COORDINATING COMMUNITY CARE: MULTIDISCI-PLINARY TEAMS AND CARE MANAGENMENT,*（＝1999, 三友雅夫・茶屋　滋監訳『コミュニティケアの戦略―学際的チームとケアマネジメント―』恒星社厚生閣．

山崎勝之（2006）「ポジティブ感情の役割―その現象と機序―」『パーソナリティ研究』14-3, 305-321.

山口裕之（2008）『チームの社会心理学－よりよい集団づくりをめざして－』サイエンス社．

山口裕之（2009）『コンピテンシーとチームマネジメントの心理学』朝倉書店．

山口典枝（2013）「多職種連携を支える情報共有基盤に関する考察―2025年の在宅医療のニーズを満たすために必要なＩＣＴの利活用―」『医療と社会』23-1, 29-41.

山本勝広・エンゲストローム（2013）『ノットワーキング：結び合う人間活動の創造へ』新曜社．

Warmington, Paul, Daniels, D., Edwards, A., *et al.*（2004）*Interagency Collaboration: a review of the literature,* THE UNIVERSITY OF BIRMINGHAM. http://citeseerx.ist.psu.edu/viewdoc/download?doi=10.1.1.583.6921&rep=rep 1&type=pdf（アクセス日：2017年8月1日）

渡辺勧持・薬師寺明子・島田博祐（2013）「パーソナル・バジェット . ダイレクト・ペイメント―英国の動向から考える―」『美作大学短期大学部地域生活科学研究所所報』10, 1-6.

West, Michael（2012）*Effective Teamwork: Practical Lessons from Organizational Research, Third edition,* John Wiley & Sons Limited.（＝2014, 下山晴彦監修 高橋美保訳『チームワークの心理学：エビデンスに基づいた実践へのヒント』東京大学出版会．)

Williams, Paul（2002）"The competent boundary spanner", *Public Administration,* 80-1, 103-124.

Xyrichis, Andreas and Lowton, K.（2007）"What fosters or prevent interprofessional teamworking in primary and community care? A Literature review", *International Journal of Nursing Studies,* 45, 140-153.

資　料

芦沢茂喜（2017）「地域で遭遇する精神保健の問題への対応」安心づくり安全探しアプローチ研究会第8回AAA基礎研修資料．

Curtin University, Interprofessional Capability Framework http://healthsciences.curtin.edu.au/wp-content/uploads/sites/ 6 /2015/10/ interprofessional_A 5 _broch_ 1 -29072015.pdf

260 　引用・参考文献

国立長寿医療研究センター（2013）「在宅医療・介護連携のための市町村ハンドブック」
http://www.mhlw.go.jp/file/06-Seisakujouhou-12400000-Hokenkyoku/0000119306.pdf
厚生省・高齢者対策企画推進本部（1986）「高齢者対策企画推進本部報告」
http://www.ipss.go.jp/publication/j/shiryou/no.13/data/shiryou/syakaifukushi/292.pdf
厚生労働省（2006）「高齢者虐待防止の基本（市町村・都道府県における高齢者虐待・養護者支援の対応について：全国高齢者虐待防止・養護者支援担当者会議資料）14.
http://www.mhlw.go.jp/topics/kaigo/boushi/060424/dl/02.pdf.
厚生労働省（2014）「介護保険制度の改正について（地域包括ケアシステムの構築関連）」
http://www.mhlw.go.jp/file/05-Shingikai-10901000-Kenkoukyoku-Soumuka/0000052458_1.pdf
厚生労働省（2014）「介護予防・日常生活支援総合事業の基本的な考え方」
http://www.murc.jp/sp/1410/sougou/01.pdf
厚生労働省（2014）「地域における医療及び介護の総合的な確保を推進するための関係法律の整備等に関する法律の概要」
http://www.mhlw.go.jp/file/06-Seisakujouhou-12300000-Roukenkyoku/k2014.pdf
厚生労働省（2015）「生活支援体制整備事業・地域ケア会議推進事業の積極的活用等について」
http://www.mhlw.go.jp/file/05-Shingikai-12301000-Roukenkyoku-Soumuka/0000115401_1.pdf
厚生労働省（2016）「平成 27 年度介護報酬改定の効果検証及び調査研究に係る調査（3）リハビリテーションと機能訓練の機能分化とその在り方に関する調査研究報告書」
http://www.mhlw.go.jp/file/05-Shingikai-12601000-Seisakutoukatsukan-Sanjikanshitsu_Shakaihoshoutantou/0000125482.pdf
厚生労働省（2016）「平成27年度介護報酬改定の効果検証及び調査研究に係る調査（5）居宅介護支援事業所および介護支援専門員の業務等の実態に関する調査研究事業報告書」
http://www.mhlw.go.jp/file/05-Shingikai-12601000-Seisakutoukatsukan-Sanjikanshitsu_Shakaihohoutantou/0000125486.pdf
厚生労働省（2016）「地域支援事業の推進」http://www.mhlw.go.jp/file/05-Shingikai-12601000-Seisakutoukatsukan-Sanjikanshitsu_

引用・参考文献　261

Shakaihoshoutantou/0000125468.pdf

厚生労働省（2016）「在宅医療・介護連携推進事業について」
　　http://www.mhlw.go.jp/file/05-Shingikai-10901000-Kenkoukyoku-
　　Soumuka/0000131928.pdf

厚生労働省（2017）「平成27年度　高齢者虐待の防止．高齢者の養護者に対する支
　　援等に関する法律に基づく対応状況等に関する調査結果の概要」
　　http://www.mhlw.go.jp/file/04-Houdouhappyou-12304500-Roukenkyoku-Ni
　　nchishougyakutaiboushitaisakusuishinshitsu/0000155596.pdf

関東信越厚生局（2017）「在宅医療・介護連携における 診療報酬と介護報酬」
　　https://kouseikyoku.mhlw.go.jp/kantoshinetsu/houkatsu/documents/
　　seireisiryou 5 .pdf

三菱総合研究所（2012年）「居宅介護支援事業所における介護支援専門員の業務お
　　よび人材育成の実態に関する調査」
　　http://www.mri.co.jp/project_related/hansen/uploadfiles/h23_04.pdf
　　http://www.mhlw.go.jp/file/05-Shingikai-10901000-Kenkoukyoku-
　　Soumuka/0000052458_1 .pdf

三菱総合研究所（2012）「地域包括支援センターにおける業務実態に関する調査研
　　究事業」
　　http://www.mri.co.jp/project_related/hansen/uploadfiles/h23_03.pdf

三菱総合研究所（2014）「居宅介護支援事業所及び介護支援専門員業務の実態に関
　　する調査報告書」
　　www.mri.co.jp/project-related/roujunhoken/uplaodfiles/h25/h25_18pdf

三菱総合研究所（2014）「地域包括支援センターにおける業務実態に関する調査研
　　究事業報告書」https://www.mri.co.jp/project_related/roujinhoken/upload-
　　files/h26/h26_03.pdf

日本総合研究所（2014）「事例を通じて、我がまちの地域包括ケアを考えよう「地
　　域包括ケアシステム」事例集成 ～できること探しの素材集～」
　　http://www.mhlw.go.jp/file/06-Seisakujouhou-12400000-
　　Hokenkyoku/0000073805.pdf

野村総合研究所（2015）「地域包括ケアシステムの構築に向けた在宅医療・介護の
　　連携推進における実践的な市町村支援ツールの作成に関する調査研究」
　　http://www.mhlw.go.jp/file/06-Seisakujouhou-12400000-
　　Hokenkyoku/0000119291.pdf

社団法人日本社会福祉士会地域包括支援センター評価研究委員会（2007）「地域包
　　括支援センターにおける総合相談・権利擁護業務の評価に関する研究事業」

地域包括ケア研究会（2009）「地域包括ケア研究会報告書 ～今後の検討のための論
　　点整理～」

262　引用・参考文献

http://www.mhlw.go.jp/houdou/2009/05/dl/h0522-1.pdf

地域包括ケア研究会（2010）「地域包括ケア研究会報告書」http://www.kantei.
go.jp/jp/singi/kinkyukoyou/suisinteam/TF/kaigo_dai1/siryou8.pdf

地域包括ケア研究会（2014）「地域包括ケア研究会報告書〜地域包括ケアシステム
を構築するための制度論等に関する調査研究事業〜」
http://www.mhlw.go.jp/houdou/2009/05/dl/h0522-1.pdf

地域包括ケア研究会（2016）「地域包括ケア研究会報告書　地域包括ケアシスムと
地域マネジメント」
http://www.murc.jp/uploads/2016/05/koukai_160509_c1.pdf

地域包括ケア研究会（2017）「地域包括ケア研究会報告書-2040年に向けた挑戦」
http://www.murc.jp/sp/1509/houkatsu/houkatsu_01/h28_01.pdf

地域における住民主体の課題解決力強化・相談支援体制の在り方に関する検討会
（地域力強化検討会）（2017）「地域力強化検討会　最終とりまとめ　〜地域共生
社会の実現に向けた新しいステージへ〜」
http://www.mhlw.go.jp/file/05-Shingikai-12201000-Shakaiengokyokushouga
ihokenfukushibu-Kikakuka/0000177049.pdf

長寿社会開発センター（2013）「地域ケア会議運営マニュアル」
http://www.nenrin.or.jp/regional/pdf/manual/kaigimanual00.pdf

東京都（2006）「 高齢者虐待防止に向けた体制構築のために─東京都高齢者虐待対
応マニュアル─」

財団法人東京都高齢者研究・福祉振興財団東京都老人総合研究所（2009）「東京都
内の地域包括支援センター実態調査報告」

全国社会福祉協議会（2017）『平成28年度多機関の協働による包括的相談支援体制
に関する実践事例集─「我が事・丸ごと」の地域づくりに向けて─』
http://www.shakyo.or.jp/research/2017_pdf/20170405_takikan.pdf

全国在宅介護支援センター協議会（2001）『平成13年度在宅介護支援センター業務
実態調査報告書』

索　引

あ　行

ICT 活用型　60
アウトリーチ　72, 187
アドボカシー機能　63
安心づくり安全探しアプローチ　205,
　207, 230
安心づくりシート　230
安全探しシート　206
安全像　240, 241
安全で滋養的な環境　195
安全到達度　241
一体型　58
一般家庭医　88
医療化　101, 102
医療介護総合確保推進法　50, 51
医療・介護ニーズ　55, 61
医療・介護の一体化　49, 52
医療基盤のチーム　123
インターエージェンシー協働（interagen-
　cy collaboration）　87, 90
インターエージェンシー・ワーキング（in-
　teragency working）　87
インターディシプリナリー・モデル　82
インボランタリークライエント　188,
　196
ウェルフォームドゴール　197, 201
AAAケースカンファレンス・シート
　228, 230, 238
AAA多機関ケースカンファレンス・シー
　ト　240
NHS（国民保健サービス）　88
エンゲージメント　190
エンパワメント　179, 180, 187, 192, 238

エンパワメント・モデル　167
オープンチーム　79

か　行

解決志向アプローチ　196, 206
介護支援専門員（ケアマネジャー）　34
介護報酬加算　137
介護保険　173
介護保険法　34, 51
介護予防ケアマネジメント　42
介護予防・生活支援サービス　51
学際チーム　95
拡張─形成理論　200
囲い込み　63, 174
家族介護支援　27
関係基盤実践　191
関係基盤実践論　189, 195
危害リスク確認シート　206
協働スキル　154, 163
協働的問題解決　190
協力関係　194
居宅介護支援事業所　34
クライエントチーム　79
クリームスキミング　33
クルー　77, 78
ケア・イン・コミュニティ　88
ケアチーム　35
ケアトラスト　90
ケアプラン　35
ケアマネジメント　35, 38, 62, 172, 173
経過記録調査　214
ケースマネジメント　27, 62
権利擁護　42
効果的チームワーキング阻害要因　118

264　索　引

効果的チームワーキング促進要因　118
公式チーム　79
高齢者介護研究会　39
高齢者介護・自立支援システム研究会　34
高齢者虐待　149, 203
高齢者虐待対応チーム　151
高齢者虐待防止法　150
高齢者サービス調整チーム　30, 32
高齢者保健福祉推進10か年戦略（ゴールドプラン）　23, 27
国民保健サービスおよびコミュニティケア法（National Health Serviceand Community Care Act）　89
子どもトラスト　91
コミュニケーション・スキル　160, 179
コミュニティケア　23, 24
コロケーション　94, 124
コンプリメント　197, 198, 211

　　　さ　行

サービス・デリバリーシステム　23, 53, 63
サービス担当者会議　35, 141, 174
サービス付き高齢者向け住宅（サ高住）　58
在宅医療連携拠点機能　52
在宅介護支援センター　27, 29, 31, 37, 41
在宅ケアチーム　60, 133, 135, 136, 174
在宅療養支援診療所　137
在宅療養支援チーム　60, 133, 135, 136, 139, 174
サインズ・オブ・セイフティ・アプローチ　202
ジェネラリストソーシャルワーク　191
支援困難事例　29, 150
ジェンダー力学　101
資源　199, 201, 207

自己カテゴリー化理論　111
システマティックレビュー　114
システム指向モデル　173
自分の専門職アイデンティティ　111
社会関係資本　91
社会的アイデンティティ　111
社会的孤立　64
社会的入院　26
社会福祉士　27, 42
社会保障改革プログラム法　49
集中的傾聴（mindful listening）　179
消費者主義　172, 173
消費者主義アプローチ　167
申請代行　27, 36
新福祉ビジョン　64
心理社会的アプローチ　191
診療報酬加算　137
垂直的統合　87
水平的統合　87
ステイクホルダー　168
ストレングス　199, 201, 206, 207
積極的傾聴（activelistening）　179
全世代・全対象型地域包括支援　64, 65
全世代型相談支援機関　68, 69, 70
専門職アイデンティティ　101, 105, 110, 112
　　──の侵食　121
専門職境界超え　110
総合相談支援　42
相補的関係のダイナミズム　194
組織パフォーマンス　97, 105

　　　た　行

退院支援チーム　133
退院前カンファレンス　138, 139
退院前ケアカンファレンス　137
タイムシート　207
タイムシート面接　211
タイムスタディ　39

索　引　　265

ダイレクト・ペイメント　　169, 170
多機関協働　　35, 113
多機関ケースカンファレンス　　225
多機関チーム　　78, 163
多機関ネットワーク　　44
多機関ワーキング　　113, 114, 118, 125,
　　128
多元的リーダーシップ　　109
たじま家庭支援センター　　70, 71
多職種教育（IPE: Inter-Professional
　　Education）　　105
多職種協働　　102
多職種チーム　　78, 95, 108, 112
多職種連携教育　　109
タスク・フォース　　77, 78
タスクワーク　　82, 83, 86
多分野チーム　　95
地域ケア会議　　33
地域包括ケアシステム　　39, 40
地域包括支援センター　　41, 43, 150
知識・スキル・能力（KSAs）　　104
チーム　　77, 81
　　――でアプローチ　　150
チームアイデンティティ　　101, 105, 112,
　　124
チームアプローチ　　42
チームアプローチ・モデル　　82
チームコンピテンシー　　109
チームパフォーマンス　　86, 115
チームプロセス　　84, 104, 108
チームマネジメント　　56, 62, 69, 71, 141,
　　142, 147
チームマネジャー　　83, 85, 86, 142, 151,
　　176, 177, 178
チームワーキング　　84, 95, 99, 105
　　――のスキル　　159
チームワーク　　82, 83, 86
ディスエンパワメント　　96, 238

伝統的チーム　　79
統合ケア　　92, 93, 94
特定高齢者　　42
トランスディシプリナリー・モデル　　82

な　行

内的対話　　236
認知症高齢者　　181, 182
ネットワーク・ミーティング　　234
ネットワーク型チーム　　81, 83
ネットワーク結合チーム　　79
ノンボランタリークライエント　　189

は　行

パーソナライゼーション　　169
パーソナル・バジョット　　169
パートナーシップ　　89, 90, 192
パートナーシップ・イン・アクション
　　89, 168
パートナーシップ・モデル　　167, 168
バウンダリー・ワーク　　182
バウンダリースパナー　　110, 113
パワーインバランス　　152, 168, 173, 190,
　　194
　　――の関係　　171
パワーゲーム　　234
ファシリテーター　　84, 85, 235, 240
複合問題事例　　150
プライマリケア・トラスト　　92
分散型リーダーシップ　　106, 147, 151
分散的リーダーシップ　　105
分野横断的ニーズ　　29, 37, 91
閉鎖理論　　111
包括的・継続的ケアマネジメント　　43
包括的・継続的ケアマネジメント支援
　　42
ポジティブ感情　　199, 200
ポジティブ心理学　　199, 200

266　索　　引

ま　行

マネジメント機関　124
マネジメント・スキル　161
マルチディシプリナリー・モデル　82
見せかけのコンプライアンス　194
未来語りのダイアローグ　232, 234, 237
無知の姿勢　196
メンタリゼーション　195
門番役割　173

や　行

役割曖昧化　101, 105, 110, 112, 117, 121,
　　129, 160
役割越境　121
役割解放　117
役割境界　121
役割再配分　117

役割収束　117, 122
要介護認定申請　37

ら　行

リアクタンス　190
リードプロフェッショナル　121
リフレクティング・プロセス　234
利用者参画　171, 176, 187
利用者の自己決定　171
利用者本位　171
リンクパーソン　126
リンクワーカー　127, 193

わ　行

ワーカー・クライエント関係　191, 196
ワークグループ　77
ワンストップ型　65, 67
ワンダウンポジション　160, 161

あ と が き

　1989年の12月に発表された「高齢者保健福祉推進10か年戦略（ゴールドプラン）」によって、在宅介護支援センター事業が創設され、それまで行政が行ってきた福祉サービスの利用相談が、民間機関に初めてアウトソーシングされた。これは、その後の介護サービスの民営化、介護事業の効率化、費用抑制といった新自由主義に基づくニューパブリック・マネジメントの先駆けであったかもしれない。だが、住民にとって身近なところで開設され、専門職が必要に応じて家庭に出向き、相談に応じるという在宅介護支援センターは、要介護の高齢者や介護する家族にとってたいそう便利で助けられる機関になる。そういう期待をもって、1990年代の初めから在宅介護支援センターに関心を寄せ、調査研究を行ってきた。

　その過程で、在宅介護支援センターの諸機能は、多様な機関との協働を通して果たされること、その職員の仕事は多機関協働の実践であることを学び、その後も、対人間・職種間・組織間の協働、多機関協働、多機関ネットワーク等の研究を行ってきた。また、在宅介護支援センターの職員が支援に困難を感じる事例として高齢者虐待事例があることを知り、1990年代半ばごろから高齢者虐待事例への対応方法や虐待防止システムづくりも研究のテーマとしてきた。これらの研究もまた、多機関協働の重要性とともに、その実践のむずかしさや課題を考えさせる契機となった。

　本書では、こうした筆者の長年の関心であり続けた多機関協働を、3つのテーマに焦点を当てて論じた。各章の執筆にあたりベースとした文献は以下のとおりであるが、2章2節と6章1節を除き、すべて大幅に書きなおしている。

　1章2節：長期ケアサービスのデリバリー・システム（日本社会福祉学会
　　　　　編．対論社会福祉学 3 社会福祉運営．中央法規出版．2012年）

2章2節：地域包括ケアシステムと介護支援専門員等の機能．ケアマネジメント学14．2015年

3章3節：統合ケアと多職種チーム―効果的チームワーキングの促進要因・阻害要因―．関東学院大学人文科学研究所人文科学研究所報 40．2017年

4章2節：高齢者虐待対応における機関間協働のスキル―行政と地域包括支援センターの場合―．高齢者虐待防止研究10-1．2014年

6章1節：インボランタリークライエントとのソーシャルワーク―関係形成の方法に焦点を当てた文献レビュー―．関東学院大学人文科学研究所人文科学研究所報39．2016年

2節：副田あけみ・土屋典子・長沼葉月．高齢者虐待防止のための家族支援―安心づくり安全探しアプローチ（AAA）ガイドブック―．誠信書房．2012年

副田あけみ編著．高齢者虐待にどう向き合うか―安心づくり安全探しアプローチ開発―．瀬谷出版．2013年

（上記以外の章、節はすべて書き下ろし）

　本書で取り上げた高齢者虐待防止に関する調査研究は、下記の科学研究費の助成を受けて実施したものである。長期に渡って本テーマの研究に携わることができたことを感謝したい。

　　基盤研究（C）「高齢者虐待に対するネットワークアプローチ―組織間協働に関する調査―」（課題番号17530421）平成17年度～平成18年度（研究代表者・副田）

　　基盤研究（C）「高齢者虐待防止事業に関する形成的評価研究」（課題番号19530495）平成19年度～平成20年度（研究代表者・副田）

　　基盤研究（C）「高齢者虐待に関する支援方法の研究」（課題番号21530588）平成21年度～平成23年度（研究代表者・副田）

　　基盤研究（C）「高齢者虐待に対する協働技法の開発」（課題番号

24530744）平成24年度～平成26年度（研究代表者・副田）

基盤研究（C）「高齢者虐待の予防と対応におけるチームワーク」（課題番号15K03972）平成27年度～平成31年度（研究代表者・副田）

　お名前をあげることはしないが、これまでに調査研究や研修の実施等でお世話になり、さまざまな学びの体験させていただいた、在宅介護支援センター、地域包括支援センター、行政機関、居宅介護支援事業所、介護サービス事業所等の職員および管理者の皆様に、この場を借りて厚く御礼を申し上げる。また、たじま家庭支援センターについてお知らせいただいた中澤伸さんにもお礼を申し上げたい。

　高齢者虐待防止アプローチとしての安心づくり安全探しアプローチをともに開発し、研修を通して発展させてきた、安心づくり安全探しアプローチ研究会のメンバー、長沼葉月さん、土屋典子さん、松本葉子さん、松尾隆義さん、玉井理加さん、色部恭子さん、芦田正博さん、藤井日向さん、山本康智さん、遠藤正芳さん、芦沢茂喜さん、赤嶺彩さん、石坂藍さん、藤井薫さん、大坂慎介さん、千野慎一郎さんには、改めて感謝の意を表したい。

　長沼、土屋、松本さんには、安心づくり安全探しアプローチを本書で取り上げることを承諾してもらうとともに、本書の原稿の一部を読んでコメントしていただいた。また、芦沢さんにも原稿を読んでいただきコメントいただいた。

　本書は、関東学院大学出版会の助成を得て出版することができた。刊行にあたってご尽力いただいた佐藤茂樹先生を初め、人文学会の諸先生方に改めて御礼を申し上げる。関東学院大学出版会の四本陽一さんには、忍耐をもってていねいに対応していただいた。ありがとうございました。

　2018年8月

副田　あけみ

著者紹介

副田　あけみ（そえだ・あけみ）

東京大学大学院教育学研究科博士課程修了
関東学院大学社会学部教授
ソーシャルワーク論、高齢者福祉論

主要著書

『介護保険下の在宅介護支援センター—ケアマネジメントとソーシャルワーク—』（中央法規出版）、『社会福祉援助技術論—ジェネラリストアプローチの視点から—』（誠信書房）、『高齢者虐待にどう向き合うか—安心づくり安全探しアプローチ開発—』瀬谷出版など

多機関協働の時代
—高齢者の医療・介護ニーズ、分野横断的ニーズへの支援—

2018年11月20日　第1刷発行

著　者　　副　田　あけみ

発行者　　関東学院大学出版会

　　　　　代表者　規　矩　大　義

　　　　　236-8501　横浜市金沢区六浦東一丁目50番1号
　　　　　電話・(045)786-5906／FAX・(045)785-9572

発売所　　丸善出版株式会社

　　　　　101-0051　東京都千代田区神田神保町二丁目17番
　　　　　電話・(03)3512-3256／FAX・(03)3512-3270

印刷／製本・藤原印刷株式会社

©2018 Soeda Akemi
ISBN 978-4-901734-74-5　C3036　　　　　　Printed in Japan